Craig Grossi

Mein Freund Fred und unser langer Weg nach Hause

CRAIG GROSSI

MEIN FREUND FRED

UND UNSER LANGER WEG NACH HAUSE

Übersetzung aus dem amerikanischen Englisch
von Maria Mill

LÜBBE

MIX
Papier aus verantwortungsvollen Quellen
FSC® C019821

Dieser Titel ist auch als E-Book erschienen

Titel der amerikanischen Originalausgabe:
»Craig & Fred. A Marine, A Stray Dog, and How They Rescued Each Other«
Published by arrangement with William Morrow, an imprint of HarperCollins Publishers, LLC

Textredaktion: Artur Senger, Köln
Umschlaggestaltung: Tanja Østlyngen
Umschlagmotiv mit freundlicher Genehmigung des Autors
Satz: hanseatenSatz-bremen, Bremen
Gesetzt aus der Scala
Druck und Einband: Druckerei C. H. Beck, Nördlingen

Printed in Germany
ISBN 978-3-7857-2647-1

5 4 3 2 1

Sie finden uns im Internet unter: www.luebbe.de
Bitte beachten Sie auch: www.lesejury.de

Eine Weile wandelte ich unter Giganten.
Dieses Buch widme ich meinen Weggefährten –
denen, die heimgekehrt sind, und denen,
die es nicht geschafft haben.
Meine Geschichte handelt nicht von Ruhm und Größe,
sondern davon, wie einer zur Erkenntnis gelangt,
dass nicht, was uns geschieht, entscheidend ist,
sondern wie wir darauf reagieren.

Einige Namen und Einzelheiten in diesem Buch, die zur Identifizierung von Personen dienen könnten, wurden geändert, um ihre Privatsphäre zu schützen; ihre großartigen Taten jedoch und ihre Geschichten sind wahr.

1. *Can't Help but Wonder …* Oder: Wo geht die Reise hin?

Der Sommer in North Carolina ist derart heiß, dass man ihn schmeckt. Die Luft ist so feucht, dicht und dampfig, dass sie einem buchstäblich in der Kehle kleben bleibt. Wir hatten die Fenster des Land Cruisers unten, und zum Glück spürte ich, wie es abkühlte, erst langsam, dann auf einen Schlag. Mit dem linken Arm auf dem Türrahmen und der rechten Hand am Lenkrad lehnte ich mich zum offenen Fenster. Vor uns und zu beiden Seiten erhoben sich die blaugrünen Smoky Mountains. Ich holte tief Luft und lächelte.

Neben mir auf dem Beifahrersitz fummelte Josh am Radio herum, bis er bei Johnny Cash gelandet war. Das Gerät funktionierte genauso schlecht wie die Klimaanlage, doch wir hatten mit Klebestreifen einen kleinen Bluetooth-Lautsprecher aufs Armaturenbrett geklebt, der seinen Zweck erfüllte. Cash sang *Can't Help but Wonder Where I'm Bound*, und wir sangen mit und wurden immer leiser, bis wir in Gelächter ausbrachen.

Von hinten schob Fred plötzlich seinen Kopf zwischen uns. Mit offenem Mund leise hechelnd sah er dabei aus, als lächle er. »Schöne Musik, Alter, was?«, fragte ich, und Josh drehte sich um und kraulte ihn hinter dem weißen Schlappohr. Fred gähnte ausgiebig und dramatisch, winselte ein bisschen und rollte sich erneut auf seinem Nest aus Decken und Kissen zusammen. Er hatte eindeutig den besten Platz erwischt.

Es war der Sommer des Jahres 2015, und wir steuerten auf unserem Roadtrip, der uns in – voraussichtlich – fünf Wochen quer durchs Land führen sollte, der Nachmittagssonne entgegen. Unser Plan, falls man ihn so nennen konnte, war eher vage: nach Westen fahren, bis wir ans Meer kamen, dann nach Norden, bis wir Seattle erreicht hatten, und zurück nach Osten, bis wir wieder daheim waren. Josh hatte sich richtiggehend ins Zeug gelegt und echte Lobbyarbeit betrieben, um Co-Pilot sein zu dürfen: »Du kommst zweimal so weit, und es kostet dich nur die Hälfte«, hatte er immer wieder beteuert. Die Entscheidung fiel mir nicht schwer. Wenn ich alleine losfuhr, das wusste ich, würde ich mich mit Sicherheit auf irgendwelche sinnlosen Herausforderungen einlassen und mir, dem Jeep und Fred zu viel abverlangen. Josh, den ich aus Georgetown kannte, war eine Stimme der Vernunft. Er war wie ich in Afghanistan gewesen und zurückgekehrt, doch keiner von uns hatte bisher allzu viel vom eigenen Land gesehen.

Also beluden wir meine Karre mit Campingausrüstung – Zelten, Schlafmatten, Holzkohle, einem Ka-Bar-Messer sowie Football, Frisbee-Scheibe und zwei Mountainbikes auf dem Dachgestell – und los ging's. Die Räder gehörten beide mir: Ich hoffte, dass Josh mit mir würde radeln können, hatte ihn aber noch gar nicht gefragt. Josh hatte 2009 in Afghanistan, als der Stryker seines Teams auf eine Sprengfalle fuhr, ein Bein verloren. Die Explosion zerstörte das achträdrige Panzerfahrzeug und riss Josh direkt überm Knie das rechte Bein ab.

Inzwischen hatte er eine ziemlich krasse Prothese samt Roboterknie, bisher jedoch noch keine rechte Gelegenheit gehabt, sie zu testen. Sich von einer derartigen Verletzung zu erholen ist kein Spaziergang – und das ist kein Wortspiel. Joshs Heilungsprozess hatte eine ganze Reihe von chirurgischen Eingriffen (der letzte erst vor wenigen Monaten) auch an seinem »gesunden Bein« erfordert, das bei der Explosion ebenfalls schwer verletzt worden war. Obwohl er im Jahr vor unserer Reise seinen Abschluss in Georgetown gemacht hatte, hinderten ihn die Operationen an der Jobsuche und zwangen ihn zu einem Leben in der Warteschleife. Als ich ihn ein paar Wochen zuvor in unserer Lieblingskneipe in Washington, D.C. entdeckt hatte, sah er ganz schön scheiße aus. Josh war eigentlich ein ganzes Stück größer als ich, wirkte aber wie geschrumpft. Noch am selben Abend fassten wir eilig unseren Plan. Und binnen einer Woche waren wir *on the road.*

Auch für mich war es ein günstiger Zeitpunkt: Zwar studierte ich nach wie vor in Georgetown, hatte jedoch beschlossen, mir den Sommer freizunehmen. Man könnte sagen, ich wollte meinen letzten College-Sommer in vollen Zügen genießen, ehe ich Examen machte und die Maloche wieder losging. Ein Jahr zuvor hatte ich mir meinen Traum-Jeep, einen 1988er Toyota Land Cruiser, gekauft, nachdem ich ihn auf dem Gelände einer Autowerkstatt in unserer Nähe entdeckt hatte, wo er in seinem königsblauen Originallack herumstand. Wie ein liebeskranker Teenager behielt ich die Karre wochenlang im Auge. Ich war pleite und wusste nicht mal, ob sie überhaupt zum Verkauf stand. Doch als ich eines Tages eine Überweisung des Kriegsveteranenministeriums auf meinem Konto entdeckte – eine Invalidenrente in Höhe eines Jahresgehalts, die plötzlich freigegeben worden war –, da wusste ich, dass es Zeit wurde, es herauszufinden. Noch am selben Nachmittag steuerte ich meinen neuen Jeep vom Werkstattgelände. Fred thronte, Vorderpfoten auf der Armlehne und Kopf aus dem Fenster gestreckt, auf dem Beifahrersitz. Er reckte die Schnauze in die Höhe, wie er es immer tat, als sei er stolz auf seinen neuen fahrbaren Untersatz. Seit ich Fred das erste Mal so gesehen hatte, hatte ich davon geträumt, mit ihm in diesem Jeep durchs ganze Land zu fahren.

»Wir werden uns durch die Wälder und Büsche schlagen«, hatte ich zu Josh gesagt, als wir unsere Reise planten. Ich wollte mich nicht an ausgetretene Pfade halten; wir würden uns neue bahnen.

»Ich habe ein Drei-Tage-Limit, Mann«, hatte Josh erwidert und auf sein Knie gedeutet. »Das ist die Lebensdauer der Batterie in dem Ding da.« Sobald sie leer war, hüpfte er auf einem Bein, und wir waren am Arsch.

Josh war neunundzwanzig, wenige Jahre jünger als ich, und stammte aus Minnesota. Er war ein entspannter Typ und kam mit jedem klar. Aber ich wusste, dass Josh, wie ich, Grenzen ausreizen wollte. Vor seiner Verletzung war er in Topform gewesen. Er war ein kräftiger Kerl, etwa eins fünfundachtzig groß und schlank und athletisch gebaut. Er konnte neunzig Kilo drücken und schaffte es locker, mit 36 Kilo auf dem Buckel zehn Meilen zu hiken. Nach dem Anschlag änderte sich alles. Er musste völlig neu lernen, all das mit nur einem Bein hinzukriegen. Unsere Reise war die erste Gelegenheit für ihn, wirklich zu sehen, wozu er imstande war.

Wir fuhren in ein Tal hinunter. Die Straße schlängelte sich durch die Berge; sie war zu beiden Seiten von hohen Bäumen gesäumt. Ihre Blätter flirrten im Fahrtwind des vorbeidüsenden Land Cruisers. Draußen schwoll ein mächtiges Brausen an, wie von einem Zug, der in einen Bahnhof einfährt. Josh drehte die Musik leiser, damit wir es hören konnten. Während wir uns dem Talboden näherten, merkten wir, dass es das Geräusch eines Flusses war.

Wir hielten Ausschau nach einer Stelle zum Parken, um hinabzuwandern und ihn uns anzusehen.

Genau darum ging es uns ja: die Möglichkeit, etwas Neues zu entdecken, dem Unerwarteten zu begegnen, jeden Tag in dieser Vorfreude auf das Unbekannte zu beginnen. Vier Jahre war es her, seit ich das Marine Corps verlassen hatte. Meine Zeit bei den Marines war ein ständiges Auf und Ab gewesen, doch stets hatte ich das Gefühl, dass das, was ich tat, Relevanz besaß. Nach meinem Abschied landete ich in einem Schreibtischjob, wo es gleichgültig schien, ob ich überhaupt aufkreuzte. Also ging ich aufs College zurück, einfach, um es versucht zu haben; sobald ich meinen Abschluss in der Tasche habe, dachte ich, kann ich ja wieder arbeiten und mir einen besseren Job besorgen. Aufsteigen. Mir eine Herausforderung suchen. Doch je länger ich aus dem Job draußen war, umso klarer wurde mir auch, dass ich nicht zurückwollte. Was ich stattdessen tun sollte? Keine Ahnung. Sobald mir etwas leichtfällt, fühle ich mich unbehaglich. Das war meine ganze Jugend hindurch so, aber nach dem Einsatz wurde das Gefühl nur noch stärker.

Ich müsste lügen, wollte ich behaupten, ich hätte beim Aufbruch zu dieser Reise nicht nach dem Leben gesucht, das ich aus Afghanistan kannte. Das klingt vielleicht verrückt, ist aber so. Jeder Veteran, den ich kenne, sehnt sich irgendwann nach der tagtäglichen Dringlichkeit und Unsicherheit des Lebens in der Kampfzone. Wenn man nicht weiß, was der Tag bringt, wenn das einzige Ziel darin besteht, sich selbst und die Kameraden am Leben zu erhalten, wird alles erstaunlich einfach. Und hat man erst mal einen Geschmack davon bekommen, ist vieles, was man zu Hause macht, einfach nicht mehr dasselbe.

Manche werden verfolgt von dem, was sie in Afghanistan getan und gesehen haben. Ich bin da keine Ausnahme. Manches kann man nicht vergessen. Anderes will man auch nicht vergessen, wie etwa die Erinnerung an die Freunde, die nicht heimgekehrt sind. Die man sterben sah. Ich glaube, meine Weigerung, hinter einem Schreibtisch dahinzuvegetieren, war vielleicht auch eine Art, dieses Andenken – und sie – zu ehren. Oder vielleicht auch nur meine Art, damit fertigzuwerden. Womöglich konnte ich das ja unterwegs herausfinden.

Josh erspähte eine Abzweigung, und ich fuhr rechts ran. Als der Jeep zum Stehen kam, hob Fred den Kopf. Er sah mich an und hob fragend die Augenbrauen. »Du bleibst hier, Freddy«, sagte ich. Josh und ich stiegen aus und entdeckten eine steile, bergab führende Treppe. Wir gingen langsam, Schritt für Schritt. Der Fluss da unten war großartig. Wir schauten zu, wie das Wildwasser über Felsen und Geröll toste und dabei ein fortwährendes Donnergrollen erzeugte. Einige Minuten standen wir am Ufer und kühlten uns im Gischtnebel ab.

Nach ausgiebigem Genuss der Nebelluft und des Wasserrauschens erklommen wir wieder die Stufen. Als wir die Straße beinahe erreicht hatten, blieb ich wie angewurzelt stehen. Da, am oberen Ende der Treppe, stand Fred. Er musste aus dem Wagenfenster gesprungen sein.

»Fred!«, rief ich in dieser halblauten, unheilverkündenden Stimme der Hundehalter. »Was *soll* denn das?« Er senkte den Kopf und huschte zu Josh hinüber. Nie zuvor hatte er sich auf diese Weise aus dem Wagen befreit. Es machte mich fertig. Was, wenn in dem Moment, als er auf der Straße landete, ein Auto vorbeigekommen wäre? Dabei kannte ich sein eigentliches Ziel: Er wollte mit uns zusammen sein. Fred wollte mich einfach im Auge behalten und auf mich aufpassen. Wir drei waren jetzt eine Gang, von daheim bis nach Kalifornien und wieder zurück.

»Komm, Kleiner«, sagte ich etwas nachgiebiger. Ich packte Fred behutsam am Schlafittchen, zog ihn an der locker sitzenden Nackenhaut zu mir her und küsste ihn auf die Stirn. »Ich lass dich nicht allein.«

Ich öffnete die Wagentür, und Fred sprang, ehe Josh und ich einstiegen, auf seinen Sitz. Ich drehte den Schlüssel um, und aus dem kleinen Lautsprecher schmachtete Johnny Cash. Wir kehrten auf die Serpentinenstraße zurück und setzten unsere Fahrt fort. Wir waren noch ganz am Anfang.

2. Sieht aus wie'n Fred

»Ihr werdet tagelang in der eigenen Pisse stehen.« So hatte uns ein Analyst vor Sangin, Afghanistan, gewarnt. Mit anderen Worten: Sobald wir gelandet waren, würden wir zu sehr mit der Bekämpfung der Taliban beschäftigt sein, um auch nur eine Pinkelpause einlegen zu können. Und der Mann behielt recht.

Unsere Infiltration erfolgte per Helikopter. Während des Flugs wurde nicht viel geredet. Das Innere eines CH-53 ähnelt einer undichten Waschmaschine, ist hohl und laut, also einer Konversation nicht unbedingt zuträglich. Stattdessen hockten wir Schulter an Schulter im Dunkeln und warteten. Ich wollte gar nicht groß an das denken, was uns der Analyst erzählt hatte. Besser, man hegte keine Erwartungen. Ich wollte unvoreingenommen an die Sache rangehen. Bereit sein.

Ich spürte, wie das Triebwerk ruckelte, als wir zur Landung ansetzten. Es war beinahe Mitternacht. Denn da war es für die Hubschrauber und uns am sichersten. Ich guckte nach unten, kontrollierte zum letzten Mal meine Ausrüstung und setzte meine Nachtsichtbrille auf: *Brille* ist eigentlich nicht der richtige Ausdruck; tatsächlich war das Nachtsichtgerät, das wir trugen, ein großes Monokel. Man zieht es vom Helm runter und positioniert es vor einem Auge, sodass ein Auge im Nachtsicht-Modus, das andere im Dunkeln ist. Am Anfang ist das irritierend. Ich war so grün bei meiner ersten Mission, dass ich nicht kapierte, wie es funktionierte. Die Marinesoldaten um mich herum zogen ihre Geräte runter, schalteten sie ein, und ich saß da und fingerte bis zur Landung an meinem herum. Und dann kapierte ich es immer noch nicht, sodass ich aufgab und die Brille in dieser Nacht überhaupt nicht benutzte. Vielleicht hielten sie mich deswegen für besonders taff, vielleicht auch nur für doof.

Mein Job war *Human Intelligence* oder »menschliche Aufklärung«, sprich, meine Aufgabe im Einsatzgebiet bestand darin, den Dorfbewohnern möglichst viel über die Taliban zu entlocken. Und wenn wir einen Talibankämpfer erwischten, war ich der Einzige in der Einheit, der ihn verhaften und vernehmen durfte. Unmittelbar zuvor hatte meine erste Mission mich nach Trek Nawa, eine Stadt in der Nähe von Marjah geführt. Dort hatte ich mir mein Combat-Action-Ordensband verdient und sogar einen Taliban festgenommen und verhört. Dennoch, was für Trek Nawa galt, musste nicht unbedingt auch für Sangin gelten. Soweit wir informiert waren, erwartete uns dort ein ganz anderer Kampf.

Die Jungs, mit denen ich hinter die feindlichen Linien geflogen wurde, waren RECON-Marines, Aufklärungs-Marines. War mein Spezialgebiet die Kommunikation, so war ihres der Kampf. Sie waren das Nonplusultra – eine Elitetruppe von Special-Ops-Leuten, knallhart und erfahren. Sie ähnelten Profisportlern und waren überdies gewieft. Ich wollte nicht, dass sie mich für eine Nulpe hielten, irgendeinen Nerd von Intelligence, der ihnen nichts nützen würde bei ihrer Mission. Vor meinem Einsatz hatte ich mir fast den Arsch abtrainiert, war zweimal am Tag im Kraftraum gewesen. Um das Vertrauen meiner Kameraden zu gewinnen, würde ich ihnen nicht nur beweisen müssen, dass ich physisch imstande war, bei langen Nachtpatrouillen und

Schießereien mitzuhalten, sondern auch, dass ich etwas ins Kampfgebiet mitbrachte, das sie selbst nicht besaßen.

Es wurde Zeit für die Landung. Wir saßen schweigend im Hubschrauber, der grüne Schein der Nachtsichtgeräte erhellte unsere Gesichter. Ein paar Meilen abseits eines Gehöfts, das eine Drohne vorher ausgekundschaftet hatte, setzte man uns ab. Wir würden reingehen, es zu unserem Stützpunkt machen und den Rest der Nacht mit dem Füllen von Sandsäcken und der Vorbereitung des Angriffs verbringen, der höchstwahrscheinlich bei Sonnenaufgang erfolgen würde.

Bei der vorausgegangenen Mission hatten wir einen britischen Soldaten namens Jack dabeigehabt. Guter Typ. Eigentlich sollte er mit uns nach Sangin kommen, doch er verabschiedete sich. »Ich geh da nicht mehr hin«, meinte er. Er war schon zwei Jahre zuvor dort gewesen, als die Sicherung des Stützpunkts noch in der Verantwortung der Briten lag. »Das ist so ein Ort, wo du, sobald du um 'ne Ecke biegst, zwei Taliban vor dir stehen hast. Und der eine hat 'ne Panzerfaust, der andere ein Maschinengewehr in der Hand, und sie warten nur drauf, dich abzuknallen«, sagte er. »Beknackt, das Kaff.«

Sangin hatte nun mal diesen Ruf. Die Taliban waren dreister dort, weil es ein wichtiger Ort für den Mohnanbau war und der Opiumhandel das große Ding, über das sich die Taliban finanzierten. Außerdem hatten die Koalitionskräfte in der letzten Zeit nicht genug Truppen dort stationiert, sodass die Taliban die totale Kontrolle und volle Bewegungsfreiheit besaßen. Wir rückten auf ihr Gebiet vor und machten uns auf viele Kämpfer und gewaltige Feuerkraft gefasst. Alles war denkbar: Leichtgeschütze, Panzerfäuste, Raketen, Mörser, DschK-Maschinengewehre. Wenn die Taliban eine Gegend derart kontrollierten, dann hatten sie auch Macht über die Familien in den Dörfern, denen wiederum keine Wahl blieb. Ganz grundsätzlich bedeutete dies, dass die Taliban sich nahmen, was sie wollten und von wem sie es wollten, und so das örtliche Wirtschaftsleben zum Erliegen brachten. Diese Dörfer waren extrem arm, sodass die Taliban oft die Einzigen waren, die etwas von größerem materiellem Wert besaßen, angefangen von Turnschuhen und Handys bis hin zu den kleinen Motorrädern, auf denen sie herumknatterten. Brauchten sie was zu essen, kreuzten sie auf Märkten oder vor Bäckereien auf und nahmen sich, was immer sie wollten. Hatte ein Motorrad eine Panne, suchten sie den einzigen Mechaniker des Dorfes auf und griffen sich die Teile oder brachten ihn mit vorgehaltener Waffe dazu, ihre Motorräder zu reparieren. Sie ruinierten Hochzeitsfeiern, indem sie Musikinstrumente zerbrachen oder Gäste, weil sie getanzt hatten, bestraften. Sie rekrutierten kleine Jungs – oder nahmen sie einfach mit.

Mit dumpfem Geräusch setzte der Heli in einer Staubwolke auf, und wir stiegen, Gewehr im Anschlag, hinaus in die Nacht. Die Wüstenerde unter meinen Stiefeln war hart, und eine dünne Schicht seidigen Staubs überzog alles wie Wasser. Ich verkniff mir das Husten. Die Rotoren rührten einen heftigen Staubwirbel auf und erhoben sich erneut in den Himmel. Es gibt nichts Schlimmeres als das Gefühl, das dich packt, wenn sich dieses Brummen in der Ferne verliert. Wenn es nur noch dich und die Jungs am Boden gibt und keine Maschine, um dich zu beschützen oder blitzschnell herauszuholen, dann wird es ernst.

Wir setzten uns in Marsch, einer hinter dem anderen, um Sprengfallen zu vermeiden. Das einzige Geräusch machten unsere über die Erde scharrenden Stiefel und die auf dem Rücken rutschenden Rucksäcke. Wegen seiner sehr geringen Luftverschmutzung gilt Afghanistan als ideal für die Sternenbeobachtung. Doch ich schwöre, in Sangin sank der Staub nie zu Boden. Über uns war nur dunkler, trüber Himmel, der an ein verschmiertes impressionistisches Gemälde erinnerte.

Über sanft gewellte Hügel marschierten wir zwei, drei Meilen nach Westen. Insgesamt waren wir drei Züge aus Marineinfanteristen plus »Anhängseln« wie mir, dem Team zur Kampfmittelbeseitigung und Angehörigen der Afghanischen Nationalarmee. Alles in allem waren wir an die sechzig. Unsere Ausrüstung und die Rucksäcke wogen schwer – dreißig Kilo und mehr. Doch dafür hatten wir schließlich trainiert. Nach einer Weile wurde mein Pulsschlag wieder gleichmäßiger. Mein Körper begann sich mit der Vorstellung, wo wir jetzt waren, vertraut zu machen.

Als wir das Gehöft erreichten, erblickten wir am Eingang einen älteren Mann, der uns offenbar hatte kommen hören. Wir richteten unsere Stützpunkte stets auf »besetztem« Gelände ein – wo bereits ein »Lebensmuster« vorhanden war. Wenn schon Leute dort wohnten und nicht in die Luft geflogen waren, war das ein eindeutiges Zeichen dafür, dass der Ort nicht von Sprengfallen verseucht war.

Ali, unser Dolmetscher bei dieser Mission, und ich näherten uns dem Alten, um mit ihm zu reden. Ali hatte mich schon auf dem letzten Einsatz begleitet, und wir hatten uns angefreundet. Er stammte aus Afghanistan, war aber schon vor Jahren in die Vereinigten Staaten ausgewandert. Nun war er zurückgekehrt, um seinem Heimatland zu helfen und für sich, seine Frau und sein Neugeborenes daheim in Arizona einen anständigen Lebensunterhalt zu verdienen.

»Arizona, echt wahr?«, zog ich ihn gern auf. »Du bist also von einer Wüste in die nächste gezogen.«

»Meine neue Wüste hat Klimaanlage, mein Freund«, erwiderte Ali dann lächelnd. Ali liebte Klimaanlagen.

Wir traten zu dem Mann und schüttelten ihm die Hand. An dieser Stelle musste ich immer erklären, wer wir waren, dass wir gekommen waren, um zu helfen – und unsere Anwesenheit es erfordern würde, dass der Mann und seine Familie auf ein anderes Anwesen umzogen. Die Hofanlagen in Sangin variierten in der Größe; die meisten besaßen ein oder mehrere freistehende Bauten, die unterschiedlichen Zwecken dienten, etwa zur Lagerung von Reis oder als Wohnräume. Um die Gebäude herum erstreckten sich hohe Umfassungsmauern aus Lehm, und Großfamilien teilten sich den Platz in ihrem Innern, zuweilen auch gemeinsam mit ihrem Vieh. Manche Gehöfte standen für sich, während andere sich eine Umfassungsmauer mit dem Nachbaranwesen teilten. Häufig waren die Familien, denen wir in Sangin begegneten, auch Nomaden und zogen von Hof zu Hof, um als Farmpächter zu arbeiten. In diesem Fall etwa erzählte uns der Alte, er und seine Familie seien noch nicht lange dort, und erklärte sich zum Umzug bereit. Er öffnete die kleine Metalltür des Anwesens, und nacheinander traten wir ein. Einige von uns begannen sofort, Mauern und Dächer zu verstärken, während andere dem Mann und seiner Familie beim Umzug aufs Nachbargrundstück halfen, das einige hundert Meter entfernt lag.

Das Gehöft war groß. Die dicken Lehmmauern um uns herum waren etwa vier Meter hoch und umfassten eine Fläche von ungefähr fünfzig mal zwanzig Metern. Im Innern standen ein paar schlichte Bauten; kleine Hütten von knapp vier Metern Länge und drei Metern Breite: eine in der Nordwestecke, auf der wir einen Dachposten errichteten; eine in der Mitte, aus der wir eine improvisierte Kommandozentrale machten; und zwei weitere, die ebenfalls zu Verteidigungsposten aufgerüstet wurden. Die ganze Nacht über füllten wir wie am Fließband grüne Plastiksandsäcke. Mit einer zusammenklappbaren Schippe half ich, Berge von Staub und Sand in die Säcke zu schaufeln, anschließend trug sie ein anderer rüber zu den Marines, die sie dann auf die Dächer der kleinen Lehmgebäude hievten. Die im gefüllten Zustand kugelsicheren Sandsäcke wurden ringsum zu einem Wall aufgestapelt, sodass man sicher dahinterhocken und rausgucken konnte. Unten am Boden bohrten wir auch pizzagroße Löcher in die Wände. Wir mussten ja irgendwie sehen und rausschießen können. »Mörderlöcher« nannten wir die.

Wir brauchten die ganze Nacht. Als der Himmel wieder blau zu werden begann und das Licht sich über den Horizont ergoss, sah ich die weite, unendliche Wüste, die sich östlich von uns erstreckte. Im Westen des Lagers verlief der Highway 611, und jenseits davon lag die »Grüne Zone«. Wir nannten sie so, weil dort der Helmand floss und die Wüste üppig grünen Äckern wich. Mais- und Mohnfelder breiteten sich zu beiden Seiten des Flusses sowie entlang eines weitläufigen Netzes von Bewässerungskanälen aus. Ich beobachtete, wie eine dicke Nebelschicht von den Kanälen aufstieg und verdunstete.

Der 611er »Highway« war in Wirklichkeit nur eine in Nord-Süd-Richtung verlaufende, sprengfallenverseuchte Staubpiste, deren südlichster Punkt die Distrikthauptstadt Sangin, der nördlichste der Kajaki-Damm bildete. Wie ein Druckverband trennte der Highway das bewässerte Land in der Grünen Zone von der ausgedörrten Wüste, in der wir unseren Posten errichtet hatten.

Die Taliban hielten sich in der Grünen Zone auf. Unsere Aufgabe war es, sie von dort zu vertreiben, damit eine Ingenieurskompanie der Koalitionskräfte auf dem Highway 611 sicher von der Distrikthauptstadt zum Kajaki-Damm im Norden gelangen konnte. Sobald das Gebiet gesichert war, konnte man die Straße von Sprengsätzen räumen, was wiederum ermöglichen würde, die dringend benötigten Turbinenteile zum Damm zu befördern. Und wenn der erst mal funktionierte, würde er genügend Energie erzeugen, um die gesamte Region mit Strom zu versorgen.

Manchmal, wenn ich Sangin zu beschreiben versuche, erkläre ich, es sei wie West Virginia. Wobei ich keinem West-Virginier zu nahetreten will, aber unser eigenes kulturelles Klischee vom wilden und wundervollen Gebirgsstaat ist ein ganz brauchbarer Vergleich. So lässt sich verdeutlichen, wie abgeschieden und ländlich Sangin ist – so sehr nämlich, dass auch viele Afghanen sich weigern, dorthin zu reisen. Es ist Stammesland, Heimat nur weniger Einwohner, von denen die meisten Bauern sind und größtenteils keinerlei Zugang zu formaler Bildung oder Elektrizität besitzen. Und das sind nur einige der Gründe, die das Gebiet so anfällig für Missbrauch und den Einfluss der Taliban machen.

Als das dritte Bataillon, fünfte Marineeinheit (auch Infanteriebataillon 3/5 oder *Darkhorse* genannt) einige Wochen vor unserer Mission in der Distrikthauptstadt eingetroffen war, waren die Soldaten in der Hölle gelandet. In der ersten Woche verloren sie zehn Leute. Wir waren nicht nur gekommen, um die Taliban entlang des Highways zu vertreiben, sondern auch um die 3/5-Marines im Süden zu entlasten.

Meine Hauptaufgabe in Sangin bestand nun darin herauszufinden, wer wer war. Wie ein taktisch operierender Anthropologe musste ich die Lage am Boden aus der Sicht eines Dorfbewohners erfassen. Ich musste die Einheimischen kennenlernen. Wie nannten sich die Leute hier? Welchen Stämmen gehörten sie an? Wie verdienten sie sich ihren Lebensunterhalt? Und welchen Einfluss übten die Taliban auf ihr Leben aus? Indem ich Beziehungen zu den Menschen knüpfte, würde ich in der Lage sein, wichtige Informationen aus erster Hand zu gewinnen. Außerdem wollte ich eine Datenbank mit den Namen, Stämmen, Familienmitgliedern, Jobs und Wohnorten der Leute anlegen. Denn so besäße das Marine Corps, falls es das Gebiet auch künftig sicherte und hielt, ein Dossier über jeden einzelnen Einwohner.

Als der neue Tag anbrach, bezogen zwei Marines auf dem Dach Stellung und richteten ihre Ferngläser auf die Felder. Diese CH-53-Hubschrauber sind nicht gerade leise. Die Leute wussten, dass wir da waren. Und auch wenn die Taliban unsere Position noch nicht ausgemacht hatten, bald würden sie es tun.

Einer der Marines rief vom Dach herunter:

»Ich sehe Bewegung! Im Nordwesten!«

Ich trat hinter die Schießscharte und spähte hinaus in die Grüne Zone. Er hatte recht: An den Feldrändern tauchten Menschen auf, querten die Grenze zur Wüste und kamen näher. Doch als ich hinausschaute, sah ich, dass sie sich nur langsam bewegten. Sie trugen Dinge, die wie Reissäcke und Taschen mit persönlicher Habe aussahen. Da war einer, der eine Schubkarre mit einer alten Frau schob, und ein anderer, der einen Esel führte, an dessen Flanken Decken und Eimer baumelten. Das waren keine Talibankämpfer. Das waren Dorfbewohner. Mit ihrer Habe auf dem Rücken verließen sie die Grüne Zone. Fluchtartig.

Es wurden immer mehr. Zwei Stunden lang sahen wir zu, wie sich Dutzende von Menschen von der Grünen Zone auf die staubige Ansammlung von Lehmgehöften in unserer Nachbarschaft zubewegten. Wären sie an Ort und Stelle geblieben – das wurde uns allmählich klar –, hätten sie riskiert, von den Taliban zu Zielscheiben gemacht zu werden. Denn deren Kämpfer konnten, sobald sie ihre Angriffe auf uns starteten, die Häuser der Bauern als Deckung benutzen. Dies war eine wohlbekannte Taktik der Taliban, und eine ganz verheerende.

Ich erinnere mich, wie erschöpft sie wirkten, wie geschlagen. Es mochte Jahre her sein, dass hier Truppen stationiert waren, sicher, doch sie hatten das alles schon einmal durchgemacht. Hätte es uns nicht gegeben, hätten sie lediglich versucht, die Taliban-Besatzung zu überstehen. Mit uns aber mussten sie in einer Kampfzone überleben. *Was für ein Scheißdurcheinander*, dachte ich. Wir mussten das einfach auf die Reihe kriegen. Diese Leute mussten den Frieden und die Freiheit bekommen, die sie verdient hatten. Der Morgenhimmel barst schier vor Licht. Schon nach ein paar Stunden klebte mir der Staub in den Haaren, auf der Haut und den Kleidern. Alles verströmte denselben muffigen Geruch. Ich griff nach einer Flasche, spritzte mir Wasser ins Gesicht und begann dann mit meinem Lieblingsritual: der Zubereitung von Instant-Kaffee. Meine Schwester hatte mir einen kleinen Jetboil-Kocher geschenkt, mit dem man Wasser in sechzig Sekunden heiß bekam. Pure Magie.

Auf der anderen Seite des Lagers erblickte ich Master Sergeant Top, unseren Anführer, der gerade das Gleiche tat. Ein altgedienter Veteran mit Quadratschädel und Fäusten wie Stahlbeton. Top verlor selten mehr als zwei Worte auf einmal.

Ich hob meine heiße Kaffeetasse an die Lippen, und dann hörte ich es: den unverkennbaren, überwältigenden Donner einer Attacke.

Direkt über mir kreischte der Himmel: »*WUUUSCH!*«

Ich blickte auf und sah eine Rakete, die durch die Luft flog und der sofort die nächste folgte. Sie segelten fast gemächlich vorbei, so als trieben sie dahin. Ihre Wege kreuzten sich, und vage registrierte ich, dass man sie von unterschiedlichen Orten abgeschossen haben musste. Eine zischte irgendwohin davon und verfehlte unser Lager. Die andere barst in einer scharfen, ohrenbetäubenden Explosion am anderen Ende des Geländes, innerhalb unserer Mauern, doch zum Glück an einer Stelle, wo sich gerade niemand befand. Es krachte schon, ehe das Ding überhaupt aufschlug – es war eine RPG, eine Panzerabwehrrakete, die in der Luft detonierte. Und die bewirkte, dass mir die Zähne klapperten und die Ohren klingelten.

Ich schaute wieder zu Top hinüber, der sich sofort in Bewegung setzte. Er lief in unsere improvisierte Einsatzzentrale, eine der kleinen Lehmhütten in der Mitte des Anwesens, um ans Funkgerät zu gelangen. Um mich herum schlüpften die Jungs in ihre Ausrüstung. Ich sah Dave an, einen der Bombenräumer, der bereits in Schutzweste und Helm steckte. *Scheiße*, dachte ich und griff nach meinen Sachen.

Ich stürzte zur Mauer und spähte durch eine Schießscharte. Ich sah nur Wüste und Staub. Nichts. Hinter mir bekam die Westmauer – die zur Grünen Zone wies – das ganze Kampfgeschehen ab. Gewehrgeschosse prallten auf Lehm, sodass der Dreck nur so spritzte. Die Jungs auf dem Dach brüllten einander zu, während sie nachvollzogen, wo die RPGs abgeschossen worden waren, und sich auf Erwiderung des Feuers vorbereiteten.

Auch über Funk konnte man ihre Meldungen hören; wir waren fast eingekesselt; das Feuer der Taliban kam aus einem Radius von 270 Grad um uns herum. Zu Beginn hatten es die Jungs auf dem Dach noch mit Maschinengewehr- und kleinkalibrigem Feuer zu tun gehabt. Doch dann konnte man hören, wie die Stimmen sich veränderten, als sie berichteten, dass »ein Teil des Beschusses« nun *gezielt* und *treffsicherer* sei. Wir hatten lediglich zwei Dachstellungen, die der Grünen Zone zugewandt waren, beide mit jeweils zwei Leuten bemannt, sowie ein paar Schießscharten unten. Alles in allem hieß das, dass wir gerade mal acht Jungs hatten, die das Feuer von, tja, *einigen hundert* Taliban erwiderten. Die Schüsse traktierten die Sandsäcke mit einem fast ununterbrochenen *Rat-a-tat-tat-tat-tat-tat*. Es wurde zu heftig, und die Jungs mussten die Köpfe einziehen. So mag man sich echt nicht überrumpeln lassen; es bedeutet, dass man den Feind nicht zurückschlagen kann. Dass es nur noch schlimmer kommen kann. Über uns strahlte der wolkenlose blaue Himmel.

Und dann: »*Sani!*«

Ich hörte den schrillen, lauten Ruf, der über Funk von dem Dachposten kam, der der Grünen Zone am nächsten lag.

Sani, sprich *Sanitäter*, war kein Wort, das man während eines Feuergefechts hören wollte. Von meinem Standort unten an der Mauer blickte ich hoch und sah, dass es Aaron war, Joes Wachkollege, der da rief. Ich kannte Joe und Aaron von meinem ersten Einsatz: Joe und ich hatten uns schnell angefreundet, als wir über unser gemeinsames Interesse am Mountainbiken und Snowboarden ins Gespräch kamen. Und nun lag Joe schlaff und kraftlos da oben neben seinem Kollegen. *Scheiße*, dachte ich.

Hektisch löste Aaron Joes Helm, während die Schüsse weiter über sie wegzischten. Er packte den Helm an der Vorderseite, zerrte und zog ihn ab, damit er die Verletzung besser sehen und versuchen konnte, die Blutung zu stillen.

Doch Joes Helm war leer. Kein Blut, keine Schädelfragmente. Aaron inspizierte erneut Joes Kopf, dann wieder den Helm und versuchte, sich das Geschehene zusammenzureimen. Er wusste, Joe war getroffen worden – er lag bewusstlos vor ihm –, doch rein körperlich sah er ganz okay aus. Aaron kontrollierte den Helm erneut und fand sie: zwei Löcher, wo das Geschoss in den Helm eingedrungen und wieder ausgetreten war. Joe stöhnte und begann sich zu bewegen.

»Wir müssen dich runterschaffen, Mann«, sagte Aaron. Der verwirrte Joe öffnete die Augen und begann, Kopf voran auf die Leiter zuzukriechen. Von unten gebot Jim, der Sanitäter, ihm Einhalt.

»Hey, hey, hey, langsam, Junge! Du musst dich umdrehen!«, schrie er nach oben. Schwindlig und verwirrt wendete Joe und stieg rückwärts, Füße voran, herunter.

Ich rannte zur Leiter und wartete mit Jim. Wir hielten Joe und betteten ihn auf die Erde. Jim begann, Joes Kopf zu untersuchen, teilte die kurzen Haare mit den Fingern. Währenddessen setzte Aaron über uns die Feuererwiderung fort.

Es war keine Wunde zu entdecken. Joe war – irgendwie – okay. Das Geschoss hatte seinen Helm zwar gestreift, ja sogar durchschlagen, aber sein Kopf war nicht getroffen.

Die erste Attacke dauerte nicht lange, nicht einmal eine halbe Stunde, auch wenn es sich wie eine Ewigkeit anfühlte. Die eine Minute ist noch die Hölle los, in der nächsten herrscht Ruhe. Du merkst, du bist schweißgebadet, bei vierzig Grad im Schatten steckst du in dieser ganzen schweren Schutzmontur und einem Helm, und dein Mund glüht wie ein Backofen. Aber du bist am Leben.

Binnen einer Stunde folgte der nächste Angriff. Er ähnelte dem ersten. Die Taliban fangen gern mit was Rasantem an – indem sie eine großmächtige Waffe einsetzen und hoffen, uns damit Verluste beizubringen. Manchmal bedeutete das eine Panzerabwehrrakete oder Mörserfeuer; manchmal war es schwerer Beschuss durch ein großkalibriges Gewehr aus kurzer Distanz, etwa durch ein DSchK (was man »Dischka« aussprach). Oder es handelte sich um eine rückstoßfreie Waffe, eine Art Leichtgeschütz, das von einem Jeep oder vom Boden aus abgefeuert wurde. Sie starteten die Angriffe stets von mindestens zwei Standorten aus, gefolgt von Mörserbeschuss und Gewehrfeuer. Anschließend sammelten sie sich wieder, positionierten sich neu und starteten etwa eine Stunde später die nächste Attacke. Und so ging es weiter bis Sonnenuntergang.

Wir erlebten viele solcher Tage. Die Jungs wechselten sich auf den Dächern ab. Munition kam herein. Die Temperatur stieg. Wir wurden beschossen; wir erwiderten den Beschuss. Nachmittags, wenn die Sonne hoch am Himmel stand und es bis zu sechsundvierzig Grad heiß wurde, verstummte die Wüste für kurze Zeit. Es war unerträglich, man konnte nichts tun, und für ein paar Stunden stellten die Taliban ihre Feindseligkeiten ein.

Wir nutzten die Zeit, um unsere Gewehre zu reinigen und unsere MREs (»Meals ready to eat« oder Fertigmahlzeiten) zu essen, sprich vakuumversiegelte Astronautennahrung fürs Militär. Wir spielten Karten und dösten. Wir versuchten, Witze zu reißen, uns zu beruhigen, uns ein wenig zu säubern. Ohnehin waren wir völlig verdreckt und mit Schlammspritzern übersät – winzigen Staubkörnern auf der Haut, die man mit keinem Feuchttuch mehr wegbekam. Unser »Bad« war ein Hühnerstall, wo wir unser Geschäft in kleine Silbertütchen mit desodorierendem Pulver verrichteten und sie dann auf eine Brand-Müllkippe schmissen. Schneller als man vielleicht denken möchte, wird einem das zur Normalität.

Irgendwann zwischen zwei Taliban-Angriffen entdeckte ich dann *ihn*.

Ich war erhitzt und erschöpft, versuchte aber in meinen Sandalen und den dünnen grünen »Silkies« genannten Laufshorts kühl und gelassen zu bleiben. Ich stand da, füllte meine Wasserflasche und erhitzte Wasser für Ali, der trotz der Bullenhitze auf einem Glas Tee zu seinem Lunch bestand. Als ich den Deckel auf meine Wasserflasche drückte, sah ich einen vertrottelt wirkenden Hund über den Hof traben. Mit den kurzen Beinchen und einem Elan, der eher an einen Welpen denken ließ, besaß er nicht die geringste Ähnlichkeit mit den Straßenkötern, denen ich bislang in Afghanistan begegnet war. Die meisten waren groß und massig, trieben sich in Rotten herum und balgten aggressiv um Reviere und Essensfunde.

Ich merkte gleich, dass dieser Hund anders war. Er hatte kein Rudel; er war allein. Lässig paradierte er mit wippendem Schwanz und erhobener Schnauze im Dreck herum, als sei er ungeheuer stolz auf den Bissen, den er in der Schnauze trug. Er strahlte etwas Unschuldiges aus; das Leben in der Kampfzone schien ihm nichts anhaben zu können.

Ich hatte diese Nummer bei ihm während des knappen Tags, den wir inzwischen auf dem Grundstück waren, wiederholt beobachtet. Im Anschluss daran ging er immer rüber zur Brand-Müllkippe, um nach etwas Essbarem zu stöbern und anschließend kleine Reste zu seinem improvisierten Bau zurückzutragen, der in einem schattigen Fleckchen unter ein paar Büschen bestand. *Komischer kleiner Hamsterer*, dachte ich mir.

Bei unserer Ankunft am Gehöft hatte ich mich bei dem alten Mann nach zwei dort herumstreunenden Hunden erkundigt. »Gehören die beiden Ihnen?«, fragte ich ihn. Denn wäre es so gewesen, hätten wir ihm geholfen, sie mitsamt seinem Vieh zum neuen Grundstück seiner Familie zu bringen.

»Nein, nein, nein«, entgegnete er. Und es wäre auch ungewöhnlich gewesen, hätte sich ein Bauer in Sangin einen Haushund gehalten. Die Dorfbewohner liebten Tiere und kümmerten sich aufs Gewissenhafteste um ihr Vieh, doch sie konzentrierten sich aufs Überleben und die Ernährung ihrer Familien; sie konnten es sich schlicht nicht leisten, ein Haustier zu füttern und zu versorgen. Gelegentlich begegneten wir »Haus«-Hunden, die sich dann allerdings ausnahmslos als Kampfhunde entpuppten. Nachdem die Familie aus- und wir eingezogen waren, blieb der kleine Hund. Es war fast so, als gehöre das Anwesen ihm. Ich stand da und sah zu, wie er sich auf seinen Platz unter den Büschen flackte. Neben ihm lagen weitere Essensreste, die er angehäuft hatte: Verpackungen von Fertigmahlzeiten, Salzstangen, Knochen.

Ich stellte meine Wasserflasche ab, nahm ein Stück Beef Jerky und näherte mich ihm, wobei ich mit meinen Sandalen etwas Staub aufwirbelte. Als der Hund merkte, dass ich auf ihn zuging, unterbrach er seine Mahlzeit und schaute mich an. Er beobachtete, wie ich näher kam, und blinzelte mit zusammengekniffenen Lidern, um die Augen vor Sonne und Staub zu schützen.

Ein paar Schritte vor ihm hielt ich inne.

»Hey, Kumpel«, begann ich. »Wie läuft's denn so?«

Er schien mich aufmerksam zu betrachten. Ein inniger – ja geradezu menschlicher – Ausdruck lag in seinen großen hellbraunen Augen. Einen Moment lang sahen wir uns nur an. Dann hörte ich ein leises *wusch wusch wusch,* und hinter ihm stieg eine kleine Staubwolke auf. Ich konnte es kaum glauben: Er wedelte mit dem Schwanz.

Ich verstand das als Einladung näher zu kommen und ging in die Hocke, um ihn genauer in Augenschein zu nehmen. Sein Fell war in der Hauptsache weiß, unterbrochen von großen hellorangebraunen Flecken. Er hatte Schlappohren und eine lange Schnauze mit großer schwarzer Nase. Während er mich anguckte, zuckten seine Augenbrauen neugierig hin und her. Noch immer wedelte er mit dem Schwanz, und seine Miene war sanft und gelassen, so als lächle er.

Der Hund wirkte quietschfidel, doch ich sah, dass er von schwarzen, münzgroßen Insekten befallen war. Sie umschwirrten ihn und gruben sich ihm im Gesicht und am Hals ins Fell.

Ich streckte den Arm aus und hielt ihm das Beef-Jerky-Stück hin. »Na komm, Kleiner«, sagte ich.

Der Hund stand auf und schüttelte sich, als wolle er, ehe er sich mir näherte, so viele Fliegen wie möglich loswerden. Er tat, immer der Nase nach, ein paar Schritte nach vorn und inspizierte die Gabe, ehe er sie mir behutsam mit den Vorderzähnen aus der Hand zog. Ich musste lachen, als ich ihm beim Kauen zusah. Die meisten mir bekannten Hunde machten sich nicht mal die Mühe, ein Leckerli zu kauen, bevor sie es hinunterschlangen.

»He, du hast ja direkt Manieren, was?«, lobte ich ihn und streckte die andere Hand aus, damit er sie beschnuppern konnte. Da er nichts dagegen zu haben schien, kraulte ich ihm den Hals und die Ohren. Sein Fell war stumpf und staubverklebt; es fühlte sich unnatürlich steif an, fast wie eine verdreckte Jeans. Doch der Hund drängte glücklich in meine Richtung und schien das Kraulen zu mögen. Ich fragte mich, ob es womöglich das erste Mal war, dass er überhaupt gestreichelt wurde.

Als Kind hatte ich mir immer einen Hund gewünscht. Ja, ich ging so weit, mir von meinem eigenen Geld eine Leine anzuschaffen, und machte dann nach der Schule die Runde, klopfte an die Türen der Nachbarn und bot ihnen an, kostenlos ihre Hunde auszuführen. Manche erlaubten es mir sogar. Mein Lieblingshund war ein alter Basset namens Irene. Irene hatte diese dicken Pfoten und riesige Schlappohren. Wenn ich mit ihr Gassi ging, trabte sie mit hocherhobener Schnauze und alle möglichen Gerüche erschnuppernd an straff gespannter Leine vor mir her. Dieser staubige Welpe mit dem langen Rumpf und den kurzen Beinchen erinnerte mich an sie.

Ehe ich mich aber völlig hinreißen ließ, bremste ich mich erst mal. Mit Hunden zu kuscheln war in Afghanistan tabu. Bei meiner Ankunft im Land hatte ich am Hauptstützpunkt zwei komplette Orientierungstage über mich ergehen lassen, wo sie uns sämtliche Regeln, große wie kleine, ausbuchstabierten. Kein Alkohol. Keine Pornografie. Und – aus taktischen Gründen – kein Salutieren vor Vorgesetzten. Eine der denkwürdigeren Grundsätze stammte von einer Tierärztin der Hundestaffel der Militärpolizei. »Keine Hunde«, meinte sie lapidar und erzählte uns dann Horrorgeschichten über Typen, die sich mit Tollwut angesteckt hatten. Wenn wir uns mit einem Hund erwischen ließen, erklärte sie, werde der ohne Angabe von Gründen eingeschläfert. Außerdem war ich noch immer total fokussiert darauf, mich bei den RECON-Leuten zu bewähren. Ich musste bei diesem Einsatz meinen Wert unter Beweis stellen, nicht mit einem Hund im Staub rumhocken.

Mit derlei im Sinn erhob ich mich widerwillig. Der

Hund stand nur da und starrte zu mir hoch. »Okay, mein Freund«, sagte ich, drehte mich um und kehrte in meine Hofecke zurück.

Doch schon nach wenigen Schritten spürte ich einen leichten Stups am Fußknöchel. Ich guckte hinunter und sah, wie der Hund breit grinsend und schon wieder schwanzwedelnd zu mir hochstarrte. Von der anderen Hofseite her hatte Matt, einer der Bombenräumer, unseren Austausch verfolgt. »Sieht aus, als hättst'n neuen Freund!«, brüllte er. Ich aber hörte: »Sieht aus wie'n *Fred*!« Und der Name blieb ihm.

Fred lief hinter mir her zum improvisierten Lager, wo ich meinen Schlafsack hatte. Ich versuchte gar nicht erst, ihn davon abzuhalten. Vielleicht, dachte ich, war's ja doch nicht so schlimm, wenn ich ihm noch ein Stück Trockenfleisch und Wasser gab.

Ich schnappte mir ein großes Blechgeschirr, das herumlag – wahrscheinlich hatte es zum Tränken der Kühe gedient –, und füllte es mit Wasser aus meiner Feldflasche. Nachdem ich es vor Fred hingestellt hatte, sah ich ihm zu, wie er das Ding bis auf den letzten Tropfen ausschleckte. Ich stand über ihm und lächelte. Genauso, wie er behutsam das Trockenfleisch in Empfang genommen hatte, leckte er mit höflichen kleinen Bewegungen das Wasser auf.

Jim, der Sani, hatte ebenfalls zugeschaut. Bei Jim gewann man den Eindruck, als sei er als Kind Eagle Scout, so eine Art Oberpfadfinder, gewesen. Er war ein Superschlauer und hatte immer alles nötige Werkzeug bei sich. Nachdem er sich von seinem Schattenplatz erhoben hatte, kam er zu mir herüber, um das Ungeziefer an Freds Hals genauer in Augenschein zu nehmen. Er zog eine Pinzette aus seiner Gürteltasche, deutete auf die Insekten und meinte: »Halt ihn doch mal fest, und ich gucke, ob ich ein paar von den Blutsaugern entfernen kann?«

Wir kauerten beide im Staub. Ich ging in den Schneidersitz, zog Fred zu mir her und hielt ihn bei den Schultern. Die Insekten, die fliegenden Zecken ähnelten, gruben sich in Freds Fell und bohrten sich in seine Haut. Sie loswerden hieß, dass Jim sie ihm aus der Haut herausziehen musste.

»Pass auf, Mann«, zischte ich, als Jim mit der Pinzette dem ersten Insekt zu Leibe rückte. Ich hatte keine Ahnung, wie Fred reagieren würde. Jim zog heftig, und mit einem einzigen Ruck hatte er die erste Lausfliege samt einem kleinen Fellbüschel herausgerissen. Ich machte mich auf Gejaule gefasst oder sogar einen Biss von Fred, doch der hockte nur gleichmütig da. Jim und ich tauschten einen Blick. Vorsichtig machte er weiter und zog eine Lausfliege nach der anderen. Fred aber blieb geduldig sitzen und ließ uns unsere Arbeit tun.

Als wir damit fertig waren, türmte sich ein winziger Fliegenfriedhof neben uns auf dem Boden. Jim tätschelte Fred den Kopf und erhob sich. »Wow«, meinte er. »Unglaublich, dass er das mit sich machen lässt.«

Fred in seiner neu gewonnenen Freiheit schüttelte sich noch einmal und zockelte dann zu meiner Isomatte. Er trat unter das Moskitonetz – einen kokonartigen Ein-Mann-Schutz, in dem wir schliefen – und kletterte hinein, wobei er sich den Stoff passend zurechtschob. Es war, als hätte er es schon Hunderte Male vorher getan. Zufrieden mit allem legte er sich nieder, stieß einen Seufzer aus und schloss blinzelnd die Augen. Auch ich strotzte vor Dreck, und es störte mich überhaupt nicht, wenn dieser staubige Welpe ein Plätzchen auf meinem Bett haben wollte. Jim und ich lachten.

»Der macht sich's hier richtig gemütlich!«, meinte er.

Ich beugte mich über ihn und zog das Moskitonetz für unseren neuen Freund zu. Ich befand mich gut sechstausend Meilen von zu Hause in einem Kampfgebiet, in einer der brutalsten Gegenden der Welt. Und da war dieser Hund, der anders als ich hier daheim war. Sangin war alles, was er kannte. Und obwohl Fred wahrscheinlich nie zuvor einen Schluck sauberes Wasser geschmeckt hatte oder hinterm Ohr gekrault worden war, war er sanft und freundlich. Als ich jetzt zu ihm hinunterblickte, machte ich mir keine Sorgen mehr wegen der No-Dog-Richtlinie oder wann die nächste Panzerabwehrrakete geflogen kam. In diesem Augenblick fühlte auch ich mich zu Hause.

3. School's Out

Zurück im Jeep, kurvten Josh und ich weiter durch die Berge und näherten uns allmählich unserem ersten Reiseziel: Chattanooga, Tennessee. Fred schnarchte friedlich auf der Rückbank. Ein Jahr zuvor hatten Josh und ich uns in meinem ersten Kurs in Georgetown kennengelernt. »Moderne Grenzen« hieß er, ein Politologie-Seminar darüber, wie Länder durch ihre Geschichte geformt wurden. Als ich kurz vor Unterrichtsbeginn den Raum betrat, entdeckte ich ganz hinten einen großen Kerl mit einem Bart wie meinem und einer Beinprothese. Neben ihm auf dem Boden lag sein Rucksack, eine schmutzige Trinkflasche stand auf seinem Tisch. Ich steuerte sofort auf ihn zu.

Während ich mich auf den Stuhl neben ihm fallen ließ, meinte ich: »Hey, Mann. Nicht ein bisschen kalt heute für Shorts?«

»Mein Bein hat's gern kühl«, witzelte er. Und ich wusste, wir würden Freunde werden.

Später erzählte mir Josh, er habe mir sofort angesehen, dass ich Marine sei. Und ich verriet ihm, dass ich seine Armeevergangenheit an den Aufnähern auf seinem Rucksack erkannt hatte. Armeeleute lieben ihre Aufnäher.

Ehe ich mich in Georgetown einschrieb, hatte ich mich eigentlich nie als Studenten gesehen. Und nach acht Jahren Marines hatte eine Rückkehr an die Uni auch nicht gerade oberste Priorität für mich. Ich war nie ein guter Schüler gewesen. Ich wusste zwar, dass ich intelligent war, und liebte die Schule, doch es fiel mir schwer, in einem Klassenzimmer zu lernen. Meine Aufmerksamkeitsspanne war kurz, mein Energieüberschuss groß. Ich verstand nie, warum wir so lange stillsitzen sollten. In der Grundschule wurde ADS bei mir diagnostiziert. Ich begann Medikamente zu schlucken, durch die ich mich elend fühlte und unter Schlafstörungen litt.

Da ich normalerweise fröhlich und ausgelassen war, verstanden meine Freunde nicht, was ich hatte, als ich plötzlich tagein, tagaus mit leerem Blick, müde und abgeschlafft in die Schule kam. Und als meine Mom mir die Pille schließlich jeden Morgen verabreichte, begann ich, sie unter der Zunge zu verstecken und später auf dem Weg zur Bushaltestelle auszuspucken.

In der zehnten Klasse tauchten eines Tages Rekrutierer sämtlicher fünf Teilstreitkräfte in unserer Schule auf. Ein Vertreter der Navy erhob sich, klickte sich auf einem Projektor durch eine PowerPoint-Präsentation und erklärte vor der vollen Aula, was es bedeutete, zur Navy zu gehen, und welche Vorteile damit verbunden waren. Ein Typ von der Air Force tat das Gleiche, ebenso der von den Landstreitkräften. Als dann der Repräsentant des Marine Corps die Bühne betrat, wurde der Bildschirm hinter ihm schwarz. Er hatte keine Diashow oder Präsentation vorbereitet. Er starrte auf die vor ihm sitzenden Schüler und umklammerte das Pult, als ob er es hochstemmen wollte. Dann sagte er lediglich zwei Sätze: »Vielleicht haben drei oder vier von euch das Zeug zu einem Marine. Wenn ihr glaubt, dass ihr zu denen gehört, sprecht mich an.« Und damit trat er ab. Ich hatte nicht den Nerv, ihn an diesem Tag anzusprechen, aber er hatte Eindruck gemacht.

Wenn man vor den Toren von Washington, D.C. aufwuchs, war es nichts Ungewöhnliches, Leute zu kennen, die beim Militär gedient hatten. Unsere Nachbarschaft hätte ebenso gut eine Militärsiedlung fürs Pentagon sein können. Mein Vater hatte während des Vietnamkriegs bei der Air Force gedient und später, nachdem er mit Hilfe der G.I. Bill seinen Uniabschluss gemacht hatte, als Ermittler für die Nationale Behörde für Transportsicherheit gearbeitet. In meinem letzten Highschool-Jahr begann ich ernsthaft zu überlegen, ob ich zu den Marines gehen sollte. Meine Freunde waren durchweg dabei, sich fürs College zu bewerben, doch ich konnte mir einfach nicht vorstellen, nochmal vier Jahre die Schulbank zu drücken.

Dann trennten sich meine Eltern. Es war eins dieser Dinge, die einen, wenn man noch Teenager ist, hinterrücks treffen können. Nachdem meine große Schwester Sarah aufs College gegangen war, blieben nur noch ich und meine Eltern zurück. Dass sowohl meine Mutter als auch mein Vater geschäftlich viel unterwegs waren, war ich zumindest gewöhnt und ebenso, dass sie in verschiedenen Zimmern schliefen. Ich dachte, es sei ihnen halt lieber so; vielleicht schnarchte mein Vater ja. Ich grübelte nicht groß drüber nach, weil ich nicht wollte und auch nicht wusste, wie überhaupt. Ich war ja selber beschäftigt; es war mein letztes Schuljahr, und zwischen Hockey-Team und allen möglichen Treffen und Kontakten hatte ich jede Menge zu tun.

Dann aber kam ich von einem auswärtigen Eishockeyturnier nach Hause, und Mom war nicht da. Sie war wohl auf Geschäftsreise, vermutete ich, doch dann fand ich eine Nachricht in meinem Zimmer. Sie hatte sie für mich dagelassen und erklärte darin, dass sie und mein Vater sich getrennt hatten. Eigentlich hätte es mich nicht überraschen sollen, sie hatte sogar etwas von einem Umzug nach South Carolina verlauten lassen. Aber sie hatte es nicht direkt ausgesprochen, und ich hatte nicht begriffen, dass sie versuchte, mir Lebewohl zu sagen. Mein Dad hatte gar nichts gesagt. Ich schätze, die beiden wussten einfach nicht, wie sie mir ihre Probleme erklären sollten, und ich war schlicht zu beschäftigt damit, ein Siebzehnjähriger zu sein, als dass ich die Anzeichen registriert hätte. Ich wusste nicht, wie ich damit umgehen sollte, also ignorierte ich sie. Ich hatte ja genug, was mich ablenkte.

Meine Mom war diejenige gewesen, die mit Sarah während deren letzten Schuljahrs Colleges besucht hatte. Nun aber waren nur noch mein Dad und ich daheim, und meine Noten waren nicht gut. Ich erwähnte das Marine Corps, doch er wollte nichts davon hören. Er drängte mich, es mit einem Community College zu versuchen.

Als meine Highschool-Prüfungen näher rückten, lief ich Gefahr, in zwei Hauptfächern durchzufallen. Dennoch sagte keiner etwas. Stattdessen ernannten mich meine Klassenkameraden zum Sprecher unserer Abschlusszeremonie. Als ich in den Kursen durchrasselte und zur Zeugnisverleihung erschien, erwartete ich eigentlich, dass es nun endgültig gelaufen war. War es aber nicht. Ich hatte Geschichten gehört, in denen die Schulverwaltung Schüler zur Zeugnisverleihung antanzen ließ und ihnen dann statt eines Diploms einen Brief aushändigte, der sie zur Sommerschule verdonnerte. Doch als ich meine Rede gehalten hatte und einen großen, braunen Umschlag überreicht bekam, fand ich zu meiner Riesenverblüffung ein Diplom darin.

Ich tat, als würde ich mich freuen, aber irgendwie fühlte es sich falsch an. Mehr als je zuvor wünschte ich mir eine Herausforderung und dass man Rechenschaft von mir verlangte, doch es schien, als wolle das keiner für mich tun. Ich fantasierte, wie man, wenn ich zu den Marines ging, mehr und Höheres von mir erwarten würde. Man würde mir in den Arsch treten. Für mich waren die Marines eine Organisation, die nur harte Arbeit und nichts weniger akzeptierte. Und danach sehnte ich mich geradezu. Genau *das* liebte ich beim Eishockey. Wer sich nicht anstrengte, der spielte auch nicht. Nur die Stärksten und Schnellsten überstanden den Cut – und keine Ausrede.

Schließlich aber schrieb ich mich am Community College ein und versprach meinem Dad, es wenigstens zu versuchen.

Und dann kam 9/11. Wie viele angehende Rekruten war ich von einem überwältigenden Pflichtgefühl erfüllt. Ich suchte ein Ziel und eine Aufgabe. Und was wäre ein deutlicheres Zeichen gewesen als dieses? Sobald mein Semester am Community College vorbei war, verpflichtete ich mich. Und als ich mit meinen Formularen aus dem Bearbeitungszentrum trat, nahm mein Vater kein Blatt mehr vor den Mund. »Die Marines?«, meinte er. »Da wirst du doch bloß verheizt.« Ich wusste, er war stolz, dass ich mich verpflichtet hatte, aber auch bekümmert, weil ich die Teilstreitkraft gewählt hatte, die für ihre Präsenz an den Frontlinien des Krieges berüchtigt war.

Weil ich mich zu einem zeitverzögerten Einstiegsprogramm verpflichtet hatte und es nach den Angriffen vom 11. September so viele Rekruten gab, konnte ich mich erst im März 2003 im Bootcamp in Parris Island, South Carolina, melden. Und dort erhielt ich prompt die erwarteten Arschtritte. Von morgens bis abends wurden wir angeblafft und in allem gedrillt, sei es, wie man einen Socken anzieht oder wie man ein Ziel aus hundertfünfzig Metern Entfernung trifft. Annehmlichkeiten gab es nicht. Die Toiletten beispielsweise besaßen keine Kabinen. Du scheißt in aller Öffentlichkeit, und es kommt durchaus vor, dass –

während du am Kacken bist – ein Ausbilder reinkommt und Wasser auf dich kippt, samt Toilettenpapier. Man hatte das Gefühl, nicht besser zu sein als Vieh, und genau das war wohl der Zweck der Übung. Bis zum Ende des ersten Abschnitts lernte ich, wie man trotz des gnadenlosen Regimes der Ausbilder ungerührt und effizient bleibt. Und ich war, trotz all ihrer Bemühungen, uns abzulenken und zu stören, entschlossen, jede Aufgabe zu meistern. Langsam wurde ich ein Marine.

Kurz vor Ende unserer Ausbildung schoben meine Mitrekruten und ich uns in eine große Lagerhalle, wo wir unsere Ausgehuniformen erhielten. Dafür nahm eine Laser-Abtastmaschine unsere Maße und spuckte dann auf Papierbelegen unsere Größen aus. Während ich in einer Schlange darauf wartete, meine gestärkte grüne Hose und meine hauchdünnen Khakihemden in Empfang zu nehmen, fiel mir auf, dass auf meinem Ausdruck »PFC Grossi« stand, wobei PFC so viel wie *Private First Class*, also Hauptgefreiter bedeutet. Das musste ein Fehler sein. Ich war Gefreiter im niedrigsten Dienstgrad und nie zum PFC befördert worden. Die einzige Möglichkeit, dies in der Grundausbildung zu erreichen, konnte auf Vorschlag des ranghöchsten Ausbilders aufgrund besonderer Verdienste erfolgen, doch diesen Vorschlag hatte es meines Wissens nicht gegeben.

Vergeblich versuchte ich dem jungen Versorgungs-Marine zu erklären, dass auf meinem Ausdruck etwas nicht stimmte, doch man gab mir mehr oder weniger deutlich zu verstehen, dass ich mich zum Teufel scheren sollte. Am nächsten Morgen zog ich meinen »Essiggurken-Anzug« an, den grünen Frack mit dazu passender Hose samt khakifarbenem Schlips und Hemd. Mein einziges Ordensband hatte ich mir an die Brust geheftet, und die frischen

PFC-Chevrons brannten mir ein Loch in die Schulter. Allein in einem Meer von kratzigem Stoff wartete ich nur darauf, dass mir einer der Ausbilder diese Tressen gleich wieder herunterreißen würde. Doch keiner reagierte.

Wenige Tage später erfolgte die Inspektion durch den Kompanieführer. Von einem hochrangigen Marine waren wir noch mal zu allem gedrillt worden, was wir im Laufe der vergangenen drei Monate gelernt hatten. Man erwartete von uns, dass wir auf Anhieb jede an uns gestellte Frage beantworten konnten, von der wirksamen Höchstschussweite eines M203-Granatwerfers bis zum sechsten Generalbefehl für Wachposten. Da ich zum Gruppenführer bestimmt worden war, verbrachte ich den größten Teil des Morgens damit, sicherzustellen, dass jeder meiner Männer seine Krawatte korrekt gebunden hatte und ordentlich rasiert war. Sowohl mein Rekrutierer als auch andere Marines hatten mir geraten, im Bootcamp lieber keine Führungsrolle anzustreben. »Zieh einfach den Kopf ein und melde dich bloß nicht freiwillig. Bist du Gruppenführer, bedeutet das nur zusätzliche Arbeit«, meinten sie, doch diese Philosophie leuchtete mir nie so recht ein. Ich war zu den Marines gegangen, weil ich es satthatte, mich kleinzumachen.

Am Tag der Inspektion war mein Zug als erster an der Reihe. Ich erinnere mich an das perfekt polierte silberne Eichenlaub am Kragen des uns inspizierenden Kompaniekommandanten. Das bedeutete, er war Lieutenant Colonel. Meine Truppe und ich mussten jetzt wirklich alles geben.

Der Lieutenant Colonel trat vor mich hin, musterte langsam, prüfend und von oben bis unten mich und mein Gewehr.

»Was haben Sie denn getan, PFC Grossi, um sich Ihre Beförderung zu verdienen?«, fragte er.

Ich erstarrte. Ich hatte nach wie vor keinen Schimmer.

»Sir, dieser Rekrut weiß nicht, weshalb er befördert wurde, Sir«, sagte ich, da mir nichts Besseres einfiel. Der Lieutenant Colonel blickte über seine rechte Schulter nach hinten auf meine Ausbilder. Zwei von ihnen warfen mir Blicke zu, bei denen ich mir am liebsten in die Hose gemacht hätte. Der ranghöhere Ausbilder grinste und schüttelte den Kopf, worauf der Lieutenant Colonel mich ansah und meinte: »Na, Sie werden es wohl noch erfahren.«

Mein oberster Ausbilder kam nun zu mir herüber. Er war ein groß gewachsener Mann mit dunkler Haut. Ich sah die Venen an seinen Armen, die sich wie kleine blaue Bänder um seine Tattoos wanden. Für mich und meine Mitrekruten war er eine Vaterfigur – streng, aber gerecht.

»Hab ich dir nie gesagt, Grossi, weshalb ich dich befördert habe?« fragte er.

»Nein, Sir«, erwiderte ich.

»Ich hab dich beobachtet. Ich sehe, wie du dich für deinen Zug einsetzt, wenn keiner zuguckt. Und das ist das Wichtigste: ohne auf Belohnung zu schielen, das Richtige zu tun«, sagte er.

Trotz aller Disziplin konnte ich die Tränen nicht zurückhalten; sie liefen mir über die Wangen. In diesem Moment hatte ich das Gefühl, genau dort angekommen zu sein, wo ich hingehörte. Nicht wegen der Beförderung, sondern weil ich mich endlich wahrgenommen fühlte. Endlich war ich mal gut in etwas, und meine Leistung wurde anerkannt.

Doch prompt erhielt mein Stolz einen Dämpfer. Die zwei anderen Ausbilder erinnerten mich daran, dass ich bei meiner Antwort auf die Frage des Lieutenant Colonels gepatzt hatte und nun in meiner Uniform dastand und heulte wie ein kleines Mädchen. Noch am selben Abend büßte ich dafür in der Sandgrube, aber das tat ich gerne.

Ich hatte meinen Platz gefunden. Alle Liegestütze und Mountain Climbers der Welt konnten das Feuer in mir nicht ersticken.

Trotz meines vielversprechenden Starts beim Marine Corps waren die Jahre, die aufs Bootcamp folgten, ein einziger Schlag ins Wasser. Ich hatte mich für eine Laufbahn als Militärpolizist (MP) verpflichtet, weil ich mich schon immer für die Polizeiarbeit interessierte und dachte, bei den Marines sei dies eine großartige Möglichkeit, meinem Land zu dienen. Und später konnte es womöglich zu einer Polizeikarriere führen. Außerdem hatte ich gehört, dass man als MP für das Training mit der Hundestaffel ausgewählt werden konnte. Da ich Hunde liebte, gefiel mir die Vorstellung, tagtäglich mit ihnen zu arbeiten.

Allerdings musste ich nach dem Bootcamp erst mal eine harte Lektion über die Marines verkraften: Es spielte überhaupt keine Rolle, was du wolltest; es zählten nur die Erfordernisse des Corps. Am Ende arbeitete ich im Strafvollzug, einem Bereich, für den ich mich kaum interessierte, und wurde als Wachsoldat in Camp Delta (Guantanamo Bay) und auf einem Schiffsgefängnis der Navy in Charleston, South Carolina, eingesetzt, welches amerikanische Soldaten beherbergte, die für praktisch alles, vom verspäteten Erscheinen im Dienst bis hin zu Mord, Vergewaltigung und Drogenhandel einsaßen. Ich machte das Beste daraus, fühlte mich jedoch nie wirklich herausgefordert. Während meine Kameraden in Fallujah und Ramadi einmarschierten, gab ich in Guantanamo Essen an Häftlinge aus, die mir mitunter gern mal ihre Körpersäfte ins Gesicht spien. Das war nicht der Dienst, zu dem ich mich verpflichtet hatte.

2007 vollendete ich mein viertes aktives Dienstjahr,

ohne den Strafvollzug jemals verlassen zu haben. Mein Kommando erlaubte mir keine neuerliche Ausbildung für eine andere Sparte mit größeren Einsatzchancen. Frustriert und elend kehrte ich in den Norden Virginias zurück. Neun Monate lang ließ ich mich ziellos von Job zu Job treiben. Ich wusste, dass sie mich jederzeit wieder einberufen konnten und, falls es passierte, vermutlich wieder in den Strafvollzug stecken würden. Ich wollte nicht noch einmal auf einem Gefängnisschiff landen, und ich wollte auch nicht zu Hause rumsitzen. Also beschloss ich, mich erneut zu verpflichten.

Ich weiß noch, wie genervt mein Rekrutierer war, als ich ihm eröffnete, dass ich nicht in den Strafvollzug zurückwollte und dass ich auch keine Lust auf eine reguläre Militärpolizeieinheit hatte, was er mir beharrlich nahelegte.

»Okay, Sie Teufelskerl. Was wollen Sie denn dann machen?«, fragte er.

Tatsächlich wollte ich zu den Special Operations, dem Sondereinsatzkommando. Noch immer suchte ich nämlich, was ich von Anfang an gesucht hatte: Ich wollte gefordert und herausgefordert werden. Ich wollte malochen für ein Team, das mir mein Bestes abverlangte. Also sagte ich ihm, dass ich RECON-Marine werden wollte. Der Rekrutierer guckte verächtlich. Dass sie zu den Special Ops müssten, bilden sich nämlich alle ein; wenn man daher RECON sagt, hält einen der Rekrutierer automatisch für wieder mal so 'nen Möchtegern-Rambo.

»Hören Sie«, sagte er. »Was RECON angeht, kann ich Ihnen nicht weiterhelfen, aber Sie sollten sich mal mit denen einen Stock tiefer unterhalten. Vielleicht interessieren Sie sich ja für das, was *die* machen – die haben 'ne Menge Medaillen auf der Brust. Die suchen sich ihre Leute selber aus, sodass ich nichts versprechen kann, aber ich kann Ihren Namen ja mal erwähnen.«

Das war mein erster Kontakt mit dem Aufklärungsbereich des Marine Corps. Und schon beim ersten Vorstellungsgespräch wusste ich, dass es das Richtige für mich war.

Ich warf mich in einen Anzug. Da ich mich nicht mehr im aktiven Dienst befand, wusste ich nicht so recht, ob es okay war, in Uniform zu erscheinen. Das Gebäude befand sich in einer Anlage der U. S. Navy in der Nähe von Virginia Beach. Es war nichts Besonderes – nur ein zweigeschossiges Bürohaus aus Betonziegeln mit einem Flaggenmast davor. Als ich an die Tür klopfte, öffnete ein muskelbepackter Staff Sergeant sie einen Spaltbreit und guckte mich an.

»Leg dir die an«, meinte er und hielt mir völlig unerwartet Handschellen unter die Nase.

Ich starrte auf die blanken Metallfesseln. Ehe ich jedoch, ohne groß nachzudenken, darauf einging, fragte ich noch: »Warum?«

Worauf er die Tür aufriss. Zwei großgewachsene Marines standen jenseits des Türrahmens. Sie streckten mir die Hände entgegen, packten mich am Kragen und zogen mich hinein.

Dass ich die Frage – *Warum?* – gestellt hatte, hatte mir im ganz buchstäblichen Sinne diese Tür geöffnet. Es war ein Test gewesen. Als Marine lernt man zu tun, was man gesagt bekommt, und zwar stets begleitet von einem »Ja, Sir«. In der Aufklärung jedoch waren Marines gefragt, die auch selbständig denken konnten. Später erfuhr ich, dass jeder, der die Handschellen ohne weiteres Zögern anlegte, sofort die Tür vor der Nase zugeknallt bekam.

In meiner Jugend hatten mir meine Freunde immer wieder gesagt, was für ein guter Zuhörer ich sei. Nie kam mir dabei in den Sinn, dass sich diese Eigenschaft als berufliche Empfehlung entpuppen könnte, bis ich dann bei der Aufklärung landete. In meiner Ausbildung lernte ich, wie man Leute befragt, durchleuchtet, wie man Beweise sammelt und verhört. Ich übte Treffen mit einem Informanten, zu dessen Rolle es gehörte, verängstigt und zögerlich zu agieren, und ich entlockte ihm im Gespräch behutsam Informationen. Wer ein guter Aufklärer sein wollte, lernte ich dabei, musste in der Lage sein, zuzuhören und in allen möglichen Situationen Beziehungen aufzubauen. Ich war ein Naturtalent.

Erst nach sechs Monaten praktischer Ausbildung würde das Intelligence-Team entscheiden, ob es sich lohnte, mich eine weitere viermonatige Präsenzschulung durchlaufen zu lassen. Den Platz im Kurs musste man sich verdienen. Ehe sie ihn dir gaben, wollten sie sicherstellen, dass du überhaupt eine Chance hattest, den strengen Kurs zu schaffen. Die sechs Monate vergingen wie im Flug, und als ich erfuhr, dass ich einer der Auserkorenen war, die weitermachen durften, freute ich mich wie ein Schneekönig. In den nächsten vier Monaten erlebte ich Herausforderungen, wie ich sie mir nie hätte vorstellen können. Es gab intensive Trainingsstunden, die auf gewissen Szenarien basierten und völlige Hingabe verlangten, ergänzt um strenge akademische Kurse über alles Mögliche von Verhaltensforschung bis zum Verfassen von Berichten. Am Ende jeder Woche schrieben wir einen Test, und jeder, der weniger als achtzig Prozent der erreichbaren Punkte schaffte, war durchgefallen. Es gab viele Momente, in denen ich dachte, man würde mich aus dem Kurs werfen. Hatte ich in meiner Schulzeit noch geglaubt, ich sei halt kein Büchermensch, merkte ich nun, dass ich – wenn mir der Stoff gefiel, ich ihn wichtig und interessant fand – auch in einem Klassenzimmer Erfolg haben konnte. Ich hatte eine Herausforderung gefunden, die anzunehmen sich lohnte. Langsam überwand ich meine Angst vor dem akademischen Umfeld, und mein Selbstvertrauen wuchs. Mit dreißig Kandidaten hatte der Kurs begonnen; am Ende waren wir noch fünfzehn. Ich hatte es geschafft.

Dann, etwa ein Jahr später, erhielt ich den Befehl, auf den ich so lange gewartet hatte: Endlich ging es nach Afghanistan.

4. Sergeant Fred

Fred erfreute sich schon bald ziemlicher Beliebtheit im Lager. Binnen achtundvierzig Stunden begannen die Jungs, ihn Freddy zu nennen oder auch Freddy Zone, eine Kombination aus seinem Namen und Kampfzone. »Hey, Freddy Zone!«, riefen wir an den langen Nachmittagen, wenn es im Lager heiß und still wurde. Dann schlich Fred dankbar um jede Aufmerksamkeit herum, um sich einen Klaps oder eine Leckerei abzuholen. Hie und da teilte ich sogar meine Notrationen mit ihm. Einmal schmierte ich ihm Erdnussbutter an den Gaumen, und er hockte da, leckte sich die Lippen und versuchte, begleitet von meinem Gekicher, mit der Zunge auch noch das letzte Stückchen zu erwischen. Er hatte was von einem kleinen Bruder.

Einer der Jungs fand ein Seilstück und begann Tauziehen mit Fred zu spielen, was den total fuchste. Er wurde laut, bellte und jaulte vor Aufregung. Manchmal fletschte er auch die Zähne, und wir lachten uns schlapp. Um böse zu wirken, ließ er sein breites weißes Grinsen aufblitzen und knurrte, was wir ihm angesichts seiner komischen kurzen Beinchen und seiner liebenswerten Art einfach nicht abnahmen.

Lieblingsthema unserer Gespräche war Freds dussliges Aussehen. Er war nicht nur viel kleiner als jeder andere Hund, der uns in Afghanistan je begegnet war, und wog mit Sicherheit keine fünfzehn Kilo; auch seine Beine waren eine Absonderlichkeit, die wir liebten. Freds Stolz konnte seine Bodennähe allerdings nichts anhaben. Stets trabte er hocherhobenen Haupts, mit wedelndem Schwanz und flinken Pfoten, hinter denen der Dreck hochspritzte, wie ein Ausstellungshund auf dem Gelände umher. Er verkörperte eine unwiderstehliche Mischung aus Treuherzigkeit und Selbstvertrauen.

Nachdem es Joe gleich am ersten Tag erwischt hatte, verbrachte er fast eine Woche lang in einem winzigen Raum des Gehöfts, den man zur Krankenstation erklärt hatte. Es ging ihm gut – das Geschoss hatte seinen Schädel nicht durchschlagen –, doch die Wucht des Schusses hatte ein fieses Schädel-Hirn-Trauma zur Folge. Er musste evakuiert werden. Bis dahin jedoch behielt ihn der Doc in dem kühlen, dunklen Zimmerchen, damit er sich ausruhte. Kotzübel und mit dem schlimmsten Brummschädel seines Lebens lag Joe auf seiner Matte und litt, wartete und döste immer wieder weg. Als er verletzt worden war, hatte es gleichzeitig einen Überfall der Taliban auf die Stellung der 3/5-Marines gegeben. Die 3/5er verloren Männer und brauchten Unterstützung, was dazu führte, dass Joe tagelang auf seine medizinische Evakuierung warten musste.

Schon am ersten Tag erschien Fred am Eingang der Krankenstation. Er blieb stehen, warf einen Blick auf Joe und ging zu ihm. Mit heißem Fred-Atem beugte er sich über ihn, beschnüffelte ihn und drückte ihm die feuchte Nase an die Wange. Dann legte er sich neben ihn und bettete den Kopf auf Joes Brust. Der Hund stieß einen Seufzer aus, blickte auf und begegnete Joes Blick, als wolle er fragen: »Alles okay?« Dann schloss er die Augen und blieb einfach bei Joe liegen, um dann, wenige Minuten später – einfach so – wieder aufzustehen und zu verschwinden. Einige Stunden später jedoch kam er zurück. Er tat wieder genau das Gleiche, legte sich für ein paar Minuten zu Joe, sah nach ihm und ging wieder. Dies behielt er tagelang so bei, immer ein wachsames Auge auf Joe gerichtet, bis dessen MedEvac-Hubschrauber eintraf. Es war nicht zu übersehen: Dieser Hund war etwas Besonderes.

Während der Feuergefechte konnte es sich keiner von uns erlauben, sich um Freds Verbleib zu kümmern. Wir nahmen an, dass er schon irgendwie auf sich aufpassen würde. Einmal jedoch waren die Taliban ungewöhnlich erfolgreich bei einem ihrer Angriffe und schossen eine Mörsergranate direkt vor die Umfassungsmauer unseres Lagers. Es war, als würde die Erde bersten. Unser Mörser-Team und die Kampfbeobachter blieben auf Posten, während wir Übrigen im Kommandozentrum in Deckung gingen. Wir drängten uns zusammen und warteten. Und dann erblickte ich durch die offene Tür auf einmal Fred. Wie immer stöberte er auf der Brand-Müllkippe nach Essensresten. Mit der Nase am Boden wühlte er sich durch den Dreck wie ein fauler Ermittler, der nach Anhaltspunkten sucht.

Wir guckten uns an und hatten alle das gleiche Bild vor Augen: ein wohlplatziertes Geschoss, das auf unserem neuen Freund landete und ihn in winzige Stücke riss.

»Fred!«, brüllten wir. »Fred!«

Der Hund schnüffelte weiter im Abfall.

»He, du Scheißer! Komm rein, verdammte Kacke!«

Endlich sah Fred auf. Etwas irritiert blinzelte er in die Sonne, um prompt wieder die Schnauze zu senken und seine Nahrungssuche fortzusetzen.

»Feindliches Feuer!«, brüllte einer unserer Kampfbeobachter vom Dach, und wir warteten auf den Einschlag. Diesmal landete das Geschoss am anderen Ende des Gehöfts und schickte eine markerschütternde Schockwelle durchs ganze Lager. Und das fiel nun auch Fred auf. Er kratzte die Kurve, wirbelte dabei eine Staubwolke auf und schoss schnurstracks in unseren Unterstand, wo er sich zwischen unseren Beinen in Sicherheit brachte.

Damals am Anfang, als Fred langsam Teil unseres Teams wurde, machte ich mir Sorgen, ob ihm die Freundschaft mit uns gefährlich werden könnte. Denn falls das Kommando ihn je als Ablenkung oder Bedrohung wahrnähme, würde er im Kochtopf landen.

Innerhalb der Mauern behielt ich Top im Auge, den Master Sergeant unseres Kommandos, der uns – wie mir auffiel – beobachtete, wenn wir mit Fred spielten. Top war ein riesiger schweigsamer Marine, mit dem ich bis dahin wahrscheinlich keine vier Worte gewechselt hatte. Beim vorausgegangenen Einsatz hatte ich ihm nachts bei einer Patrouille geholfen, seinen Rucksack über einen Kanal zu befördern. Ich selbst stand dabei mitten im Kanal bis zur Hüfte im Wasser, damit die Jungs mir ihre Rucksäcke reichen und anschließend hinüberspringen konnten. Top kam, sah mich an, streckte mir seinen Tornister mit den Worten »Ist vielleicht schwer« entgegen und ließ ihn in meine Arme sinken. Das Gewicht von dem Ding drückte mich samt Stiefeln zehn Zentimeter tiefer in den Schlamm. Er muss wohl an die vierzig Kilo gewogen haben, doppelt so viel wie die anderen, da Top seine Funkausrüstung sowie ziegelsteingroße Stützbatterien für zwei Wochen dabeihatte. Ich fürchtete schon, er würde mich wie ein überdimensionierter Briefbeschwerer unter sich zerquetschen, als ein Kamerad auf der anderen Seite mir beisprang und ihn mir abnahm. Dann setzte Top über den Kanal, hob ihn auf und schwang ihn sich auf den Rücken, als handle es sich um eine Butterbrotdose.

So stark war er. Und ich schwöre, keiner von uns hat

ihn je schlafen sehen. Top war bereits seit den Neunzigern im Corps, zweimal im Irak und einmal in Somalia stationiert gewesen. Er war ein richtiger Anführer, und jeder von uns hatte Respekt vor ihm. Um unsere Sicherheit zu gewähren, das wusste ich, würde er tun, was nötig war – unter anderem auch dafür sorgen, dass kein streunender Hund gefährdete, was wir hier zu erledigen hatten.

An all das dachte ich, als ich eines Nachmittags im Schatten hockte und die letzten Bissen meines Lunchs verzehrte. Fred lief herum, beschnüffelte unsere Sachen, und ich merkte, dass er sich treiben ließ und aussah, als suche er ein Schattenplätzchen für seine Siesta. Auf der anderen Seite des Hofs lehnte Top im Eingang des Kommandozentrums und beendete seine Fertigmahlzeit. Leise hechelnd begann Fred sich Top zu nähern. Die Lausfliegen hatten ihn, seit wir sie ihm ausgezupft hatten, zwar in Ruhe gelassen, doch sein Fell war noch lehmverkrustet, und immer wenn er lief, löste sich etwas davon staubend von seinem Rücken.

Fred erreichte die Stelle, an der Top stand, und blickte zu ihm auf. Einen Moment lang trafen sich ihre Blicke, dann ließ sich Fred auf die Hinterbeine sinken und blieb neben dem großen Marine hocken. Beide starrten in die gleiche Richtung über den Hof, fast so, als würden sie den gleichen Gedanken wälzen. Davor hatte ich Fred und Top nie miteinander kommunizieren gesehen.

Top schaufelte sich den letzten Bissen von was auch immer in den Mund und kauerte sich neben Fred. Er stellte Fred den Plastikbehälter der Fertigmahlzeit vor die Nase, als wolle er ihm sagen: »Hier.« Und Fred beugte sich nach vorn, zuckte mit der Schnauze und begann, die Reste von Tops Mahlzeit aufzuschlecken. Top hatte eine Sonnenbrille auf, sodass sein Gesichtsausdruck nur schwer auszumachen war, doch ich meinte, den Anflug eines Lächelns gesehen zu haben.

Guter Junge, dachte ich. Fred schließt Freundschaften an höherer Stelle.

Der Gebrauch der Schusswaffe war in Sangin ins freie Ermessen der RECON-Marines gestellt, das heißt, sie hatten die Befugnis und die Verantwortung zu entscheiden, wann sie als Erste schossen. Die meisten von ihnen waren Inhaber höherer Ränge und seit Jahren beim Militär. Sie wussten, wie man diese Einsatzregeln handhabte, was nicht nur den Taliban signalisierte, dass wir es ernst meinten, sondern auch sicherstellte, dass wir in einer Gegend, wo sie die vollständige Kontrolle besaßen, nicht überrannt wurden.

Infolgedessen wurden die Gefechte nach diesen ersten paar Tagen seltener. Und es war davon die Rede, dass man mit Nachtpatrouillen in die Grüne Zone beginnen wolle. Wir könnten die Gegend auskundschaften, mit Dorfbewohnern ins Gespräch kommen, die womöglich noch immer dort lebten, und versuchen, eine genauere Vorstellung davon zu erhalten, was eigentlich Sache war. Es wurde Zeit, dass ich meinen Job machte.

Zwölf von uns würden einer sorgfältig vorkartierten Route folgend rausgehen. Die erste Ansammlung von Gehöften, der wir uns nähern wollten, lag nur etwa eine Meile entfernt, aber unser Weg dorthin würde drei Meilen betragen. Wege, Pfade und Brücken zu benutzen, kam nicht infrage. Dass wir von einem Netz von Sprengfallen, so genannten IEDs, umgeben waren, war nahezu sicher; auch dass solche *improvised explosive devices* entlang der Fußwege deponiert waren. Daher würden wir die Felder im Gänsemarsch überqueren, durch Kanäle waten und uns so unsere eigenen Pfade bahnen. Und wir würden nicht auf derselben Route zurückkehren. Top würde währenddessen in der Nähe des Funkgeräts bleiben, um Statusaktualisierungen zu empfangen. Wir mussten im Dunkeln losgehen und vor Sonnenaufgang wieder zurückkommen – hatten also nicht mehr als acht Stunden.

Sobald die Sonne unterging, legten wir zwölf längs der Wand unsere Ausrüstung bereit: schusssichere Westen, Helme, Patronengurte, Magazine und Nachtsichtgeräte. Ich fügte auch noch einen Notizblock und eine kleine batteriebetriebene Kamera zu meinem Haufen dazu. Erst seit wenigen Tagen befanden wir uns im Lager, doch schon war es uns zum sicheren Hafen geworden. Beim Gedanken, es zu verlassen, um schnurstracks auf Taliban-Territorium zu landen, drehte sich mir der Magen um.

Ich setzte mich auf eine Munitionskiste und aß zu Abend: Spaghetti mit Sauce. Angesichts der weiteren Optionen – Bœuf Stroganoff, Chili Mac und Hühnchen mit Reis – war es mein Lieblingsessen. Meine Großeltern väterlicherseits waren Italiener, und ich musste immer grinsen, wenn ich daran dachte, wie Nonie und Pop-pop angesichts der schlaffen Nudeln und der eingekochten Sauce die Köpfe geschüttelt hätten. Neben mir trank Ali seinen Chai und rief auf meinem Handy noch rasch zu Hause an. Eigentlich durfte außer mir niemand mein Handy benutzen, doch Ali zuliebe, der Familie hatte, lohnte es sich, die Regeln zu brechen.

Als Ali seinen Anruf beendet hatte, deutete er lächelnd auf meine Sachen. »Fred behält dich im Auge«, meinte er.

Ich blickte auf. Fred hatte sich aus meinen Sachen ein Bett gebaut und sich auf meiner Splitterschutzweste zusammengerollt.

»Er ist der Boss«, meinte Ali lachend.

Ich lächelte. »Er will nur merken, wann ich gehe, damit er in meinen Schlafsack springen kann«, sagte ich. Insgeheim fragte ich mich jedoch, ob der Hund mich allmählich ins Herz schloss. Nach und nach nahm Fred zwar sämtliche Marines für sich ein, doch ich fand, dass uns beide eine besondere Beziehung verband.

Die Sonne verschwamm in orangeroter Glut am Horizont. Wenige Stunden später, als der Himmel bereits schwarz geworden war, stellten wir uns längs der Wand auf und kleideten uns an. Fred war verschwunden, und ich versuchte, mich zu konzentrieren. Top stand neben der winzigen Metalltür, die auf die Grüne Zone führte. Einer nach dem anderen bückten wir uns und traten hinaus, während Top uns gleichzeitig abzählte.

Die Nacht war ruhig und kühl. Durch mein Nachtsichtgerät wirkte die Wüste wie eine in Grüntöne getauchte Mondlandschaft. Jedes Mal wenn meine Stiefel den Boden berührten, stiegen ringsum kleine Staubwolken auf. Die lockere Erde machte es den Taliban leicht, ihre IEDs zu legen. Ich blickte auf den Typen vor mir und dann zu Boden, um zu sehen, wohin ich trat, suchte den Horizont ab und kontrollierte meine Flanken durch das Nachtsichtgerät. Paschtu-Ausdrücke gingen mir durch den Kopf. Ich überlegte, wie ich mich den Dorfbewohnern vorstellen und welche Fragen ich ihnen stellen würde.

Am Rande der Wüste erreichten wir einen die üppigen Felder überragenden Bergkamm. Ich konnte die Veränderung des Klimas förmlich spüren. Die Luft war feucht und dumpfig, und ich meinte, unter uns das Geräusch fließenden Wassers zu hören. Während wir den Kamm entlanggingen, erhaschte ich einen Blick auf etwas, das sich links von mir bewegte. Instinktiv fuhr ich herum und packte mein Gewehr. Doch was ich dann sah, war kein Mensch.

Verblüfft erkannte ich, dass es Fred war. Da war er und hüpfte wie immer leichtfüßig und erhobenen Kopfs neben mir her. Sein Schwanz wippte. Er machte den Eindruck eines Reiseführers, der eine Besuchergruppe auf seinem Terrain spazieren führt. Inzwischen hatten die anderen Jungs ihn auch bemerkt, und alle konnten wir nur ungläubig lächeln.

Dieser Hund steckt voller Überraschungen, dachte ich.

An der vorgesehenen Stelle stiegen zwei Marines vom Bergkamm herunter. Am Fuß des Berges befand sich ein ziemlich breit wirkender Kanal, und sie sollten einschätzen, wie man ihn am besten durchquerte. Wir Übrigen bildeten einen schützenden Kreis, knieten uns auf den Boden und sahen uns suchend um. Fred, der bisher Abstand gehalten hatte, kam nun heran und stupste mich in die Hüfte. Ich kraulte ihn rasch hinterm Ohr, spürte das vertraute schmuddelige Fell an seinem warmen Hals und beobachtete dann, wie er zum Nächsten ging. Ganz ruhig ging er weiter, stupste hie und da jemanden an und wurde getätschelt. Unser kleiner Fronthund hütete seine Marines.

Die Jungs am Fuß des Bergkamms funkten, wir sollten ihnen folgen. Und so überquerten wir quasi offiziell die Grenze zur Grünen Zone. Ich holte tief Luft.

Im Gänsemarsch stiegen wir den steilen Abhang hinunter und machten uns bereit für die Kanaldurchquerung. Einer nach dem anderen rutschte das schlammige Ufer hinab und watete dann hindurch. Das Wasser war kalt und tief und reichte mir bis zum Nabel. Ich hielt mein Gewehr in die Höhe und klemmte mir das Notizbuch zwischen die Zähne. Bei jedem Schritt saugte der Schlamm im Kanalbett an den Sohlen meiner Stiefel, sodass ich mich, um nicht zu versinken, rasch bewegen musste. Auf der anderen Seite zogen mich die Jungs heraus, und ich wartete, um dem nächsten zu helfen. Als ich mich umdrehte, sah ich, dass auch Fred im Kanal war und zu uns herüberschwamm. Seine Schnauze und der Schwanz ragten über die Wasserfläche, und ich merkte, mit welcher Mühe er mit seinen kurzen Beinchen hinter uns herpaddelte. *Und wenn's ihn umbringt*, dachte ich mir. Er lässt wirklich nichts aus.

In der Grünen Zone änderte sich dann schlagartig das Gelände. Anders als in der Wüste war der Boden hier schlammig und feucht, und am Horizont schimmerten Mais- und Mohnfelder im Mondlicht. Das einzige Geräusch war das Klatschen unserer Stiefel im Schlamm.

Wir passierten ein kleines Dorf mit einigen verlassenen Gehöften. Während wir daran vorbeiwanderten, begann ein Hunderudel zu jaulen und zu winseln. Die Hunde waren groß, viel größer als Fred, und ihr heftiges Gebell echote scheppernd von den Mauern wider. Mit hängenden Köpfen und gesträubtem Rückenfell kamen einige unserer Patrouille recht nahe. Sie wirkten wie eine Kreuzung aus Wolf und Hyäne. Wir gingen schneller, damit sie sich beruhigten. Und ich sah mich nach Fred um, besorgt, er könne losbellen und so die Meute womöglich weiter aufstacheln. Ich blickte zurück, und da war er, trabte schweigend, mit gesenktem Kopf und nach vorn gerichtetem Blick hinter mir her. Später im Lager, als ich mich mit den Jungs unterhielt, war das – von allem anderen mal ganz abgesehen – der Moment, der uns wirklich umhaute. Es war, als wüsste Fred genau, was einen zum Marine machte. Er hatte die natürliche Neigung, das Gebell der Meute zu erwidern, unterdrückt. Wir hielten die Klappe, also tat er es auch.

Wir setzten unseren Weg fort, durchquerten drei weitere Kanäle, bis wir schließlich unser Ziel erreicht hatten. Ich war durchnässt und verdreckt, und die Nacht war kalt, doch die Anspannung und die Bewegung hielten mich warm. Es wurde Zeit, dass Ali und ich endlich etwas zu tun bekamen.

Der erste Bauernhof besaß ein großes grünes Eisentor. Einfach hingehen und anklopfen war zu riskant. Die Marines gaben uns Feuerschutz und passten auf, während ich Erdklumpen gegen das Tor warf. Das Metall vibrierte und erzeugte einen hohen Ton. Ali rief auf Paschtu, dass wir mit ihnen reden wollten.

Das Tor öffnete sich, und ein alter Mann in weißem Gewand beugte sich heraus. Ali sprach mit ihm, erklärte ihm rasch und ruhig, wer wir waren, und fragte ihn, ob wir uns unterhalten könnten. Da er sich so empfänglich zeigte, fragte Ali, ob er auch einige seiner Nachbarn zusammenrufen könne, damit wir eine *Schura*, ein Treffen, wie es typischerweise zwischen Dorfältesten stattfindet, abhalten konnten. Er trat hinter dem Tor hervor, und gemeinsam gingen wir weiter zum nächsten Anwesen, dann zu noch einem und rekrutierten einige weitere Nachbarn. Einer von ihnen breitete auf einer nahen Wiese eine Decke aus, auf der wir uns niederließen, um zu plaudern. Die RECON-Leute schwärmten aus, bis sie kaum mehr zu sehen waren, und hielten Wache. Am Boden schnüffelnd und immer wachsam umkreiste Fred uns in der Ferne.

Das Gespräch dauerte nicht lange. Die Männer waren freundlich und beantworteten unsere Routinefragen hinsichtlich Stammesangehörigkeit, Alter und Namen. Über die Taliban hatten sie allerdings nicht viel zu berichten, was wir respektierten. Womöglich hatten sie tatsächlich keine Informationen, vielleicht aber wollten sie auch in nichts hineingezogen werden. Ich fotografierte alle für meinen Bericht und dankte ihnen für das Treffen. Noch ein weiteres Dorf suchten wir auf, ehe wir uns wieder auf den Rückweg begaben und einen langen Umweg Richtung Lager antraten. Das Gelände in der Grünen Zone war zwar komplex und ermüdend, doch wir fühlten uns sicher. Als wir mit eingezogenen Köpfen durch die Tür schlüpften, stand Top noch genauso da, wie wir ihn verlassen hatten. Jeden von uns grüßte er namentlich. »Gut gemacht, Craig«, sagte er zu mir. Fred, der die ganze Zeit nicht von unserer Seite gewichen war, trippelte durch die Tür. Und Top lächelte: »Gut gemacht, Sergeant Fred.«

Wir versammelten uns in Tops Kommandozentrale, um Notizen zu vergleichen. Ich setzte mich ganz nach hinten auf einen Sack Reis. Der rote Schein der Laterne beleuchtete unsere müden, schlammverschmierten Gesichter, und das trübe grüne Licht des Kommando-Funks blinkte in der Ecke. Top sah sich um und zählte durch. Jemand witzelte: »Wo ist denn Fred?« Worauf der wie aufs Stichwort hereingetrabt kam und sich zwischen unseren Stiefeln durchwand. Er fand zu Top, legte sich, Tops Stiefel als Kopfpolster benutzend, zu dessen Füßen und stieß einen Seufzer aus, als wolle er sagen: »Da bin ich.«

Später kreuzte Fred genau in dem Augenblick auf, als ich mich gerade auf meine Schlafmatte setzte. Ich schnürte mir die Stiefel auf und ließ sie neben mir stehen, packte meine Hose obendrauf, sodass ich jederzeit aufspringen konnte. Gleich daneben lagen meine Schutzweste, mein Helm, ein Patronengurt, Magazine, ein Gewehr und meine Kamera. Ich löste meine Armbanduhr, legte sie neben das Kopfkissen, und als ich die Beine ausstreckte und mich zurücklehnte, sprang auch Fred ins Bett und machte es sich gemütlich. Er drehte sich ein paarmal, zupfte ein wenig am Schlafsack herum und entschied sich schließlich für den Platz zwischen meinen Beinen, wobei er den Kopf auf meinen Oberschenkel platzierte. In meiner Kindheit hatte unsere Katze manchmal an der gleichen Stelle geschlafen und sich zwischen meinen Knien zusammengerollt. Fred bei mir zu haben, fühlte sich vertraut an, wie ein Stück aus meinem alten Leben.

Und genau das war es ja auch, was Fred uns allen in Sangin bot. Jedes Mal wenn er sich auf einem unserer Schlafsäcke zusammenrollte – einige Male kuschelte er auch mit Top oder Bombenräumer Dave – oder wenn er über das Gelände zockelte, um sich von uns die Ohren kraulen zu lassen, entkamen wir für einen Moment der Kampfzone. In solchen Augenblicken zählten nur Fred und man selbst.

Am nächsten Tag hatte ich Wachdienst auf dem Dach und spähte durch mein Fernglas in die grünen Felder in der Ferne.

»Hey, guck mal«, meinte einer der Jungs.

Ich ließ den Feldstecher sinken und folgte seinem nach unten deutenden Finger. Etwa zehn Meter vor uns gingen ein Mann und eine Frau direkt an unserem Gehöft vorbei. Er ging voran, sie folgte und führte einen mit Reissäcken, Teppichen und Kübeln beladenen Esel mit sich.

Wir freuten uns, sie zu sehen. Bisher hatten wir noch keine Dorfbewohner erlebt, die so nah an unser Lager herankamen, und nach tagelangen Feuergefechten erschien es uns als gutes Omen, dass sich die Leute mitten am Tag raustrauten. Vielleicht hatten wir ja genug Taliban vertrieben und ihnen so eine gewisse Bewegungsfreiheit verschafft.

Dann hörten wir eine laute dumpfe Explosion. Sie ging einem durch und durch – wie ein Donnerschlag. Ich zuckte zusammen, zog den Kopf ein und blickte hinaus an die Stelle, wo das Paar gewesen war. Ich sah den Mann, der in seinem langen weißen Shalwar Kamiz reglos verharrte.

Hinter ihm, wo die Frau und der Esel gewesen waren, erhob sich eine schwarze Rauchwolke. Der ätzende Geruch von Ammoniak hing in der Luft. Alle Härchen an meinen Armen sträubten sich. Instinktiv war uns klar: Sie war auf einen Sprengsatz getreten.

Rasch kletterte ich vom Dach herunter. Unten sprach Ali bereits mit einigen der afghanischen Kommandosoldaten und einigen Marines. Ali war überzeugt, wir sollten mit dem Mann reden. Trotz der außerordentlichen Schwierigkeit dieses Augenblicks mussten wir sicherstellen, dass der Mann begriff: Nicht die Koalitionstruppen hatten seine Frau getötet. Außerdem konnten wir ihm helfen. Islamischen Regeln zufolge sollte eine Leiche nur von einem anderen Muslim berührt werden. Da Ali und die afghanischen Soldaten Muslime waren, konnten sie ihm anbieten, die sterblichen Überreste einzusammeln. Einer der Afghanen ging ein Bettlaken holen. Ich zog meine Schutzweste an, und wir traten hinaus.

Nach der Explosion hatte der Mann eine Weile dagestanden und wie erstarrt auf die Explosionsstelle geblickt. Nun bewegte er sich und begann aufzulesen, was von seiner Frau übrig war. Die Kommandoangehörigen näherten sich ihm mit dem Laken und boten ihre Hilfe an. Ali schloss sich an und sagte ihm, wie leid es uns allen tue. Der Mann wirkte inzwischen halb wahnsinnig, was nur zu verständlich war. Er redete schnell, und ich wusste schon bald nicht mehr, worum es ging oder was gesagt wurde. Lange unterhielten sich die Männer auf Paschtu. Angespannt und nervös wartete ich in ihrer Nähe.

Als mir der passende Moment gekommen schien, trat ich neben Ali. Ali erklärte mir ein wenig auf Englisch, doch es ergab einfach keinen Sinn. Ich sprach mein Beileid aus und drängte ihn behutsam, noch einmal zu wiederholen:

Die Frau des Mannes war von einer Sprengfalle der Taliban getötet worden. Der Mann verstand. Die Dorfbewohner im Distrikt Sangin wussten, was die Taliban taten und wozu sie imstande waren.

Ich holte tief Luft und brachte mit einem grässlichen Gefühl eine letzte Bitte vor. Es war meine Aufgabe, von den Taliban verursachte Todesfälle zu dokumentieren und zu melden. Ich fragte, ob ich die Leiche fotografieren dürfe. Der Mann stimmte zu. Als er das Laken aufschlug, schwirrten ein paar Fliegen auf. Der Kopf der Frau lag abgewandt, sodass ich ihr Gesicht nicht sehen konnte. Einer der Arme war unterhalb des Ellbogens abgerissen; der andere war noch da, allerdings fingerlos. Die Beine, falls noch vorhanden, waren unter ihrer Kleidung verborgen.

Ich verspürte eine solche Enge in der Brust, dass ich kaum atmen konnte. Ich fürchtete, mich erbrechen zu müssen. Ich machte ein paar Fotos und musste all meine Willenskraft aufbieten, um nicht die Fassung zu verlieren. Zurück im Lager, versammelten wir uns, um zu reden. Im Einsatz waren unsere Gehirne voll auf die Arbeit und unser Überleben programmiert. Etwas sehr Beunruhigendes wurde uns nun klar: Es gab IEDs, die sehr viel näher bei unserem Lager lauerten, als wir vermutet hätten. Beim Aufbruch zu unseren nächtlichen Patrouillen hatten wir praktisch dasselbe Gebiet durchquert. Tatsache war, dass wir höchstwahrscheinlich von einer sehr viel größeren Anzahl von ihnen umgeben waren.

Während wir uns unterhielten, entdeckte ich Fred. Hocherhobenen Hauptes kam er über den Hof getrabt. Er trug etwas im Maul. Falls Sie je einen Hund mit einem neuen Spielzeug gesehen haben – so total vergnügt und stolz, dass er sich vor Freude kaum halten kann –, genauso sah Fred in diesem Moment aus. Er ließ sich auf den Boden plumpsen und begann fröhlich wie eh und je zu nagen. Und dann sah ich, was es war: das versengte Stück eines Eselbeins, vom Huf bis zum Knie, und fast genau so groß wie er selbst.

»Pfui Teufel, Fred!« Ich lief zu ihm hin, zerrte ihm das Ding aus dem Maul und schleuderte es über die Mauer. »Nein!«, brüllte ich streng und starrte in sein bestürztes Gesicht.

Am nächsten Tag allerdings fand ich das stinkende verwesende Bein am Fußende meines Schlafsackes. Ich hob es auf, warf es erneut über die Mauer und hoffte, damit sei die Geschichte erledigt. Doch irgendwie fand Fred es noch einmal und schleppte es wieder an. In den folgenden Tagen ließ er es immer wieder irgendwo auf dem Gelände herumliegen, unter anderem auf den Schlafmatten verschiedener Jungs, und wir schmissen es – halb angewidert, halb belustigt – weiter über die Mauer. Es fiel uns schwer, ihm allzu böse zu sein. Fred wusste nichts von den Taliban oder der Tragödie des Krieges. Es war ja gerade diese Unschuld, durch die er uns – vor allem in unseren dunklen Momenten – Auftrieb gab.

5. Delta-Blues

Als Josh und ich endlich in Chattanooga eintrudelten, war es beinahe Abend. Die Berge wichen ausgedehnten Wohnblocks, und es dauerte nicht lange, und wir fanden uns in einer Kneipe auf einem großen offenen Platz wieder, der aussah, als sei er einmal eine Tankstelle gewesen. Tische und Lounge-Bereiche verteilten sich locker über den Platz, und dazwischen gab es Spielflächen für Cornhole oder Jenga. Wir hockten mit meinem Kumpel Mike und mehreren seiner Freunde auf Garten-Sofas. Fred hechtete auf eine Couch und machte es sich gemütlich.

Mit Mike oder auch Mikey, wie ich ihn nannte, war ich schon seit meiner Kindheit befreundet. Kennengelernt hatten wir uns in der Grundschule, später in der Highschool schwänzten wir gemeinsam unsere Kurse. Mikey sprang dann immer in meinen zerbeulten '89er Mazda, mit dem wir zu mir nach Hause fuhren, dort aus meinem Zimmerfenster kletterten und uns aufs Garagendach hockten, wo Mike sich binnen einer Stunde eine komplette Schachtel Fluppen reinzog. Vermutlich war das unsere Form suburbaner Teenagerrevolte. Ich hatte Mike jahrelang nicht gesehen, doch wir haben eine dieser Freundschaften, bei denen man direkt dort anknüpfen kann, wo man einst aufgehört hat.

Wir aßen in einem Restaurant in der Nähe von Mikes Haus zu Abend und brachten uns bei Brathähnchen und Bier auf den neuesten Stand. Anschließend schlenderten wir, vorbei an alten Südstaatenvillen mit breiten Säulenportalen und grünen Rasenflächen, zu der Freiluftkneipe. Straßenlaternen säumten die Gehsteige, und die Sommernacht war warm. Mike und Josh gingen voran, redeten, lernten sich kennen, während Fred und ich ihnen folgten. Ich musste lächeln, als ich sah, wie einer meiner Kindheitsfreunde Seite an Seite mit einem meiner neuesten Kumpel dahinschlurrte.

In der Kneipe begannen wir, während wir quatschten und tranken, Jenga zu spielen. Gerade wollte ich vorsichtig einen der großen Jengaklötze aus dem Turm ziehen, als Clint, einer von Mikes Freunden, mir eine Frage stellte.

»Was für ein Hund ist Fred eigentlich?« Clint saß neben Fred und tätschelte ihm den Kopf.

Ich lächelte, während ich den Klotz herauszog und ihn dann ganz oben auf dem inzwischen wankenden Turm platzierte. Damals war ich erst wenige Jahre aus Afghanistan zurück, jedoch schon daran gewöhnt, dass Leute mich auf der Straße oder im Hundepark auf meinen Hund ansprachen. Fred sah nicht aus wie andere Hunde, und er besaß Charisma. Menschen fühlten sich zu ihm hingezogen. Manchmal stellte er Augenkontakt zu jemandem auf dem Bürgersteig her, und ehe ich mich versah, meinte der Betreffende schon: »Meine Güte, wo haben Sie bloß diesen Hund her?« Ich antwortete wahrheitsgemäß.

»Tja, tatsächlich ist er mir vor ein paar Jahren in Afghanistan zugelaufen. Und er war einfach viel zu cool, um ihn dortzulassen.«

Clint blickte auf. Mit den Gedenkarmbändern, die wir trugen, Joshs Prothese und meinen abgeschnittenen Camouflage-Shorts machten wir keinem was vor – es war klar, Josh und ich waren Veteranen. Dennoch hatte Clint wohl nicht erwartet, dass ich Afghanistan so mir nichts, dir nichts zur Sprache brächte. Als das Schweigen sich in die Länge zog, schaltete Mike sich ein.

»Freds Geschichte ist wirklich toll«, sagte er. »Mann, der ist dir doch sogar bei den Patrouillen gefolgt, oder?«

Ich begann, den Jungs ein wenig zu erzählen, wie Fred mir zugelaufen war, und ich schilderte ihnen Sangin und unseren Einsatz dort. Ich erzählte, wie sehr uns Freds freundliches Verhalten im Lager erstaunt hatte. Schließlich war ja nicht er auf unseren Stützpunkt gekommen und hatte um Almosen gebettelt, sondern wir waren mitten auf Freds Territorium gelandet, und obwohl er höchstwahrscheinlich noch nie eine positive Erfahrung mit Menschen gemacht hatte, hieß er uns willkommen.

Fred machte, während ich erzählte, auf dem Sofa neben mir ein Nickerchen.

Als ich fertig war, griff ich nach meinem Bier und leerte es in einem Zug. Es war schön, mal wieder Gelegenheit zu haben, *so* über Afghanistan zu reden, wie es Leute – vor allem Zivilisten – nicht unbedingt erwarteten. Sich gegen Vorurteile verwahren, das muss jeder Veteran, und es kann wirklich frustrierend sein. Vor allem, wenn man den Eindruck hat, da will einer wissen, ob du »okay« bist. Ich habe nichts gegen Fragen, wenn sie wirklich ernst gemeint sind, aber darauf zu antworten ist nie leicht. Manchmal fragt dich jemand am Tresen, »Wie ist es denn so da drüben?«, als ob er sich nach dem Wetter erkundigen würde. Dann musst du eine Möglichkeit finden, deine Antwort – dieses große komplizierte, chaotische Ding – in ein paar hübsche und beiläufige Sätze zu verpacken. Du schlägst einen leichten Ton an, weil du gar keine andere Wahl hast. Hin und wieder aber erhältst du Gelegenheit, weiter auszuholen. Und das hatte mir Freds Geschichte ermöglicht: mehr zu erzählen, ins Detail zu gehen. Und Fred, der keine Notiz von der ihm entgegengebrachten Aufmerksamkeit nahm, lag friedlich schnarchend neben mir.

Während ich geredet hatte, hatten sich zwei gutaussehende Typen vom Tresen her genähert und standen in Hörweite. Sie waren kräftig, groß und muskulös. Und ihre Haltung hatte zusammen mit den glattrasierten Gesichtern, kurzen Haarschnitten und Polohemden etwas, das sie verriet: Es waren Marines.

Als ich mit meiner Geschichte fertig war, traten die beiden zu uns und stellten sich vor. Wie schon vermutet, erzählten sie, sie seien Marineinfanteristen und hätten im Irak und in Afghanistan gedient. Sie hießen Eric und Paul, waren beide erst kurz zuvor aus dem Marine Corps ausgetreten und zum Studieren nach Tennessee zurückgekehrt.

Paul, der ein breites Lächeln hatte und Cowboystiefel, die dafür sorgten, dass er mich ein ganzes Stück überragte, wollte Josh und mich zu einem Bier einladen. Ich hielt mein leeres Glas in die Höhe und fragte: »Kannst du Gedanken lesen?«

Und schon steuerten wir vier zum Tresen. Die Jungs waren Stammgäste, sodass, obwohl der Laden rappelvoll war, binnen Sekunden ein frisches Bier vor uns stand.

»Cheers«, riefen wir und hoben die Gläser. Auf wen wir anstießen, mussten wir nicht sagen. Nun, da wir wieder zu Hause waren, war klar: Jedes Mal, wenn wir mit anderen Marines ein Glas erhoben, tranken wir auf die Freunde, die es nicht geschafft hatten.

»Haben Sie Ihr Bein im Kampf verloren, Sir?«, fragte Eric an Josh gewandt.

»Jep«, erwiderte Josh und nahm einen Schluck. »Hab's mitten im Gefecht irgendwo abgelegt und vergessen wo.« Eric und Paul grinsten. Joshs humorvoller Umgang mit seiner Verstümmelung tat stets seine Wirkung und nahm den Leuten ihre Befangenheit. »Und nennt mich nicht Sir«, fügte er hinzu. »Ich war mal GI, genau wie ihr.«

Wir sprachen davon, wo wir gedient hatten und was unsere Aufgaben gewesen waren, über das Wiederdaheimsein und wie es war, als Veteran aufs College zu gehen. Aber schon bald drehte sich das Gespräch wieder um Fred.

»Ich kann gar nicht glauben, dass du Fred da rausgeschmuggelt hast, Mann. Schön zu hören, dass jemand so was fertigbringt«, meinte Paul. »Als wir dort waren, hatten wir Maisy.«

»Sie war die Beste«, ergänzte Eric. Die beiden Marines erzählten, wie ihre Einheit bei einem Einsatz in Afghanistan auf Maisy gestoßen war. Wie Fred war sie zur Begleiterin der Marines geworden und hatte sich sogar nachts, wenn es kalt wurde, auf ihren Matten zusammengerollt und bei ihnen geschlafen. Sie lachten, als sie Freds flauschigen Popo und ausdruckvollen Schwanz sahen, der sie so an Maisy erinnerte. Sie war allerdings größer gewesen als Fred, hatte lange Beine gehabt, dichtes, geflecktes Fell und eine Statur, die eher nach Australischem Schäferhund klang.

Eric und Paul hatten für Route Security gearbeitet, sprich die grauenvolle Aufgabe gehabt, tagein, tagaus über Dorfstraßen zu ruckeln und nie zu wissen, ob die Straße unter ihnen hochgehen würde. Sie patrouillierten die bewährten Routen, die man nutzte, um Nachschub von Stützpunkt zu Stützpunkt zu transportieren. Doch die Tatsache, dass die Straßen regelmäßig von Koalitionsstreitkräften befahren wurden, machte sie anfällig für Attacken. Es bedeutete, dass die Taliban mehr oder weniger wussten, wann man kam und wohin man fuhr. Es war ein Job, der im Nu von *echt langweilig* in *echt übel* umschlagen konnte. Und wenn ein Laster im Konvoi getroffen wurde, musste man aussteigen, um Typen rauszuholen, und gleichzeitig alle anderen ungeschützt und wehrlos zurücklassen.

Ich verstand, wie sehr ein Hund bei derartigen Einsätzen helfen konnte, Ängste zu besänftigen. Nach langen Tagen auf den Straßen war Maisy da, um sie nach der Rückkehr von ihrer Patrouille zu begrüßen, und manchmal folgte sie sogar, wenn sie im Konvoi von Stützpunkt zu Stützpunkt fuhren, ihrem M-ATV[1].

»Sie hat uns immer gefunden, egal wie weit wir gefahren sind oder wie heiß es wurde«, sagte Paul. Er hob sein Bier an die Lippen, nahm einen kräftigen Schluck und schaute weg.

Angesichts des Gesprächsverlaufs wusste ich, was als Nächstes kam.

Die Einheit, erzählte Paul, sei auf einen festen Stützpunkt verlegt worden und habe begonnen, von dort aus Patrouillen durchzuführen. Als Maisy ihnen auch dorthin folgte, bereiteten sie ihr aus alten Kissen und Decken ein Bettchen. Sogar ein Halsband habe sie bekommen, das sie aus Paracord geflochten hatten. Ja, inzwischen hatten sie sie alle so liebgewonnen, dass sie einen förmlichen Antrag stellten und um Erlaubnis baten, sie mit Hilfe einer gemeinnützigen US-Organisation nach Hause zu bringen.

Bis sie eines Tages auf Patrouille aus dem Hinterhalt angegriffen wurden. Der ganze Zug geriet in heftiges Maschinengewehrfeuer, und einer ihrer Kameraden wurde getötet. Er war, vermuteten sie, während des Überfalls von einem Scharfschützen getroffen worden. Es war ein zermürbender, ein verheerender Tag.

Völlig erschöpft kehrten sie auf ihren Stützpunkt zurück und erwarteten, von der fröhlich herumtollenden,

1 M-ATV = Military All-Terrain Vehicle (Militärgeländewagen)

schwanzwedelnden Hündin begrüßt zu werden, der guten Laune, die nur ein Hund an einem solchen Ort verbreiten kann. Doch das Bettchen war leer und Maisy nirgends zu entdecken. Auch ein paar andere herrenlose Hunde hatten sich auf dem Stützpunkt befunden, die ebenfalls verschwunden waren. Im Lager herrschte Stille. Irgendetwas stimmte nicht.

Langsam zählten die Männer dann zwei und zwei zusammen: Während sie draußen auf Patrouille waren, hatte ihre Führung die Hunde einschläfern lassen.

Eric und Paul hielten mit ihren Gefühlen nicht hinter dem Berg. Ihre Stimmen klangen gepresst, und beide mussten sich Tränen aus den Augenwinkeln wischen. Ich blickte auf Fred, der nach wie vor auf der Couch lag und immer wieder den Kopf hob, um einen Fremden zu begrüßen oder sich tätscheln zu lassen. Es war nicht das erste Mal, dass ich eine solche Geschichte hörte. Manche Kommandos betrachteten Hunde im Kampfgebiet als Gefahr für Ordnung und Disziplin. Es gab jede Menge Ängste hinsichtlich Krankheiten, und in Fällen wie Maisys die große Sorge, dass sie sich zu einer gefährlichen Ablenkung entwickeln konnte – die womöglich Konzentration und Zusammenhalt der Truppe beeinträchtigte. Was, wenn die Einheit in eine Situation geriet, wo einer der Männer sein Leben oder das eines anderen Marines riskierte, um den Hund zu retten? Dass Maisy eher als Belastung denn als Gewinn galt, gehörte zu den bitteren Realitäten des Krieges. Und dass es Fred genauso ergehen könnte, war in Sangin meine schlimmste Sorge gewesen.

»Tut mir leid, Mann«, sagte ich. Und dass ich dabei nicht nur an den Hund, sondern auch an ihren gefallenen Kameraden, an all unsere gefallenen Freunde dachte, verstanden sie, das wusste ich.

Josh trat an die Bar und bestellte eine Runde Whisky. Wir erhoben die kleinen Gläser mit dem bernsteinfarbenen Getränk.

»Auf Maisy«, sagte ich.

»Auf Fred«, erwiderten die Jungs. Wir kippten den Whisky hinunter. Das vertraute Brennen im Hals passte zum Beißen in den Augen. Ich sagte Paul und Eric noch, dass der Hund ja trotzdem zu was gut gewesen sei, und die Freude, die Maisy der ganzen Einheit bereitet habe, ihnen keiner nehmen könne. Ich glaubte das wirklich und meinte es ernst. Doch wenn ich Fred anschaute, wurde mir ganz flau. Wäre es ihm so ergangen – ich durfte gar nicht dran denken, was es mit mir gemacht hätte.

Damals in Afghanistan war Fred mein Begleiter und Trost gewesen, doch inzwischen, wo ich wieder daheim war, begann er auch eine andere Rolle zu spielen. Im Alltag etwa, wenn man in einer Kneipe hockte, erschien es einem zuweilen unmöglich, über unsere gefallenen Kumpel zu reden. Ja, wie schneidet man so ein Thema überhaupt an? Fred ermöglichte uns den Einstieg, gab uns die Chance, einige der Dinge zu bereden, die wir nicht aussprechen wollten, aber wahrscheinlich mussten. Er bot uns Gelegenheit, über den Krieg zu reden.

Am frühen Montagmorgen, als das Gras noch feucht war vom Tau und die Sonne gerade hinter den Bergen aufzugehen begann, beluden Josh und ich den Land Cruiser und machten uns fertig für die Weiterfahrt. Der Rest unseres Wochenendes war im Nu verflogen. Mike hatte uns die Stadt gezeigt und uns zum Wandern auf einige seiner Lieblingsrouten mitgenommen. Beim Abschied versprach ich ihm, auf der Rückreise, wenn möglich, wieder über Chattanooga zu fahren.

Zurück auf der Piste, richteten Josh und ich den Blick nach Südwesten. Die nächste größere Stadt, die wir anpeilten, war Austin, Texas, doch vorher wollten wir noch ein paar andere Stationen einlegen. In Mississippi hofften wir, echten Blues zu hören und zu zelten.

Es war eine gleichmäßige – und schweißtreibende – Fahrt. Highways mieden wir, wann immer es ging. Der Land Cruiser schaffte nie viel mehr als fünfundfünfzig Meilen, doch wir hatten es auch nicht eilig. Wir hielten uns an kleine zweispurige Nebenstraßen und ländliche Strecken, fuhren durch winzige verschlafene Städtchen, wo Leute auf ihren Veranden hockten und uns nachsahen. Alte Leute und junge, mit Baseballmützen oder Cowboyhüten, in dreckigen Turnschuhen oder Stiefeln mit abgelatschten Sohlen oder gar keinen Schuhen. Sie hockten da, blinzelten und rauchten. Wir fuhren vorbei an baufälligen Walzwerken, an mit Brettern vernagelten Fabriken und durch gespenstisch öde Hauptstraßen. Wann immer wir langsamer wurden, tauchte Fred hinter den Rücklehnen auf, um zu gucken, was der Tempowechsel zu bedeuten hatte. Dann gähnte er, streckte sich, steckte die Nase kurz zum Fenster hinaus und schob anschließend den Kopf zwischen uns, um einen Blick durch die Windschutzscheibe zu erhaschen. Sobald seine Neugier befriedigt war, rollte er sich wieder zusammen und wartete auf den nächsten Halt.

Clarksdale, Mississippi, liegt mitten im Mississippi-Delta, nur zehn Meilen westlich des großen Flusses und eine Nachmittagsfahrt vom Memphis im Norden und Jackson im Süden entfernt. Die Stadt lag auf unserer Strecke, und wir wussten nur eines über sie: Downtown betrieb Morgan Freeman ein Juke Joint. Und dort wollten wir hin, um mit den Einheimischen Blues zu hören.

Kurz vor dem Abendessen rollten wir in die Stadt und hielten vor dem ersten billigen Motel, das uns ins Auge fiel. Das schlichte, zweigeschossige Gebäude erhob sich auf einem fast leeren, sonnengebleichten Parkplatz, aus dessen gerissenem Beton die Grasbüschel sprießten. Auf einem davorstehenden hohen Schild blinkte in roten Leuchtbuchstaben »Zimmer frei«. Wir parkten vor der Rezeption und stiegen aus. Ich ließ die Fenster unten, und als Fred den Kopf herausstreckte, sah ich ihn an und meinte: »Bleib, wo du bist, Kumpel.«

Drinnen flimmerte zu unserer Rechten ein auf leise gedrehter Flachbildfernseher; links befand sich eine hohe Rezeptionstheke. Aus einem kleinen Büroraum dahinter hörte man das unverkennbare Quietschen der Sprungfedern einer Couch, dann erschien ein kleiner Mann im Türrahmen und rieb sich den Schlaf aus den Augen. Er schaffte es kaum, über die hohe Theke zu blicken, doch er lächelte, schickte sich an, unsere Daten aufzunehmen, und vergaß auch nicht zu erwähnen, dass das Frühstück in der Lobby kostenlos sei.

Als er mir den Schlüssel überreichte, piepste er abermals: »Frühstück am Morgen! Sechs bis zehn!« »Danke«, erwiderte ich ebenfalls lächelnd, ehe ich wieder nach draußen ging. Wir stiegen zu Fred in den Jeep und fuhren auf den Parkplatz direkt vor der Tür unseres Zimmers, das auf Straßenhöhe lag.

Das Zimmer war sauber und verfügte über zwei Doppelbetten und einen alten Plasma-Fernseher. Nachdem Fred gefüttert war und wir geduscht hatten, zogen wir voller Ungeduld, endlich in diesen Musikschuppen zu kommen, gleich wieder los.

Die Kneipe befand sich in einer engen Straße in einem der Gewerbegebiete der Stadt. Sie hätte auch als aufgelassenes Lagerhaus durchgehen können, wäre da nicht der Touristenstrom gewesen, der sich unablässig durch den Eingang schob. Von innen drang das Geräusch gedämpfter Livemusik heraus. Auf einer breiten Veranda vor dem Laden kontrollierte ein Mann unsere Ausweise, und schon ging es hinein, und die Musik packte uns wie eine Welle.

Wir ergatterten einen Platz am Tresen und bestellten zwei Budweiser, die schäumend und kalt in Gläsern serviert wurden. Ich hob das Bier an die Lippen und sah mich um, ließ den Laden auf mich wirken. Die Wände waren mit Autokennzeichen, bunten Lichterketten, Gitarren, Flaggen und allen möglichen Reklameschildern bedeckt. Weiter unten an der Wand gab es auch noch handschriftliche Signaturen, die Besucher mit schwarzen Edding-Stiften hingekritzelt hatten. Alles war auf einen gewissen Flair hin getrimmt und sollte alt, authentisch und rustikal wirken – doch jedem einzelnen Gegenstand war anzusehen, dass das Ganze vor allem gewollt war. Es handelte sich eher um eine Erlebniskneipe als einen authentischen schwarzen Tanzschuppen, eher so eine Art Hard Rock Café. Um uns herum saßen ältere Rentnerpaare, die mit den Füßen wippten und verlegen schunkelten. So langsam hatte ich das Gefühl, nicht nur in einem Kettenrestaurant, sondern auch in einem Seniorenausflug gelandet zu sein.

Die Band auf der Bühne war allerdings wirklich spitzenmäßig. Unter den von der Decke hängenden farbigen Lichtern summten die Musiker miteinander wie eine gutgeölte Maschine. Der Leadsänger und Gitarrist mit tiefer Soulstimme sah aus, als sei er schon eine ganze Weile dabei. Zwar hatten Josh und ich nicht viel Ahnung von Blues, wussten aber, was wir da hörten, war gut. Als wir unser zweites Bierchen zischten, guckte ich zu Josh rüber und fragte: »Alles gut?«, und er nickte. Wir waren müde, und ein sauberes Motelzimmer mit Kabelprogramm klang recht verlockend.

Als wir die Gasse hinunter zum Land Cruiser schlenderten, wich die gedämpfte Musik hinter uns allmählich dem Sound einer anderen Band, der von irgendwo weiter oben kam. Es war spät, doch das Einzige, was wir in Clarksdale hatten erleben wollen, war ein Juke Joint, und keinem von uns hatte die künstliche Atmosphäre im letzten Laden gefallen. Also folgten wir dem Sound zu seiner Quelle, wollten einfach sehen, wohin er uns führte. Während wir die Gasse entlangschlenderten, entdeckten wir den gedrungenen Backsteinbau, der ganz offensichtlich die Heimstatt der heulenden Gitarre war. Kein Mensch war zu sehen, doch ein alter Räucherschrank stand davor unter einer roten Laterne, die wiederum über der eisernen Eingangstür hing. Als ich sie aufzog, fluteten Musik und Licht heraus und warfen Schatten auf den Asphalt.

Die Kneipe bestand aus einem einzigen kleinen Raum, in dem alles rötlich glühte. Metallstühle mit roten Vinylpolstern und ein paar schäbige Tische standen herum, und die Wände waren mit Plakaten und Schildern gepflastert, die aussahen, als hingen sie schon eine ganze Weile da rum. Die Zimmerdecke hing derart durch, dass man sie mit ausgestreckter Hand berühren konnte. Eine Bühne gab es nicht – lediglich einen Teppich, auf dem ein steinalter Knabe in blauem Anzug und Schlips sich auf einem wackligen Stuhl zurücklehnte und auf seiner Gitarre zupfte. Er musste wohl über achtzig sein, doch seine Finger bewegten sich blitzartig über die Saiten, als wäre das Instrument ein Teil von ihm. Hinter ihm saß ein Schlagzeuger, der ihn begleitete.

Es waren sicher nicht mehr als ein Dutzend Leute in der Kneipe, die alle bei unserem Eintritt die Köpfe drehten.

Doch nachdem wir drin waren, konnten wir schlecht wieder gehen. Wir traten an die Bar, wo ein großer Schwarzer mit Sonnenbrille hinterm Tresen stand.

»Hey, Mann. Hätten Sie vielleicht zwei Bier für uns?«, fragte ich.

Hinter seinem Tresen öffnete er eine Igloo-Plastikkühlbox, zog zwei Literflaschen Bud heraus und stellte sie vor uns hin. Das war *mehr*, als wir erwartet hatten, doch es schien uns einfach nicht der richtige Ort, um das, was man kriegte, infrage zu stellen. Ich blätterte für jedes Bier drei grüne Scheine hin und dankte dem Burschen. »Super Laden«, lobte ich. »Bin echt froh, euch gefunden zu haben.«

Der Barkeeper grinste wissend. »Ihr wart schon in der anderen Kneipe?«

»O ja«, sagte ich. »War aber nichts für uns.«

»Der Laden hier gehört mir. Ich bin Red«, erwiderte er.

Josh und ich streckten ihm die Hand entgegen und stellten uns vor. Dann entdeckte Red Joshs Prothese. Seine Miene veränderte sich, und in aufrichtiger Bewunderung fragte er: »Sie tragen Shorts?«

Josh lächelte. »Ja, Mann!«, meinte er. »Ihr habt 'ne Höllenhitze hier unten.«

Red erzählte uns, dass er einen Cousin hatte, der ebenfalls ein Bein verloren habe. Doch er schäme sich so sehr, dass er seither, egal wie heiß es auch war, nur noch lange Hosen trug.

»Würdest du mit ihm reden, wenn ich ihn hole?«, fragte Red und sah Josh an.

»Klar«, erwiderte Josh. Binnen weniger Minuten war Reds Cousin da. Er war viel größer und wirkte mit seinen über die Schultern fallenden Dreadlocks jünger als Red. Er schien sich etwas unwohl zu fühlen mit seiner Prothese und stützte sich auf einen hölzernen Stock. Wir gewannen den Eindruck, dass er immer noch dabei war, in sein Leben auf einem Bein hineinzufinden. Beim Hereinkommen entdeckte er uns sofort und stellte sich als Riley vor.

Red deutete auf Josh und sagte nur: »Siehste? Shorts!«

Riley schüttelte Josh die Hand. Sein Lächeln und sein Blick waren so offen, dass sie fast ängstlich wirkten. Ich fragte mich, ob er in einer so kleinen Stadt wohl schon vielen anderen Prothesenträgern begegnet war.

»Wie hast du deins denn verloren?«, fragte Riley.

»Vor ein paar Jahren ist mein Fahrzeug auf 'ne Straßenbombe gefahren. Hab's nie mehr gesehen seitdem«, erwiderte Josh.

Riley schwieg einen Augenblick und schien sich etwas unbehaglich zu fühlen. Doch Josh fügte rasch hinzu. »Und bei dir, was ist dir passiert? Red sagt, du bist auch Mitglied im Holzbeinverein.«

Riley lächelte, beugte sich vor und rollte behutsam sein Jeansbein hoch. Man sah, dass er anders als Josh sein Knie noch hatte, doch unterhalb davon befand sich ein Kohlefaserrohr, das an einem Stoßdämpfergelenk und einem in einem schwarzen Turnschuh verschwindenden Fuß befestigt war. Direkt auf dem Schienbein seiner Prothese prangte der unverkennbare blausilberne Stern des Vereinswappens der Dallas Cowboys.

»Aha! Jetzt kapier ich erst, warum du ständig lange Hosen trägst ... Weil du das Ding auf dem Bein hast«, witzelte Josh. Red und Riley lachten.

Josh fragte Riley nach seinen Erfahrungen mit dem Bein und bot ihm Ratschläge zur Wartung und Pflege seiner Prothese an. Josh setzte sich auf den Boden und nahm sein Bein komplett ab, um Riley den »Socken« zu zeigen, den er verwendete, um Wundscheuern und Hautreizungen zu verhindern; außerdem verriet er ihm, welche

Creme seiner Meinung nach am wirksamsten war. Obwohl Josh seine Prothese schon über fünf Jahre trug und viele Tipps hatte, wusste er aus Erfahrung, wie verletzlich man sich auf nur einem Bein fühlen konnte, vor allem nach Folgeoperationen, die es einem schwermachten, wieder in Gang zu kommen. »Heilung kann bedeuten, dass man zwei Schritte nach vorne macht und einen zurück«, sagte er.

Als Josh und Riley in raschem Hin und Her miteinander rumflachsten wie zwei Männer, die die Lage des anderen wirklich begriffen, merkte ich, dass sie tatsächlich einen Draht zueinander gefunden hatten.

»Wenn man Sie so rumlaufen sieht ... also, unglaublich«, meinte Riley. »Ich hätte nie gedacht, dass ich Shorts tragen kann.«

»Ihr habt hier unten fast vierzig Grad!«, meinte Josh. »Da muss man sich nicht schämen.«

Josh saß auf einem Stuhl neben Riley und zeigte, wie sich seine Prothese am Knie um 360 Grad schwenken ließ, sodass er den Fuß beim Setzen hochdrehen und sein Bier auf der Schuhsohle abstellen konnte.

Inzwischen hatte die Band Feierabend gemacht, die meisten Stammgäste waren abgezogen. Wir vier aber blieben und quatschten noch lange nach Kneipenschluss.

Als wir schließlich aufbrachen, schüttelten wir den Jungs die Hand, und Red meinte mit großer Aufrichtigkeit: »Ihr seid hier jederzeit willkommen.«

Ähnlich wie Fred bot auch Joshs Prothese eine Möglichkeit, über den Krieg zu sprechen. Anders als bei mir hatte der Krieg bei Josh sichtbare Spuren hinterlassen. Wohin er auch ging, stets fragte man ihn, was mit seinem Bein geschehen war. Und auch wenn seine Zeit in Afghanistan nicht jedes Mal offen erörtert wurde, es bot sich ein

Einstieg an, falls Josh danach war. Und das Gleiche leistete Fred für mich. Hätte es Fred nicht gegeben, hätte kein Mensch mich für einen Kriegsveteranen gehalten und ich nie Gelegenheit bekommen, auf diese Weise mit Menschen in Verbindung zu treten. Ich redete gern über Fred und wie wir einander gefunden hatten – und weil es an einem Ort passiert war, der vielen Menschen fremd und beängstigend erschien, machte das Erzählen gleich noch mehr Spaß.

Die größte Herausforderung eines Veteranen bei seiner Heimkehr ist das überwältigende Gefühl der Isolation – das Gefühl, allein zu sein wie kein Mensch sonst. Bei denen von uns, die aus dem aktiven Dienst ausschieden, konnte es passieren, dass sie plötzlich völlig orientierungslos dastanden. Auch wenn sie einen Job fanden oder aufs College gingen, was ließ sich schon mit der Kameradschaft und Sinnhaftigkeit vergleichen, die der Kriegsdienst mit sich bringt? Wie kann man nach so etwas weitermachen? Der Versuch, es herauszufinden, war ein wichtiger Grund, warum Josh und ich miteinander aufgebrochen waren. Doch umso mehr und öfter wir uns mit Leuten unterhielten, umso weniger isoliert fühlten wir uns. Auch wenn unsere Gegenüber nicht viel von Afghanistan wussten – auch wenn wir die ersten Veteranen waren, denen sie jemals begegnet sind –, für kurze Zeit hatten wir etwas gemeinsam, und das tat gut. Eines der Symptome der Vereinsamung ist das Gefühl, dass den Leuten einfach alles egal ist, dass sie sich nicht für deine Erfahrungen oder deinen Schmerz interessieren; doch allmählich begriffen wir, dass das einfach nicht stimmte.

6. Die Grüne Zone

Wir gingen weiter nachts auf Patrouille, und allmählich wurde es Routine. Unsere drei Züge wechselten sich mit den verschiedenen Aufgaben ab. Ein Zug bezog auf den Dächern Stellung; der zweite ruhte, stets bereit, als schnelle Eingreiftruppe einzuspringen, sobald etwas geschah; und der dritte ging raus in die Grüne Zone. Ali und ich patrouillierten mittlerweile jede Nacht; ich wollte zu möglichst vielen Dorfbewohnern Beziehungen aufbauen. Positive persönliche Kontakte zu diesen Familien waren von strategischer Bedeutung für uns, damit sie uns, falls sie Informationen über die Taliban erhielten, eher davon erzählten. Wir wollten einfach nicht, dass sie uns für eine mysteriöse Robotertruppe hielten, die hinter ihren Waffen auf einem Hügel hockte. Bei den Fußpatrouillen hatten wir die Chance, uns als normale Menschen zu zeigen, die ihnen helfen wollten.

Einmal stiegen Ali und ich mit einer Leiter in ein Gehöft ein und erschreckten dabei einen über den Hof schlurfenden älteren Mann. »Ist schon gut, Großvater«, beruhigte ihn Ali auf Paschtu. »Wir sind gekommen, um zu reden.« Wir stiegen über die Mauer, während weitere RECON-Leute sich auf dem Dach postierten, und der alte Mann brachte seine Familie in den Hof heraus, wo wir uns alle im Kreis auf den Boden setzten. Insgesamt waren wir etwa neun, zehn Leute. Ich nahm das Nachtsichtgerät von meinem Helm und reichte es einem der Kinder. Die Kleine war verblüfft, wie das Ding funktionierte. Sie hielt es sich vors Gesicht, nahm es wieder weg und blickte ungläubig lächelnd wieder hindurch. Einer ihrer Brüder nahm es ihr ab und begann, es ihr nachzutun. Ein Junge im Teenageralter reichte uns Chai. Ich holte Fotos von meiner Familie aus meinem Rucksack und erklärte ihnen, dies seien meine Eltern und meine Schwester. Ich hatte da dies eine Bild von meiner Schwester Sarah, auf dem sie ihren Hund Herbie, einen kleinen Terriermischling mit kurzem glänzendem braunem Fell, platter Schnauze und pfiffiger Persönlichkeit auf dem Schoß hielt. Ich weiß zwar nicht warum, aber afghanische Dorfbewohner fanden das Bild von Herbie immer saukomisch. Die Kinder schnatterten über den kleinen Hund und lachten sich schlapp.

Wir seien gekommen, erzählte ich ihnen, weil wir wüssten, dass ihnen die Taliban das Leben schwermachten, wir wollten ihnen helfen – damit sie wieder ihre Schulen und Läden eröffnen und ein normales Leben führen konnten. Wir wussten, dass die Taliban in kleinen Dörfern wie diesem heimtückische Gerüchte über uns streuten. Wenn Dorfbewohner überhaupt etwas von den Angriffen vom 11. September gehört hatten, dann vertraten sie die Auffassung, diese seien die Vergeltung für unsere Anwesenheit in ihrem Land, und nicht genau anders herum. Das erste Mal hatte ich in Geheimdienstberichten über diese Taliban-Propaganda gelesen. Ich war schockiert. Ich begriff, wie sehr die Taliban die Menschen manipulierten – nicht nur durch brutale Gewalt, sondern auch durch niederträchtige Lügen.

Wenn wir jedoch die Möglichkeit hatten, mit Leuten wie dieser Familie ins Gespräch zu kommen, war ich immer wieder erstaunt über ihre Liebenswürdigkeit und ihr Verständnis. Sie waren aufgeschlossen, sie hörten zu, sie stellten Fragen. Und sie waren dankbar. Es gab mir Hoffnung, dass unsere Mission doch einen Sinn hatte und den Leuten tatsächlich etwas bringen würde. Und die Gespräche halfen auch mir. Ich genoss sie. Trotz der Sprachbarriere merkte ich, dass ich einen Draht zu den Leuten fand. Manchmal gab mir das bloße Reden mit den Dorfbewohnern sogar das Gefühl, als befänden wir uns gar nicht mehr in einem Kampfgebiet. Obwohl ihre Häuser anders aussahen als unsere, fühlte ich mich willkommen, und das Gefühl, bei Menschen zu Gast zu sein, war etwas Vertrautes und ein Trost.

Doch mit jeder neuen Patrouille verschwammen zunehmend die Tage. Jeden Morgen nach unserer Rückkehr schrieb ich meine Berichte und dokumentierte die von uns besuchten Dörfer, von denen die meisten auf keiner Karte verzeichnet waren. Anschließend versuchte ich zu dösen, wobei mir die Hitze und die Attacken der Taliban oft in die Quere kamen. Der Tag verging, und wenn es Abend wurde, holte ich meine Ausrüstung heraus und machte mich bereit für die nächste Patrouille. Wenn ich dann nachts beziehungsweise in den frühen Morgenstunden kurz vor Tagesanbruch ins Lager zurückkehrte, stichelte Top, sobald ich durch die Tür trat: »Hier kommt der Bürgermeister!«, weil ich ständig unterwegs war.

Nach seiner ersten Expedition folgte mir Fred auch weiterhin bei den Nachtpatrouillen. Stumm trabte er neben unserem Trupp, stets etwa zehn Meter links oder rechts von uns, blieb stehen, sobald wir anhielten, überquerte Kanäle, wenn wir es taten, und kämpfte sich an unserer Seite schlammige Böschungen hinauf. Er war so leise und flink, dass niemand seine Anwesenheit infrage stellte. Weder lenkte er uns ab, noch störte er uns bei unserer Arbeit.

Stattdessen wirkte er beruhigend auf uns, war unser kleiner Diensthund, der auf uns aufpasste.

Eines Nachts jedoch änderte sich das. Unterwegs zu einem Dorf in der Grünen Zone durchquerte die Patrouille ein Maisfeld. Der Mais in Sangin war amerikanischer Mais, und seine Stängel waren etwa doppelt so hoch wie wir und standen so eng beieinander wie die Haare auf unseren Köpfen. Darüber hinaus war er ideal, um sich darin zu verirren. Während wir das Feld durchquerten, musste jeder Patrouillengänger seinen Vordermann im Auge behalten; sonst verlor man leicht die Orientierung oder konnte sich sogar zwischen den Maisstängeln verirren. Weil der Mais so dicht stand und das Navigieren so schwierig war, folgte Fred uns nicht. Stattdessen suchte er sich einen Pfad ums Feld herum, um jenseits davon wieder zu uns zu stoßen. Das machte mich nervös. Denn ein falscher Schritt genügte, und Fred flog in die Luft.

Als wir wieder zwischen den Maisstängeln hervorkamen, lag eine weite Fläche karger Felder vor uns. Sie mussten sich wohl über hundert Morgen erstrecken und waren in einem Raster angeordnet, in dem jede Parzelle von einem schmalen erhöhten Pfad gesäumt wurde. Diese freie Fläche war nicht gerade ideal für uns. Denn nirgends gab es Deckung, und der Mond schien am Himmel und sorgte für eine besonders klare Nacht. Da draußen im Freien würden wir auf dem Präsentierteller hocken. Und ein einzelner Talibankämpfer hätte kein Problem gehabt, gleich mehrere von uns zu erledigen. Wir setzten uns rasch in Bewegung.

Mittlerweile war Fred wieder wohlbehalten an unserer Seite aufgetaucht und trabte auf seinem eigenen Pfad dahin. Doch noch während ich ihn beobachtete, hörte ich, wie ein seltsames, ungewohntes Geräusch die Stille der

Nacht zerriss. Ich brauchte eine Sekunde, bis mir klar war, worum es sich handelte. Es war Fred, der bellte. Fassungslos sah ich zu, wie er nicht mehr trabte, sondern jäh beschleunigte und über das Feld gerast kam. Er sauste durch unsere Patrouillenlinie hindurch und weiter und heulte etwas an, das ein Stück vor uns lag.

Instinktiv knieten wir uns alle auf den Boden, legten die Gewehre an und blickten uns suchend um. Wir waren nicht nur völlig exponiert, nun machte auch noch ein Hund auf unsere Stellung aufmerksam. Einer der Marines legte sein Gewehr an und zielte auf Fred. Durch mein Nachtsichtgerät sah ich das Infrarotlicht am Ende seines Gewehrs, das den Hund im Dunkeln beleuchtete.

Hektisch griff ich in die Erde um mich herum und suchte nach einem Stein oder Erdklumpen, um ihn nach Fred zu werfen, damit er aufhörte und endlich die Klappe hielt. Meine Finger fanden nur Staub. Fred kläffte weiter.

Und dann, während das Infrarotlicht Fred anstrahlte, konnten wir hinter ihm etwas erkennen, das wohl der Grund für sein Gebell war. Im nächsten Feld machte ich eine dunkle Wolldecke aus, die über den Boden gebreitet lag.

Ich sah Ali an, der sie ebenfalls entdeckt hatte. »Gehen wir«, sagte ich, und wir näherten uns, während die Marines ausschwärmten und einige dabei ihre Gewehre auf die Decke richteten, andere suchend um sich blickten. Ali und ich liefen an Fred vorbei, der knurrend zurückwich.

Einer der Jungs packte Fred am Schlafittchen, um sicherzustellen, dass er sich nicht mehr vom Fleck rührte. Er streckte die Hand nach einem am Boden liegenden dürren Maisstängel aus, hob ihn auf und benutzte ihn als Spielzeug, um den Hund abzulenken.

Als Ali und ich näher herankamen, wurde uns klar, dass

sich Leute unter der Decke befanden. Ali brüllte, sie sollten rauskommen, und zwei junge Männer erhoben sich. Wir trennten sie voneinander, um sie zu verhören. Sie seien Bauern, behaupteten sie und zeigten uns die kleinen Handschaufeln, die sie dabeihatten. Doch sie konnten keine einzige unserer einfachen Fragen zu den Äckern beantworten, etwa, was sie da anpflanzten oder wie lange sie im Dorf gearbeitet hatten. Ganz offensichtlich waren es Bombenleger, die man geschickt hatte, um in der Nacht Sprengfallen zu platzieren. Wir fotografierten sie und ließen sie wieder frei. Wir waren nicht dafür gerüstet, Gefangene zu nehmen, und sie hatten nichts Belastendes bei sich, das für mich das Risiko und den Aufwand einer Festnahme gerechtfertigt hätte.

Die Begegnung ließ mich befürchten, dass die Taliban über unsere nächtlichen Patrouillen informiert waren und unsere Bewegungen fortwährend verfolgten. Und wenn sie wussten, dass wir Pfade mieden und Felder durchquerten, würden sie auch ihre Sprengsätze entsprechend platzieren. Eines aber war definitiv klar: Freds Patrouillengänge mit uns waren endgültig passé. Falls wir diese Mission überleben wollten, konnte ich nicht zulassen, dass er uns und sich selbst noch einmal in eine derartige Lage brachte.

Als wir am nächsten Abend an der Tür zum Aufbruch anstanden, umtänzelte uns Fred aufgeregt wie stets und bereit für seine Nachtpartie. Während wir uns durch die niedrige Tür duckten, zählte Top uns ab, wobei er gewohnheitsmäßig jedem auf den Rücken klopfte. Doch als ich, gefolgt von Fred, durch die Tür trat, griff Top nach unten und packte ihn beim Schlafittchen.

»Das war's, Kumpel«, sagte er. »Ab heute machst du Funkdienst mit mir.«

Während unserer verbleibenden Zeit in Sangin erwartete uns Fred allnächtlich mit Top auf dem Stützpunkt, wo er stolz seine neue Rolle als oberster Begrüßer erfüllte.

Endlos, labyrinthartig und kreuz und quer durchzogen Kanäle in der Grünen Zone die Felder. Normalerweise stellten diese Kanäle Hindernisse dar, und wir mussten zusehen, wie wir sie am besten überquerten: entweder mit zwei langen Holzpfosten, die man nebeneinanderlegte, um dann wie die Bauern darüberzubalancieren, oder indem wir hindurchwateten. Manchmal jedoch stießen wir auf leere Kanäle, die sich als Wege benutzen ließen. Mit etwa einem Meter fünfzig Tiefe boten sie fantastische Deckung und enthielten, da sie oft überflutet waren, höchstwahrscheinlich auch keine Sprengfallen.

Eines Nachts durchquerten wir einen ausgetrockneten Kanal, als wir Leute entdeckten, die sich oberhalb von uns im angrenzenden Feld bewegten. Wir waren geschockt. Nur selten sahen wir nachts jemanden draußen, und falls doch, hatten wir meist guten Grund, ihn zu erschießen. Durch unsere Nachtsichtgeräte beobachteten wir einen Mann im wehrfähigen Alter, der gefolgt von fünf, sechs jüngeren Burschen, rasch dahinschritt. Der Mann hatte einen Stoffsack über die Schulter geworfen, und die gesamte Truppe bewegte sich mit der gleichen Haltung – nach vorn gebeugt und quasi schleichend – rasch voran. Bombenleger der Taliban, dachten wir.

Die Taliban setzten zur Platzierung von IEDs regelmäßig Kinder ein. Auf meiner vorausgegangenen Mission in Trek Nawa hatte ich einmal von unserem Dachposten aus beobachtet, wie ein Talibankämpfer auf einem Motorrad auf ein Nachbargrundstück fuhr, wobei ein Junge vor, ein anderer hinter ihm saß. An der Seite hing eine Tasche, in der sich ein Fußball befand. Sobald sie ins Gehöft hineinfuhren, waren sie unseren Blicken entzogen. Doch ehe ich mich versah, kamen fünf Kinder ins Freie gesprungen und kickten begeistert mit dem Fußball herum. Während sie spielten, beobachtete ich, wie einer der Motorrad-Jungen mit einer kleinen Gartenschaufel ein Loch zu graben begann. Im Loch versenkte er dann einen Topf – ein verräterisches Behältnis mit selbsthergestelltem Sprengstoff – und deckte ihn ab. Der andere Junge trug die Druckplatte herbei. Direkt neben dem Topf hob er eine flache Vertiefung aus und verband dann beide sorgfältig mit Drähten. Das Ganze nahm nur wenige Minuten in Anspruch; ganz offensichtlich waren sie gut geschult. Nachdem der Job erledigt war, tauchte der Typ mit dem Motorrad wieder aus dem Anwesen auf. Die Jungs stiegen rasch auf, und die drei fuhren davon. Nicht nur als Helfershelfer und menschliche Schutzschilde benutzten die Taliban Kinder, ihre ganze Methode machte es uns auch unmöglich, irgendwie einzugreifen. Wenn wir diesen Talibankämpfer erschossen, mussten wir es vor einer Gruppe von Kindern tun, die ihn wahrscheinlich als den Guten betrachteten – als jemand, der ihnen einen Fußball geschenkt hatte.

In der Regel jedoch agierten die Taliban nicht so offensichtlich. Die meisten der IEDs wurden nachts gelegt. Manchmal waren auch ganze Netzwerke von IEDs tagsüber inaktiv, also ausgeschaltet, um die Sicherheit der Bauern zu gewährleisten, und wurden erst nachts wieder aktiviert. Waren die Vorrichtungen auf solche Weise miteinander verbunden, sprachen wir von Blumenkränzchen. Sobald man auf eines von ihnen trat, flog das ganze Kränzchen in die Luft.

Vom Kanal aus beobachteten wir, wie die Gruppe näher kam. Ich wandte mich an Ali und den Marine, der mir am nächsten stand, und forderte sie auf mitzukommen. Geduckt bogen wir in einen Kanal, der rechtwinklig zu unserem verlief, und rannten darin weiter, während die übrigen Jungs ausschwärmten. Ich war mir sicher, dass der Typ, den wir da entdeckt hatten, die Jungen mit Süßigkeiten bestochen oder bedroht hatte und sie jetzt die ganze Nacht herumführte und in die Felder schickte, um Löcher zu graben und Bomben zu legen. Und wir würden dem nun augenblicklich ein Ende bereiten.

Der Kanal war eng, nur etwa neunzig Zentimeter breit, und wir bewegten uns rasch und versuchten Geräusche durch an den Seiten entlangschrammende Ausrüstungsgegenstände zu vermeiden. Inzwischen befand sich die Gruppe vor uns, und der Kanal führte unmittelbar an ihren oberhalb von uns liegenden Pfad heran. Mein Herz raste. Während wir uns lautlos ihrer Position näherten, wir unten im Kanal, sie oben auf dem Pfad, hievte ich mich über den Rand, ergriff mit der Rechten den Mann, packte ihn am Hemdkragen und zog ihn herunter in den Kanal. Wobei der RECON-Marine die Jungen in Schach hielt.

»WER ZUM TEUFEL SEID IHR?«, brüllte ich ihn an. Mit dem Knie auf seiner Brust nagelte ich ihn am Boden fest. Ich beugte mich zu ihm hinunter, damit er meine Augen sah.

»Wer bist du?«, knurrte ich. »Bist du ein Taliban?« Ich spie die Worte aus, ohne eine Antwort zu erwarten.

Der Mann konnte nicht sehr alt gewesen sein – vielleicht in seinen Zwanzigern oder Dreißigern. Er hatte einen schwarzen Bart und einen kahlrasierten Schädel. Die meisten Männer, denen wir in Afghanistan begegneten, ließen sich von einem Frühling auf den nächsten das Haar wachsen und dann einmal im Jahr den Kopf scheren. Ich sah, dass er seine Rasur gerade erst hinter sich hatte, denn seine Kopfhaut war noch rau und rosa. Er trug Plastiksandalen, ein staubiges weißes Hemd, weite Hosen und eine beigefarbene Weste. Wie betäubt murmelte er irgendwas vor sich hin, und als er wieder zu sich kam, wiederholte er gebetsmühlenartig einen Satz, den ich nicht verstand. Ehe Ali ihn übersetzen konnte, fasste der RECON-Soldat nach unten und packte mich bei der Schulter.

»Sieh dir das an«, sagte er.

Er deutete auf den Sack, den der Bursche auf dem Rücken getragen hatte, und hielt ihn auf, sodass ich hineinschauen konnte. Die Kinder neben ihm waren starr vor Schreck und mucksmäuschenstill. Sie waren jung, wohl zwischen sechs und neun Jahren, und kauerten nebeneinander am Boden. Das Weiße ihrer ängstlich aufgerissenen Augen blitzte im Mondschein.

Ich spähte in den Sack, erwartete selbstgebastelte Sprengsätze, Drähte, Zangen. Doch er enthielt Bücher. Verwirrt zog ich sie heraus. Es waren Mathebücher, Religionsbücher, Hefte, Stifte. Schulsachen.

Ich wandte mich wieder an den Mann. Wir musterten uns einen Moment lang, dann nahm ich mein Knie von seiner Brust und zerrte ihn hoch, sodass er sitzen konnte. Ali und ich klopften ihm den Staub vom Rücken.

»Ich bin Lehrer«, murmelte er, Tränen in den Augen, auf Paschtu. »Schullehrer.«

Das Wort Lehrer hatte ich auf Paschtu noch nie gehört.

»Das tut mir leid«, erwiderte ich bestürzt. »Wir haben Sie für einen Taliban gehalten.«

Ali und einer der Marines halfen den Kindern in den Kanal herunter und in Deckung, und wir setzten uns hin und unterhielten uns.

»Sie sind Lehrer?«, fragte ich, und Ali begann zu übersetzen. Er heiße Asif, erzählte uns der Mann. Auf einem verlassenen Gehöft im Nachbardorf hätten er und sein älterer Bruder eine behelfsmäßige Schule eingerichtet. Nur einen kleinen Raum in einem Haus, wo die Kinder auf einem Teppich am Boden säßen. Nachts gingen Asif und sein Bruder durch die umliegenden Dörfer, sammelten Kinder ein und brachten sie zur Schule, um sie beim trüben Licht einer Öllampe zu unterrichten. Sie mussten sich verstecken, denn die Taliban verboten jede Form von Bildung. Wünschten keine Bücher. Keine Musik. Kein Lesen und Schreiben. Keine Schule.

»Wenn die Taliban es herausbekommen, bringen sie mich um«, sagte Asif. »So wie sie meinen Bruder getötet haben.«

Das Paschtu-Wort für Taliban ist einfach *Talib*, sodass ich es immer verstand, noch ehe Ali es übersetzt hatte.

Etwa einen Monat zuvor, erzählte Asif, hätten die Taliban irgendwie spitzgekriegt, was er und sein Bruder vorhatten. Sie nahmen die Brüder gefangen, zwangen sie nebeneinander auf die Knie. Danach jagten sie seinem Bruder eine Kugel in den Kopf und ließen Asif zurück, damit er die Botschaft überbrachte.

Ich sah zu den Kindern hinüber, die immer noch still dahockten und uns beobachteten. Die ganze Zeit über hatten sie keinen Mucks getan. Offenbar hatten sie noch nie mit Leuten vom Militär zu tun gehabt, so verängstigt und klein, wie sie wirkten.

Ich versuchte, etwas über die Killer von Asifs Bruder in Erfahrung zu bringen, doch Asif wusste nicht viel. Zwar erinnerte er sich an vier, fünf Männer, wusste jedoch nicht, wer sie waren. Nach jener Nacht hatte er sie nie wiedergesehen.

Zwischen den feuchten Wänden des Kanals roch alles nach Erde. Der Himmel über uns war dunkel. Noch.

Ich versuchte, mich zu konzentrieren, und mahnte Asif, es sei gefährlich in der Nacht, es sei doch nicht sicher, mit den Kindern durch die Felder zu marschieren. »Wir hätten euch erschießen können.«

Er sah mich an. Inzwischen waren seine Augen wieder trocken und sein Ton ruhig und gemessen. »Ich werde nicht aufhören zu unterrichten«, sagte er. »Egal, ob *ihr* mich tötet oder die Taliban.«

Mein Blick begegnete seinem, und ich begriff, dass ich nichts erwidern konnte, das ihn überzeugt hätte.

»Dann bleibt wenigstens heute an einem Ort«, bat ich ihn. Er deutete auf ein nahegelegenes Dorf und meinte, sie hätten es nicht mehr weit.

Wir halfen Asif und den Jungen aus dem Kanal und gaben ihnen ihre Sachen zurück. Während sie ihren Nachtmarsch fortsetzten und Asif erneut seine Bücher schulterte, wachte die Patrouille über sie, bis sie ihr Ziel erreicht hatten.

Als wir in dieser Nacht wieder im Lager waren und ich mit Fred zwischen den Knien auf meiner Matte lag, musste ich immerzu an den Lehrer, seinen Bruder und die Kinder denken, die mit weit aufgerissenen Augen im Kanalgraben gekauert hatten. Unsere Mission in Sangin lautete: Taliban zurückschlagen, Sprengfallen räumen, die Gegend wieder sicher machen und hoffentlich irgendwann auch mit Strom versorgen. Ich dachte an all das Geld und die Ressourcen, die in dieses Land flossen. All die Waffen. Doch war es wirklich das, was diese Kinder von uns brauchten? Manchmal hatte ich da meine Zweifel.

Jeden Tag von Sonnenaufgang bis -untergang schlugen in und um unser Lager Talibangeschosse und -bomben ein. Am intensivsten jedoch empfand ich die Bedrohung durch die Taliban, wenn ich Leute wie Asif traf. Hier war einer, der jedes Recht gehabt hätte, sich in Verzweiflung, Angst und Wut zu suhlen, doch stattdessen hatte er inmitten dieses Horrors seinen Anspruch an die Welt erhoben und gelobt, sie zu verbessern.

Einmal, an einem besonders heißen Tag, flüchteten Fred und ich uns unter eine behelfsmäßige Markise. Sangins Nachmittagshitze konnte brutal sein, und bis dato war dies eine der schlimmsten Hitzewellen überhaupt. Es war ruhig und drückend an diesem Tag, keinerlei Aktivität seitens der Taliban. Es war, als ob alles in der Wüste erstickte.

Unter dem Sonnensegel wischte ich mir den Schweiß von der Stirn und beendete einen Bericht, während Fred nebenan schnarchte. Während ich meine letzten Notizen abtippte, fiel mein Blick auf einen afghanischen Kommandosoldaten, der auf dem Gelände herumtigerte. Die Kommandos aus der Afghanischen Nationalarmee hatte man bei uns eingebettet, damit sie uns bei unserer Kommunikation mit den Dorfbewohnern und bei der Mission überhaupt unterstützten. Jason, ein britischer Royal Marine, trainierte sie.

Manchmal waren diese Kommandos eine unschätzbare Hilfe – sie verfügten über kulturelle Einblicke und Interpretationsfähigkeiten, die uns abgingen, und konnten großartige Mittler zwischen uns und den Dorfbewohnern sein. In Trek Nawa arbeiteten wir mit einer Gruppe von ANA-Jungs zusammen, die unglaublich waren. Oft patrouillierten sie mit uns, und einer von ihnen, ein Teenager namens Ali, bot seine Hilfe als Dolmetscher an, wenn unser Ali mal eine Pause benötigte. Er war ein fleißiger, begabter Junge, der mit Hilfe von Raubkopien amerikanischer Filme Englisch gelernt hatte.

In Sangin allerdings tickte die ANA-Gruppe etwas anders. Von Anfang an waren die Jungs mit unserem Ansatz der Nachtpatrouillen nicht einverstanden gewesen – es war ihnen offenbar zu riskant –, und so blieben sie zurück. Doch nachdem die Nachtpatrouillen den Großteil unserer Aktivitäten ausmachten, blieb den Kommandos nicht viel zu tun. Sie verbrachten den überwiegenden Teil des Tages innerhalb der Mauern der Anlage, und ohne Strom, fließendes Wasser, gutes Essen oder irgendeine Aufgabe schienen ein paar von ihnen das Ganze nur noch sattzuhaben.

Der Soldat aus dem ANA-Team, den ich im Auge hatte, war berüchtigt, weil er seinen Frust besonders lautstark zum Ausdruck brachte – die Monotonie, die Hitze, nichts zu tun. Als er einmal beobachtete, wie einer von uns Fred zu essen gab, rief er aus: »Wie könnt ihr Marines Respekt erwarten, wenn ihr diesen ekelhaften Köter behandelt, als wäre er ein Mensch?« Normalerweise ignorierten wir ihn einfach. In der Hitze wurde er halt störrisch, und wir verstanden ja, dass unsere Sorge um Fred auf ihn und die anderen afghanischen Kommandos ein bisschen seltsam wirken musste. Wir befanden uns in einem Teil Afghanistans, in dem es nicht üblich war, Haustiere zu halten. Was Fred betraf, so beachteten die meisten ANA-Typen ihn einfach nicht weiter oder schüttelten lediglich die Köpfe, wenn sie sahen, wie wir uns mit ihm abgaben. Einer der Kommandos, ein netter Bursche, der Englisch konnte, kam einmal vorbei, als Fred auf meiner Matte schlief. »Er liegt auf deinem Bett? Nervt dich das nicht?«, fragte er mich und lächelte neugierig. Das verstaubte Vieh wie einen Gefährten zu behandeln, der freien Zugang zu unserem Schlafquartier hatte, empfanden sie wahrscheinlich als völlig abwegig. Der Kommandosoldat, den ich nun auf dem Gelände herumstapfen sah, wirkte wie üblich irritiert. Grollend schlurfte er in seiner dunkelgrünen Tarnhose und schweren Stiefeln herum und wirbelte Staub auf. Fred, dem es schwerfiel, cool zu bleiben, erhob sich und zockelte zu seinem Plätzchen unter den Büschen. Als ich sah, dass die Bahnen der beiden aufeinander zuzulaufen begannen, hielt ich den Atem an. Und ehe ich wirklich realisierte, was geschah, verlagerte der Kommandosoldat sein Gewicht aufs linke Bein, hob das rechte und ließ es in Freds Brustkorb sausen. Die Wucht des Tritts hob Fred von den Pfoten. Er stieß ein lautes Wimmern aus, wirbelte um die eigene Achse und blickte verwirrt zu dem Soldaten auf.

Noch ehe ich reagieren konnte, sprang Dave, einer der Bombenräumer der Mission, auf und stellte sich vor den Kommandosoldaten. Dave war ein taff wirkender Kerl aus Michigan mit einem MADE-IN-DETROIT-Tattoo am Handgelenk. Er war eine Spezialkraft wie ich, sodass wir oft miteinander abhingen. Dies war sein vierter Kampfeinsatz, und er ließ sich nichts gefallen. Bei Fred allerdings wurde Dave zum Super-Softie. Immer wieder erwischte ich ihn, wie er nach Fred Ausschau hielt oder ihn zu sich rief, um ihn zu tätscheln oder ihm was zuzustecken.

»Mach das nochmal, und ich mach dich alle«, zischte Dave, und seine Stimme klang angespannt, aber beherrscht.

Der afghanische Kommandosoldat gab sich unbeeindruckt. Er war auf irgendeine Unterhaltung aus gewesen, und nun genoss er die Aufmerksamkeit.

»Das ist ein dreckiger Scheißköter«, sagte er. »Ich kick diesen Köter, wenn mir danach ist! Scheiß auf dich!«

Wieder hob der Kommandosoldat den Fuß. Als er jedoch zum zweiten Tritt ausholte, hob Dave rasch den eigenen Fuß und kickte dem Kommandosoldaten die Stiefelsohle direkt in den Brustkorb. Der Afghane flog nach hinten und landete in einem Dreckhaufen.

Inzwischen hatte sich eine Menge gebildet. Als die anderen ANA-Typen herüberkamen, sah ich erschrocken, dass sie ihre Kalaschnikows bei sich hatten. Der Kommandosoldat rappelte sich hoch, und die Männer mit ihren Gewehren scharten sich um ihn.

Vis-à-vis von ihnen griffen die RECON-Leute nach ihren M4s und bezogen mit nacktem Oberkörper, grünen Silkies und Flip-Flops auf der anderen Seite Stellung. Ich stand auf und sah mich nach den Marines um. Unsere Bärte waren schlammverkrustet, unsere Haut gebräunt von Sonne und Staub. Abgezehrt sahen wir aus. Bei einem Leben auf Notrationen und in ständiger unterschwelliger Angst hatten wir alle locker fünf bis sieben Kilo verloren. Wir waren wütend. Erschöpft.

Dann blickte ich auf Fred, der sich an Daves Fersen drängte. Er stand da und zitterte in der Hitze, hatte den Schwanz eingezogen und wirkte verwirrt.

Der Kommandosoldat klopfte sich den Staub von der Uniform und blickte von Dave zu Fred. Mit einem Hass, der mir das Blut in den Adern gefrieren ließ, erklärte er: »Ich werde diesen Scheißköter erschießen«, und griff nach der Waffe des Typen, der neben ihm stand.

7. Zum Canyon

Die Sache ist einfach die: Es gibt keinen Leitfaden, der erklärt, wie man aus dem Krieg heimkehrt. Als ich aus meinem Einsatz zurückkam, schickte mich mein Kommando auf ein Wochenendseminar zur Nachbereitung meines Einsatzes. Es gab da Veranstaltungen darüber, wie man posttraumatische Belastungsstörungen erkennt, wie man mit dem Kriegsveteranenministerium zusammenarbeitet oder sich an andere Stellen wendet sowie für all den sonstigen erwartbaren Beratungskram. Nur fand das Seminar, zu dem sie mich schickten, in Atlanta, Georgia, statt, sodass in den Kursen und Kurzdarstellungen natürlich auch sämtliche Sprecher und Organisationen aus Atlanta waren. In jeder der Veranstaltungen erhob sich dann ein Ministeriumsvertreter und sagte: »Hi, ich bin Soundso vom Atlanta-Veterans-Affairs-Büro. Ich bin Ihr Kontaktmann für Arzttermine oder wenn Sie Ansprüche geltend machen wollen.« Und ich dachte mir die ganze Zeit nur, ich wohne in Washington, D.C., wie wollt ihr mir also helfen? Das Ganze schien mir eine gewaltige Zeitverschwendung. Ziemlich schnell ließ ich Veranstaltungen Veranstaltungen sein und chillte an der Hotelbar.

Außer mir gab es nur ein einziges Mitglied meiner Familie mit Kampferfahrung – meinen Onkel John –, an dem ich mir wohl ein Beispiel nahm. In meiner Kindheit war Onkel John fast sowas wie ein Großvater für mich gewesen. Er hatte im Zweiten Weltkrieg gedient und in der Ardennenschlacht gekämpft, wo fast sein gesamter Zug ausgelöscht wurde. Zwei Wochen lang galt John als verschollen, und man hielt ihn für tot. Tatsächlich aber stahl er sich von irgendwo hinter den feindlichen Linien in einem geklauten deutschen Trenchcoat vorsichtig in die Freiheit zurück. Er entkam, überlebte und kehrte heim. Der Geschichte zufolge laborierte Onkel John bei seiner Heimkehr in die Staaten an einer Schusswunde und litt an einem üblen Schützengrabenfuß. Doch er wurde wieder gesund, ließ sich mit Tante Alma häuslich nieder, machte Karriere und führte bei Washington ein glückliches Leben im Kreise seiner Familie.

Die Botschaft war simpel: Du kommst heim und machst weiter. Das war auch mein Plan, und eine Zeitlang haute es sogar hin. Dass ich in meine Heimatstadt zurückkehrte, erleichterte das Ganze. Ich begann, wieder mit meinen Highschool-Kumpels abzuhängen, und kam wieder mit meiner alten Freundin zusammen. Ich jobbte. Ich sprach nicht viel über Afghanistan, weil ich nicht musste; schließlich war ich von Zivilisten umgeben.

Dann begann ich, nacheinander quasi all die Themen abzuhaken, die ich für wichtig hielt. Das erste war ein Job. Mein früherer befehlshabender Offizier, Tom, verschaffte mir eine Stelle bei der Defense Intelligence Agency (DIA), dem Militärgeheimdienst, wo er selbst angestellt war. Dort würde ich als Nachrichtenoffizier arbeiten und Geheimdienstberichte von Nachrichtensammlern vor Ort, Jungs mit Jobs ähnlich wie meinem in Sangin aber besserem Gehalt, begutachten, bearbeiten und freigeben.

Das Nächste, was ich mir vornahm, war ein neues Auto. Ich war immer verbeulte Geländewagen gefahren wie den alten Jeep Wrangler, den ich von meiner Schwester bekam, als ich das Bootcamp geschafft hatte. Meine Freunde hatten immer einen Riesenspaß daran, mich mit der Karre aufzuziehen, die nach wie vor Sarahs Wunschkennzeichen »WLDFLWR« trug. Nach der Ausbildung, als ich in Charleston stationiert war und mein erstes Gehalt bezog, investierte ich einiges an Arbeit in die Wildflower, um sie aufzumotzen: Mud-Terrain-Reifen, eine Höherlegung um drei Zoll und vorn eine Seilwinde. Für meine Freunde aber war und blieb es die Wildblume.

Als ich den Jeep schließlich verkaufte, besorgte ich mir einen 88er Toyota 4Runner und später einen 85er Toyota Pick-up, leuchtend rot mit grauer Innenausstattung. Ich war verliebt in die Karre. Ich fuhr sie während meiner gesamten Geheimdienstausbildung, doch dann streikte, gerade als ich in meinen Einsatz musste, der Motor. Ich wollte ihn reparieren lassen, sobald ich wieder zu Hause war; doch mein Vater wollte nicht, dass ich ihn in seiner Garage ließ, und meine Freundin wollte auch nichts damit zu tun haben. Sie hasste seine raue Gangart und dass die Klimaanlage nie funktionierte. Und da ich ihn nirgends abstellen konnte, verkaufte ich ihn schließlich zu einem Spottpreis an einen örtlichen Händler. Ich war völlig fertig.

Wieder zu Hause, sah ich mich dann unter Druck, mir keine weitere »Geldvernichtungsmaschine« mehr anzuschaffen, wie mein Vater und meine Freundin die Uralt-Geländewagen gerne nannten. Also kaufte ich mir einen nagelneuen Toyota Tacoma. Er glänzte in seinem frischen kastanienbraunen Lack, besaß vier Türen und das komplette Offroad-Paket. Als ich ihn vom Grundstück des Händlers steuerte, war er von schimmernder Perfektion – doch das war nicht ich. Dazu kam dann noch eine saftige monatliche Ratenzahlung und Versicherungsbeiträge, wie ich sie bis dahin nicht gekannt hatte. Aber ich versuchte mir einzureden, dass es Zeit sei, erwachsen zu werden und praktisch zu denken.

Nächster Punkt: ernst machen mit meiner Beziehung. Während des längsten Teils meiner Ausbildung und auch später während meines Einsatzes hatte ich dieselbe Freundin. Wir kannten uns noch von früher, waren zwar auf verschiedene Highschools gegangen, hatten aber gemeinsame Freunde. Als ich zurückkam, suchten wir uns eine Wohnung und zogen zusammen.

Ich dachte mir, ich sollte ihr einen Antrag machen, also plante ich für die Woche, ehe ich meinen DIA-Job antrat, einen gemeinsamen Urlaub in Puerto Rico. Wir buchten eine dieser geschmacklosen Ferienanlagen, die überall stehen könnten. Wir aßen amerikanisches Essen, tranken Coca-Cola und fruchtige Cocktails und faulenzten am Pool. Den Antrag machte ich ihr in der Lobby. Das war so geplant, damit das Personal Bescheid wusste und alle herunterkommen und in einem großen Kreis um uns herumstehen konnten. Als sie Ja sagte, klatschten alle. Oben hatte ich zu ihrer Überraschung überall im Zimmer Blumen und Champagnerflaschen verteilen lassen. Doch sie steuerte scheinbar achtlos direkt auf den Balkon hinaus, zündete sich eine Zigarette an und schickte Fotos vom Ring an ihre Freundinnen. Ich hockte auf der Bettkante und sah zu, wie von ihrem Profil im Sessel der Rauch aufstieg.

Derart hatte ich binnen weniger Monate nach meiner Heimkehr sämtliche anstehenden Punkte abgehakt: Ich besaß ein neues Auto, einen neuen Job, eine neue Wohnung und eine Verlobte. Ich hatte es geschafft, hatte einfach weitergemacht.

Dann kam der Sommer. Washington pulsierte, war lauschig grün, und morgens sah man die Hitze vom Asphalt aufsteigen. Die Leute liefen mit Handtüchern über den Schultern herum und wischten sich auf dem Weg zur U-Bahn den Schweiß von der Stirn.

In unserer Mini-Wohnung hielt sich meine Verlobte ihren eigenen Hund, einen kleinen Mops, in dessen Gesellschaft Fred sich nicht gerade wohl fühlte. Am schlimmsten war es bei den Mahlzeiten, wenn Fred zu meinen Füßen lag. Der Mops kam dann in der Hoffnung, etwas abzukriegen, zum Tisch, doch sobald er sich näherte, rastete Fred aus, kläffte und jagte ihn ins andere Zimmer zurück. Die Spannung zwischen den beiden Hunden verstärkte die Spannungen zwischen meiner Verlobten und mir, die immer mehr überhandnahmen.

Die Arbeit im neuen Job war alles andere als glamourös. Ich hatte große Hoffnungen gehegt, die Stelle könne zu etwas Größerem führen – irgendwann, dachte ich, würde ich Sachbearbeiter werden und Geheimdienstoperationen leiten, die sich auf nationaler Ebene auswirkten. Doch zunächst einmal hockte ich den ganzen Tag über in einer Bürozelle vor einem Computer und prüfte Berichte. Die meisten der eintreffenden Nachrichten waren unbedeutend und obskur. Nach und nach begriff ich, dass viele der Berichte im Grunde nur geschrieben wurden, um irgendwelche Quoten zu erfüllen. Die Jungs vor Ort wurden von ihren Kommandos unter Druck gesetzt, eine gewisse Anzahl davon zu produzieren, sodass sie alles aufschrieben, was sie gesehen hatten, auch wenn es von vornherein kaum als geheimdienstliche Erkenntnis gelten konnte. Ich war frustriert, versuchte jedoch, optimistisch zu bleiben.

Zum 4. Juli besuchte ich in diesem Jahr Hilton Head in South Carolina, wo meine Mutter mit meinem Stiefvater Maurice lebte. Sie besaßen ein wunderschönes Haus mit riesigem Hinterhof und einer Terrasse, die auf eine Lagune hinausging. Nach dem Mittagessen saßen ein paar von uns biertrinkend im Hof. Ich flachste mit Schwager Jason und meinem Freund Nathan herum, als die Kids von nebenan plötzlich anfingen, Kracher in die Lagune zu schmeißen. Mein Körper reagierte schneller als mein Verstand. Blitzartig packte ich den neben mir sitzenden Nathan und riss ihn nach unten. Wir schlugen auf den Boden, ehe ich begriff, was ich da tat.

»Wow, Mann«, keuchte Nathan. Mein Schwager sprang hoch und kam auf unsere Tischseite gelaufen.

»Tut mir leid«, schnaufte ich und versuchte, mich wieder zu fassen. Mein Herz raste. Die Kracher knatterten noch immer; das *Wusch*-Geräusch, das sie bei ihrem Flug durch die Luft erzeugten, klang genau wie das von Panzerfäusten, das ich seit Monaten nicht mehr gehört hatte. Ich rappelte mich hoch und half auch Nathan mit schwitzenden Händen beim Aufstehen.

»Ich weiß nicht, was das gerade war«, stammelte ich, versuchte zu lächeln und es abzuschütteln. »Ich dachte, die Taliban sind neben euch eingezogen.«

Bis zu diesem Moment hatte ich geglaubt, meine Erinnerungen und Erfahrungen unter Kontrolle zu haben; nicht, dass es sich womöglich umgekehrt verhalten könnte.

Im Herbst schlug meine Verlobte mir vor, ein Haus zu kaufen. All ihre Freundinnen zogen in Vororte und gründeten Familien. Sie wollte das auch, aber ich wollte unbedingt in der Stadt bleiben. Ich war erst achtundzwanzig und hatte die letzten acht Jahre – fast meine gesamten Zwanziger – bei den Marines verbracht. Ich versuchte, sie zu überzeugen, dass dafür auch später noch Zeit sei. Wenn wir eine Wohnung in der Hauptstadt kauften, argumentierte ich, konnten wir ein paar Jahre da wohnen, Spaß haben, und sie später vermieten und als Investition nutzen.

Sie ließ sich nicht erweichen. Und ich fand mich weitab der Großstadt wieder, wo ich Häuser mit drei Schlafzimmern, Doppelgaragen und großen Rasenflächen besichtigte, die unser Budget gerade noch so hergab. Ich erinnere mich, wie ich in der Diele eines dieser Häuser stand, die schimmernden Parkettböden und leeren Zimmer ringsum betrachtete und plötzlich alles mit brutaler Deutlichkeit vor mir sah. Und was ich da sah, gefiel mir nicht. Das war nicht ich. Und ich war nicht glücklich – weder mit dem Jeep noch dem Haus noch dem Job noch der Frau, die ich heiraten sollte. Wenn ich alle Punkte abhake, hatte ich gedacht, dann habe ich mein Soll und alle Erwartungen erfüllt, doch als ich an diesem Tag in dieser Diele stand, wollte ich nur noch weg.

Unsere Ankunft im Kisatchie National Forest gestaltete sich gänzlich unfeierlich. Am Parkeingang gab es weder ein Tor noch ein Ranger-Häuschen noch ein Informationszentrum. Stattdessen wurden Josh, Fred und ich von Waldesruh begrüßt. Hätte auch nur das geringste Lüftchen geweht, hätten uns womöglich die hohen Besenkiefern zugewinkt. Doch der Nachmittag war heiß, feucht und windstill.

Nach unserer Nacht in Reds Lounge in Clarksdale waren wir den Mississippi-Windungen nach Süden gefolgt, hinab nach Louisiana – in der Hoffnung, in den Kisatchie-Wäldern zelten zu können. Kisatchie umfasst einen sich über hundert Quadratmeilen ausdehnenden Landstrich im Zentrum Louisianas – auf der Landkarte eine große grüne Fläche voller Bayous, Sümpfe, Prärien und Wälder. Weder hatten wir mal davon gehört, noch haben wir je eine diesbezügliche Empfehlung bekommen, und gerade deshalb wollten wir hin.

Auf der Fahrt nach Süden passierten wir Sümpfe und überquerten kleine schlammige Deltas, bis die flache Moorlandschaft Beständen hochaufragender Pinien zu weichen begann und wir um den Schutz vor der sengenden Nachmittagssonne dankbar waren.

Im Park hing ein einsamer Plastik-Verteiler an einem Holzschild, und wir entdeckten einen Stapel Landkarten darin. Ich fuhr seitlich heran, schnappte mir eine und faltete die Hochglanzkarte über dem Armaturenbrett auseinander.

»Wow, der ist ja echt *riesig*«, meinte Josh und ließ das gewaltige Raster von Wanderwegen auf sich wirken.

Ohne mich allzu stark hineinzuvertiefen, schaltete ich wieder auf D.

Wir fuhren eine Weile, bis wir eine Abzweigung entdeckten. Ihr Beginn wurde von einer kleinen Tafel mit einem Zeichen für Vierradantrieb markiert. Josh und ich sahen uns an. Ich hob die Augenbrauen, schlug das Lenkrad ein und fuhr auf den Waldweg. Den Allradantrieb des Land Cruisers hatte ich bis zu diesem Zeitpunkt noch nicht getestet, doch ich wusste, dass meine blaue Beauty das mühelos schaffen würde. Das war genau die Sorte wenig befahrener Straße, die wir suchten.

Nichts lässt sich mit dem Gefühl vergleichen, das sich einstellt, wenn man Reifen über unbefestigten Boden rollen hört. Josh und ich grinsten übers ganze Gesicht, als wir auf den holprigen Pfad dotzten. Der Jeep bewegte sich stetig voran, schaukelte vor und zurück, während er über seichte Gräben und Huckel dahinkroch. Der Pfad war überwuchert, Laubwerk und Gezweig griffen wie ausgestreckte Arme vom Waldboden über unseren Pfad. Fred, durchgeschüttelt von dem Geschaukel, stand und starrte zum Fenster hinaus. Die Aussicht verschwamm zu einem schlierigen grünen Klecks.

Ich spürte, wie die Erde unter uns nachgab und die Straße sich nach vorn und bergab zu neigen begann. Als wir um eine Biegung kamen und sich die Stoßstange des Jeeps durchs Gesträuch schob, drang durch die offenen Fenster der Geruch feuchter Erde herein. Und direkt vor uns sah ich, woher er kam: Die Straße senkte sich und wich einem etwa fünfzehn Meter langen Abschnitt zähflüssigen dunklen Louisiana-Schlamms.

Wir hielten an, und ich sprang aus dem Wagen, um nach einem Ast zu suchen. Ich ging am Rand der Schlammgrube entlang, beugte mich darüber und stieß den Stecken hinein, so weit es ging. Als ich ihn wieder herauszog, zeigte er einen Pegel von etwa sechzig Zentimetern an. Ich hielt ihn hoch, damit auch Josh es sah.

»Ich denke, wir können es schaffen«, sagte ich, als ich zum Jeep zurückkehrte. Fred war auf den Fahrersitz gesprungen und hatte, um mir zuzusehen, den Kopf zum Fenster herausgestreckt. Josh hing auf der anderen Seite heraus. Er zuckte mit den Achseln.

»Vermutlich«, meinte er, »aber wo genau wollen wir eigentlich hin?«

Wir zogen die Parkkarte zu Rate, doch unser Trail war darauf nirgends zu entdecken. Wo auch immer wir uns befanden, wir saßen ohne Handynetz und ohne Plan allein mitten im Wald.

Ich schwang mich zurück auf den Fahrersitz und schubste Fred zur Seite.

»Deine Entscheidung, Mann«, meinte Josh.

Hinter mir streckte Fred den Kopf aus dem Fenster. Ich sah sein dümmliches Grinsen im Seitenspiegel.

»Also los«, rief ich. Ich schaltete die alte Karre in den Allradantrieb und tastete mich schrittweise voran. Wenn wir langsam genug fuhren, würde das Drehmoment hoffentlich reichen, um uns durch die Brühe zu bringen.

Die Vorderräder tauchten als Erstes hinein, und wir

kippten nach vorn, während die Schnauze des Jeeps in den wässrigen Schlamm stieß. Der Cruiser richtete sich auf und zog seine Hinterreifen nach. Als aber die hinteren Räder in den Schlamm rollten, merkte ich, wie der Jeep mit seinem gesamten Gewicht absackte. Die Reifen gerieten ins Rutschen, und wir verloren den Bodenkontakt. Ich trat stärker aufs Gas, was allerdings nur zur Folge hatte, dass von allen vier Reifen Schlamm hochspritzte. Nur eineinhalb Meter in die Schlammgrube hinein saßen wir bereits fest. Ich warf einen Blick auf Josh, der mich ansah, als wolle er sagen: Nun lass dir aber mal was einfallen.

Einen Moment lang hockten wir nur da. Ich spürte, wie ein eisiges ängstliches Kribbeln in meinem Nacken begann und meinen ganzen Körper überlief. Dann packte ich den kleinen Schalthebel zu meiner Rechten und zog ihn gerade nach hinten durch in den niedrigsten Gang, den wir hatten.

Ich ging wieder aufs Gas und trat es langsam durch. Ich spürte, wie sich die Kraft unter uns durch den Land Cruiser fortpflanzte und er einen Satz nach vorn machte. Josh setzte sich auf und trommelte an die Außenseite der Beifahrertür. Fred stand auf dem Rücksitz, schob den Kopf zwischen uns und versuchte, etwas zu sehen.

»Komm schon, Baby! Weiter, weiter!«, brüllte Josh, und der Cruiser gehorchte. Der Schlamm schwappte gegen die untere Hälfte der Türen, und langsam glitten wir voran. Als wir auf der anderen Seite wieder aus der Grube krochen, ging es im Triumph bergauf.

Zum Glück brachte uns der zugewucherte Wanderweg auf eine gut gewartete Feuerschneise, und nach einer weiteren Meile erreichten wir einen Campingplatz. Nach fast zehn Stunden im Wagen hatten wir unser Glück für diesen Tag genug strapaziert. Wir fuhren auf die Anlage und konnten uns einen Platz aussuchen; denn außer uns war hier niemand. Ich parkte den Land Cruiser zwischen zwei riesigen Pinien, und wir stiegen aus.

Es war befreiend, einfach nur dazustehen und sich zu strecken. Fred hüpfte hinter uns auf den piniennadelbedeckten Waldboden und schickte sich an, die Gegend zu erkunden. Die Feuchtigkeit hatte kein bisschen nachgelassen, und im Nu landeten Stechmücken auf unseren nackten Armen und Beinen. Josh und ich zogen los, um nach Reisern und Baumstämmen zu suchen. Je eher wir ein Feuer in Gang brachten, umso rascher ließ sich die Plage abwehren.

Wir entdeckten einen schmalen Pfad, der in den Wald führte. Zwar sperrte das dichte Blätterdach einen Großteil des verbliebenen Tageslichts aus, doch es war immer noch heiß, und ich wischte mir den Schweiß von der Stirn. Im Jeep war unsere Kühlbox voller Fleisch, Gemüse und Bier. Und Josh hatte eine gusseiserne Pfanne mitgebracht, die sich ideal für offene Flammen eignete.

Eine weiche Schicht von Piniennadeln bedeckte die platte, verdichtete Erde des Trampelpfads. Ich ging darauf weiter und hob ein paar Äste und Zweige auf. Dann fiel mir ein kleines, harmlos wirkendes Ding ins Auge: ein Steinmännchen, das mitten auf dem Pfad aufragte. Blitzartig durchfuhr es mich: *Halt! Stehen bleiben!*

Ich kannte solche Steinmännchen schon von Wanderungen mit Fred in Virginia. Wanderer oder Camper schichteten Steine zu Türmchen auf, sodass einer auf dem anderen balancierte und sie zusammen kleine Skulpturen bildeten, die kaum einen anderen Zweck erfüllten, als eine Route zu markieren oder sich die Zeit zu vertreiben. *Cairns* hießen sie auf Englisch, *Stoamandl* auf Bayrisch. Für jemanden, der in Afghanistan patrouilliert hatte, dienten die

Steine jedoch einem gänzlich anderen Zweck. Die Taliban bauten nämlich häufig Steinmännchen, um einander oder Dorfbewohnern die Lage von Sprengfallen anzuzeigen. Wir hatten gelernt, solche Gebilde zu erkennen und uns davor in Acht zu nehmen.

Steine waren nicht das Einzige, womit die Taliban ihre IEDs markierten. Auch Abfall wurde häufig benutzt. Ein Bonbonpapier. Eine Coladose. Alles, was glänzte oder irgendwie fehl am Platz wirkte, sodass wir vielleicht instinktiv danach griffen oder traten. Vor meinem Einsatz in Sangin hatte eine Einheit von Marines in einem verlassenen Gehöft in der Nähe der Grünen Zone Stellung bezogen. Der Sanitäter sah eine Schachtel Tampons, die dort im Dreck lag. Vielleicht aus Langeweile oder Belustigung oder nur, um sie wegzuräumen, stieß er sie an. Sie war an einer Sprengfalle befestigt und jagte ihn in die Luft. Er überlebte, doch die Explosion raubte ihm drei seiner Gliedmaßen. Das hatte schließlich zu unserer »Lebensmuster-Regel« geführt. Danach übernahmen wir nur noch Anwesen, auf denen schon Menschen lebten, und dennoch suchten die Kampfmittelbeseitiger sie vor unserem Einzug nach IEDs ab. Und sogar in bewohnten Hofanlagen fanden wir zuweilen noch zurückgebliebene IEDs.

Dieses Gefühl, praktisch auf einem Minenfeld zu leben, verließ einen auch nicht, wenn man nach Hause kam. Nach meinem ersten Einsatz ertappte ich mich dabei, dass ich, ob auf dem Bürgersteig oder im Park, Abfällen und Steinen auswich. Und beim Geräusch eines Müllwagens, der die Straße entlangrumpelte und plötzlich in ein Schlagloch krachte, zog ich zuweilen den Kopf ein. Wenn ich durch Washington fuhr, beobachtete ich instinktiv die Fußgänger zu beiden Seiten der Straße. Statt einfach nur zu registrieren, wie ein Typ seine morgendliche Joggingrunde drehte, fragte ich mich: *Wie spät ist es? Warum ist er draußen und joggt? Habe ich ihn schon mal gesehen?*

Auf dem Wanderpfad in Kisatchie durchfuhr mich der Adrenalinstoß wie eine Welle und war vorbei. Ich wusste gleich wieder, dass ich zu Hause war, ein Stein nun wieder nur Stein war und keine Gefahr mehr darstellte. Ich atmete durch, schaute auf, und da war Fred, der fröhlich durchs Gebüsch zu meiner Rechten hopste. Ich beobachtete, wie er über einen Klotz hüpfte und am Ende eines Baumstamms schnüffelte. Mit zuckender feuchter Nase in die Ferne starrend hob er das Kinn. Als sein Blick auf Josh und das Reisigbündel in seinem Arm fiel, trabte er zu ihm hin und entriss ihm mit einem raschen Satz einen der Reiser.

»Hey!«, rief Josh spielerisch und tat dann so, als wolle er Fred jagen. Der hielt den langen dünnen Stecken fest zwischen den Zähnen, ließ Josh ein Stückchen herankommen und schoss gleich wieder davon.

Zurück auf dem Zeltplatz, begann ich, Feuer zu machen, während Fred zufrieden auf seinem gestohlenen Zweig herumkaute, ihn zwischen den Vorderpfoten aufrichtete und zu einem besabberten Stumpf zusammenbiss. Erstaunlicherweise hatte die Eisbox es geschafft, unsere Lebensmittel und Getränke hinten im Jeep über den ganzen Tag kühl zu halten, und es dauerte nicht lange, und wir schlürften unser Bier und wendeten Steaks. Als die Sonne unterging, hielt die Hitze zwar immer noch an, doch die Insekten waren verschwunden und unsere Mägen gefüllt.

In dieser Nacht im Zelt wälzte ich mich von einer Seite auf die andere. Fred streckte sich in einer Ecke aus, während ich quer über meiner Matte lag und stündlich erwachte, um mir den Schweiß von der Stirn zu wischen und eine neue Schlafstellung zu suchen. Irgendwann gegen drei Uhr morgens schreckte ich hoch, hörte draußen vorm Zelt schlurfende, knackende Geräusche. Ich stützte mich auf den Ellbogen und sah zu Fred hinüber, der bereits wach war und schnuppernd die Nase hob. Ich beugte mich zum Zelteingang und zog langsam den Reißverschluss herunter. Da draußen war eine ganze Rotte von Wildschweinen, die die Campinganlage durchstreifte, einschließlich eines riesigen, das direkt vor unserem Zelt stand. Schwerfällige Gestalten, die schnaubend und grunzend am Boden nach Futter suchten. Fred, inzwischen hellwach geworden, begann zu knurren. »Immer mit der Ruhe, Kumpel«, besänftigte ich ihn, und er kam zu mir und rollte sich neben mir zusammen. Die lärmenden Eindringlinge zogen weiter, und wir schafften es, noch ein paar Stunden zu schlafen.

Am nächsten Morgen entschlossen Josh und ich uns zur Weiterreise. Zwar hatten wir vorgehabt, ein paar Tage in Kisatchie zu zelten, doch eine schlaflose Nacht in der Hitze hatte uns gereicht. Trotz unserer Suche nach den Herausforderungen und Unsicherheiten des Lebens ohne Strom und Gas, nach dem Gefühl der tagtäglichen Plackerei und Unmittelbarkeit des Lebens in Afghanistan, hatte der Bayou uns in unsere Grenzen gewiesen. Eine widersprüchliche Sache: Wir wünschten uns zurück nach Afghanistan, doch dann auch wieder nicht. Vielleicht würde es ja immer so sein.

Nach unserer Nacht in Kisatchie hörte sich der in Austin gemietete Bungalow ziemlich gut an. Als wir auf die asphaltierte Straße wechselten, die uns aus dem Park herausführte, flog dunkelroter Schlamm von den Reifen des Land Cruisers. In Austin schliefen wir ein ganzes Wochenende in richtigen Betten, verpflegten uns an Imbisswägen und relaxten an den Ufern des Barton Creek. Erfrischt brachen wir wieder auf und steuerten Richtung Nordwesten aufs erste große Ziel unserer Reise zu: den Grand Canyon. Keiner von uns hatte ihn bislang gesehen, und wir waren gespannt. Wir hatten vor, eine Nacht bei einem Freund von Josh in Santa Fe zu verbringen, ehe es weiterging nach Arizona. Die Tage im Jeep würden lang werden: mehr als zehn Stunden nach New Mexico und mindestens sechs weitere bis zum Canyon. Doch wir lagen im Zeitplan. Inzwischen waren wir schon fast zwei Wochen unterwegs und fanden allmählich einen Rhythmus. Stur bestand ich meist darauf, das Steuer zu übernehmen, und überließ Josh die Musikauswahl und Fred seinem Schlaf. Mittlerweile hörten wir nicht mehr nur Johnny Cash sondern auch meine Lieblingsbands Huey Lewis and the News, Sturgill Simpson sowie Hits der Achtziger aus meinen Lieblingsfilmen *Ferris macht blau* und *Zurück in die Zukunft*. Joshs Lieblinge waren die Smashing Pumpkins, Pearl Jam und die Red Hot Chili Peppers.

Während wir durch Zentraltexas fuhren, stieg die Temperatur wieder auf fast vierzig Grad, und der Land Cruiser fuhr hangauf, hangab über schmale Straßen, die abfallende Ebenen durchschnitten. Die Weite des Raums war endlos und wurde nur gelegentlich von skelettartigen Ölpumpen unterbrochen, die wie zusammengesunken auf der Erde kauerten. Am Horizont ragten Felsformationen in den Himmel und schwebten wie Planeten in der Ferne. Es war wie in einem Road-Runner-und-Wile-E.-Coyote-Cartoon.

Da uns der Sprit ausging, bogen wir in einem heruntergekommenen Raffineriestädtchen in eine große, sonnenversengte Mobil-Tankstelle. Hinter dem geduckten Gebäude reihten sich Wohnwagen in der Sonne, und ein paar barfüßige Kinder kickten mit einem schlecht aufgepumpten Fußball herum. Zwei böse wirkende Straßenköter rannten hin und her und hechelten in der Hitze. Ich beschloss, Fred im Jeep zu lassen. Im Laden besorgte ich einen Riesentüte Beef Jerky für fünf Dollar, und mit vollem Tank ging es weiter nach Santa Fe und von dort zum Grand Canyon.

Anders als der verwaiste Kisatchie-Park entpuppte sich der Grand Canyon als einzige Geduldsprobe. Schon die zum Parkeingang führende Straße war mit Wohnmobilen, Wohnwagen, Kleinbussen und Hüte und Wanderschuhe tragenden Touristen verstopft. Als wir vor die Schranke des Parkaufsehers fuhren, tat am helllichten Nachmittag eine junge, dunkelhaarige und freundlich lächelnde Frau ernüchternde Neuigkeiten kund: Alle Zeltplätze im Park seien für die nächsten paar Wochen ausgebucht. Und sie verwies uns zurück in die Richtung, aus der wir gekommen waren, auf überfüllte Campingplätze außerhalb des Parks. Wir legten die paar Minuten bis zum Campingplatz zurück und beschlossen, den restlichen Nachmittag zu relaxen, statt uns durch Touristenmassen und Hitze zu kämpfen. Am nächsten Morgen dann würden wir die Ersten an der Schranke sein, um ein paar Fotos zu knipsen und weiterzufahren.

Wir fanden einen geschützten Platz mit großem Picknicktisch und Feuerstelle – genauso viel Luxus, wie wir brauchten. Josh und ich zündeten ein kleines Feuer an und öffneten uns zwei Dosen Bier. Fred streckte sich auf dem Boden aus, und wir starrten gemeinsam in die Flammen. In einem kleinen Markt in der Nähe hatten Josh und ich frische Steaks und Gemüse besorgt; hungrig auf Abendessen grillten wir sie über dem Feuer. Ich holte Freds Napf aus dem Jeep und tat, nachdem ich ihn mit Trockenfutter gefüllt hatte, auch für ihn ein paar schöne Fleischstücke dazu.

Doch als ich den Napf vor ihn hinstellte, zögerte er. Statt zu fressen, stieß er die Nase in die Erde, schob Erde und Piniennadeln in seine Schüssel und bedeckte damit sein Futter. Mich schauderte bei diesem Anblick. Ich dachte an sein kleines Reste-Häufchen unter den Sträuchern neben der Müllkippe in Afghanistan, jene Stelle, wo er alles Essbare versteckte, das er auf dem Gelände fand. Ob sich Fred wohl nach Sangin zurückversetzt fühlte, wenn wir wie an diesem Tag ungeschützt im Freien campten?

Oft wirkten bestimmte Auslöser auch auf uns beide: große Menschenmengen etwa oder laute Geräusche, wie Feuerwerke oder eine Fehlzündung bei einem Auto. Einmal wollten Fred und ich daheim in Washington, D.C. zum örtlichen Bauernmarkt, als ein Jeep die Straße entlanggerast kam. Es war, als würde der Gehsteig unter unseren Füßen vibrieren. Fred bekam Schiss und zerrte an der Leine, wollte nur noch weg. Ich beugte mich zu ihm hinunter, hob ihn hoch und trug ihn das letzte Stück bis zum Markt. »Alles okay, Alter«, beschwichtigte ich. Ein anderes Mal schrillte mitten in der Nacht in unserer Wohnung der Rauchmelder los. Fred, der irgendwo am Boden geschlafen hatte, hüpfte aufs Bett. Und sogar nachdem ich aufgestanden war, die Batterien ausgetauscht und das laute, nicht enden wollende Gezirpe abgestellt hatte, lag Fred noch immer zitternd neben mir. Genauso reagierte er auch auf Feuerwerke. Ich zog den verwirrten Hund zu mir heran und hielt ihn, bis wir beide wieder eingeschlafen waren.

Auf dem Campingplatz sah ich zu, wie Fred sein Essen begrub, statt es zu genießen, da einmal mehr seine Überlebensinstinkte in Aktion traten. Ich wusste, dass er hungrig war, seinen Hunger jedoch ignorieren würde, solange er nicht das Gefühl hatte, in Sicherheit fressen zu können. Ich konnte nichts tun, als mich zu ihm zu setzen. Ich griff nach dem Napf und entfernte einige der Piniennadeln und Erdklümpchen. Ich kauerte mich neben ihn, nahm einen Schluck Bier und blickte in die Ferne. Ohne ihn anzusehen, wartete ich so, bis ich ihn knirschend auf den Trockenfutterstücken herumkauen hörte. Auf diese Weise verzehrte er den Großteil seiner Mahlzeit, während ich schweigend neben ihm saß und ihm das Gefühl gab, in Sicherheit zu sein. In solchen Momenten riefen wir einander abwechselnd in Erinnerung, dass wir uns nicht mehr in der Kampfzone befanden und es irgendwann wieder besser werden würde mit uns.

Der Himmel hüllte sich in Gelb und Orange, dann in tiefes Königsblau, dann Dunkelheit. Den Rest der Nacht starrten wir gemeinsam ins Feuer, völlig einig darin, dass echtes Lagerfeuer besser als Kabelfernsehen war. Über uns begannen am tintenschwarzen Nachthimmel die Sterne zu funkeln. Voller Bewunderung hob ich den Blick und entdeckte einige Sternschnuppen, leuchtende Spritzer gleißenden weißen Lichts.

Bei Tagesanbruch war die Luft noch kühl und frisch. Ich öffnete den Reißverschluss meines Zelts und begab mich bibbernd zum Land Cruiser, um meinen Jetboil zu holen. Fred hüpfte hinter mir her, schüttelte sich und sah sich um. Dann trabte er Richtung Gebüsch und erschnüffelte eine Stelle, die er für wert erachtete, von ihm markiert zu werden. Auch Josh tauchte aus seinem Zelt auf, und rasch begannen wir, das Lager abzubrechen. Wir wollten den Canyon sehen, bevor die Touristen und Wohnmobilisten auch nur mit dem Zähneputzen fertig waren.

Problemlos passierten wir die Schranke, ehe sich Trauben gebildet hatten, und als sich der Nebel aus dem Canyon erhob, fuhren wir drei schon über den Desert View

Drive zu einem Aussichtspunkt am südlichen Rand der Schlucht. Links und rechts der Straße wucherte das grüne Buschwerk hoch in den Himmel und versperrte die Sicht.

Während wir langsam um eine Kurve bogen, bewegte ich meinen Fuß Richtung Bremse. Vor uns stand eine Herde riesiger Maultierhirsche – hoch wie der Jeep und kräftig wie Kühe. Sie drehten die Köpfe in unsere Richtung, blinzelten mit ihren großen braunen Augen, um dann unbeeindruckt ihre Überquerung der Straße Richtung Gebüsch fortzusetzen. Fred streckte vorsichtig die Schnauze aus dem Fenster, schnupperte, schnaufte und knurrte dann leise und stoßweise.

»Was ist denn los, Alter?«, fragte ich. »Bisschen größer als die bei uns daheim, was?«

Josh und ich lachten. Fred liebte es, auf Trailläufen durch die Parks rings um Washington Rehe zu jagen, und ginge alles mit rechten Dingen zu, würde er jetzt aus dem Fenster heraus bellen und kläffen wie ein Irrer. Aber er muss wohl gespürt haben, dass diese Hirsche einer anderen Spezies angehörten.

Wir folgten der gewundenen Straße, nach wenigen Minuten begann sich das Buschwerk zu lichten, und eine Brise strömte zu den offenen Fenstern herein. Wir näherten uns dem Rand des Canyons, erreichten die Abzweigung zu unserem Ausguck, parkten und sprangen aus dem Jeep. Neben einem alten Aussichtsturm fanden wir den Anfang eines Pfads und stiegen nach unten. Ich begann zu rennen, Josh und Fred folgten mir.

Nichts kann einen auf so eine Aussicht vorbereiten. Schon von »Aussicht« zu sprechen ist eine zu starke Vereinfachung. Der Canyon wirkt unwirklich wie ein Gemälde. Schichten von Braun, Rot, Orange und Schwarz erstreckten sich in unzähligen Abstufungen unter dem strahlend blauen wolkenlosen Himmel. Seine Tiefe und Weite waren schwindelerregend – unfassbar. Schweigend und so lange, dass wir es unter anderen Umständen als unbehaglich empfunden hätten, standen wir drei davor, während der Wind auffrischte und in sanften Böen über uns hinwegstrich.

Wir machten einige Fotos – von Josh, wie er triumphierend, Hände in den Hüften, dasteht, und ein paar, auf denen er sein Bein in die Höhe streckt. Als ich an der Reihe war, nahm ich Fred hoch und packte ihn auf meine Schultern. Den mächtigen Colorado River und den kolossalen Canyon im Rücken lächelten wir in die Kamera.

Als ich danach einen letzten Blick auf die unendlichen Felsformationen warf, konnte ich nicht umhin – ich fühlte mich klein und unbedeutend. Ich dachte, wie all diese Schichten in den Canyonwänden für das Vergehen der Zeit standen, all die Epochen und Weltalter vor uns, und alle, die nach uns kommen würden. All die Leben und Geschichten von Menschen, die hier gewesen waren, und all die vielen, die es nie hierher verschlagen würde. Unsere Geschichte war nur eine von vielen, das wusste ich. Und dennoch war ich angesichts der absoluten Unwahrscheinlichkeit und Schönheit des Ganzen – wie ich hier stand mit meinem Hund und meinem Freund, zwei Wesen, denen ich bei einem anderen Verlauf meines Lebens niemals begegnet wäre – von Ehrfurcht erfüllt.

8. Exfiltration

Verschwitzt, in die Sonne grimassierend, mit Waffen in den Armen, standen sich RECON-Marines und ANA-Soldaten gegenüber. Fred kauerte zu Daves Füßen.

»Wegtreten verdammt«, rief Jason, der für die ANA-Gruppe verantwortliche Brite, und trat mitten in die Gruppe hinein. »Waffen runter«, knurrte er die afghanischen Kommandos an, »oder ihr könnt euren Sold vergessen.«

Die angedrohte Lohnkürzung entschärfte die Situation im Nu. Jason trat direkt vor den Soldaten, der Fred getreten hatte, und riss ihm zur Sicherheit noch die Kalaschnikow aus den Händen. Danach schlurften er und die übrigen Kommandos durch den Staub auf ihre Hofseite zurück, während ich mit Fred ein paar Marines ins Kommandozentrum folgte.

Die Atmosphäre auf dem Gelände war angespannt, gelinde gesprochen. Und dass wir mit den Kommandos auch nur in die Nähe einer Schießerei gekommen waren, war schlicht inakzeptabel. Wir näherten uns dem Ende unseres Einsatzes, und die Nerven lagen blank. Wir sahen nicht nur scheiße aus, sondern fühlten uns auch so. Nacht um Nacht viele Meilen durch Kanäle, Maisfelder und Gräben zu stapfen, ohne zu wissen, ob der nächste Schritt vielleicht unser letzter war, war für uns alle zermürbend. Doch abgesehen davon war mit dem Kommandosoldaten, der Fred getreten hatte, wirklich etwas faul. Wir hatten alle schon schaurige Geschichten über Green-on-Blue-Vorfälle gehört – bei denen afghanische Streitkräfte Koalitionstruppen attackierten – und waren davon verunsichert.

Schwitzend hockten wir uns im Kommandozentrum auf staubige Matten und orangefleckige Kissen. Jemand reichte vakuumverpackte Fudge-Brownies herum.

»Wir müssen für Fred eine Wache abstellen«, meinte Jason. »Uns einigen, wer jeweils für ihn verantwortlich ist, vor allem nachts. Wir müssen ihn von den Kommandos fernhalten; wenn er sie nervt oder ihnen in die Quere kommt, fühlen sie sich womöglich unter Zugzwang.«

Die Kommandos hatten einen Raum auf der anderen Hofseite, in dem sie schliefen. Wir wollten nicht, dass Fred, während wir auf Patrouille waren, da drüben herumstreifte. Wir verabredeten, besser auf ihn aufzupassen, was vor allem Top betraf, der normalerweise die ganze Nacht, während wir patrouillierten, mit Fred zusammen war.

In Wirklichkeit jedoch beschäftigte uns eine viel schwierigere Frage: Was sollte aus Fred werden, wenn wir gingen? Schon bald, in etwa einer Woche, würden wir exfiltrieren, und zwar genauso, wie wir gekommen waren: mit dem Hubschrauber mitten in der Nacht. Keiner wollte Fred zurücklassen. Er war einer von uns geworden. In den zurückliegenden drei Wochen hatte er, ohne je eine Gegenleistung zu erwarten, mit uns im Dreck gelebt, mit uns patrouilliert, uns getröstet und uns zum Lächeln gebracht. Mit den anderen Streunern in Sangin hatte er nichts gemein. Ich konnte mir nicht vorstellen, dass er sich einer Meute dieser riesigen heulenden Viecher anschließen würde, die nachts bellend die Grüne Zone durchstreiften und um Futter kämpften. Nachdem ich erlebt hatte, wie Fred getreten wurde, dachte ich auch an die Grausamkeit, die ihm vonseiten der Menschen drohte.

Obwohl ihn alle RECON-Leute ins Herz geschlossen hatten, blieb die Verantwortung für Fred letztlich an mir hängen. Er folgte mir überallhin, schlief auf meiner Matte und achtete stärker auf mich als auf sonst jemanden. Seit jenem ersten Tag, als ich ihm das Trockenfleisch gegeben hatte, verband uns eine besondere Beziehung. Als daher die letzten Tage unseres Einsatzes verstrichen, stieg auch der Druck auf mich, einen Plan für Freds Heimholung zu entwickeln.

Die Herausforderung war eine dreifache. Erstens war es schon ein Problem, den Hund in den Hubschrauber zu kriegen und nach Camp Leatherneck zu schmuggeln. Zweitens musste ich, sobald wir dort waren, eine Möglichkeit finden, ihn rund um den halben Globus in die Vereinigten Staaten zu verschiffen – eine gewaltige logistische Herausforderung, und ich hatte nicht den blassesten Schimmer, wie ich die angehen sollte. Und drittens brauchte ich, während ich guckte, wie ich Fred in die Staaten kriegte, jemanden, der ihn in Leatherneck versteckt hielt – einem Ort, wo man ihn, wenn man ihn erwischte, sofort einschläfern würde.

Die Vorstellung von Fred in Leatherneck bereitete mir die größte Sorge. Leatherneck war riesig, eine Art Pentagon der Provinz Helmand, der Standort mit der größten Anzahl von Koalitionstruppen im Lande. Und viele der Marines waren hochrangige Offiziere und hatten nichts Besseres zu tun, als den Sergeant mit dem Hund auf dem Zimmer zu denunzieren. Ich hatte sowohl vor als auch nach meinem Trek-Nawa-Einsatz nur wenige Wochen in Leatherneck verbracht und bereits erlebt, wie kritisch man dort jeden unserer Schritte beobachtete, wie leicht man sich Scherereien einhandelte. Eines Abends, als ich im Speisesaal mit einem Teller Lasagne (plus Extralöffel wässriger »Fleischsauce«) zu meinem Tisch zurückkehrte, wurde ich von einem First Sergeant geradezu überfallen.

»Was hast du denn da im Gesicht, Arschloch?«, rief er und beugte sich zu mir vor, ehe er weitere Kraftausdrücke folgen ließ. Genau genommen war es ein Schnurrbart, und zwar einer im Rahmen der Vorschriften, aber eindeutig nicht nach dem Geschmack dieses Typen. Ich ging in die Kaserne und rasierte ihn mir ab.

Dann wieder erregte ich Anstoß, weil ich meine Rollmütze auf dem Stützpunkt trug (die beigen Armee-Beanies dürfen nur an der Front getragen werden), und ein andermal ging es um ein nicht zugelassenes grünes T-Shirt unter meiner Tarnuniform.

Das waren kleine lächerliche Momente disziplinarischen Übereifers bei gelangweilten und frustrierten Führungspersonen, doch das war unser Umfeld auf dem Stützpunkt. Mit welchen extremen Folgen ich es zu tun bekäme, wenn man mich mit einem Hund erwischte – nämlich alles von der Entfernung aus dem Einsatz bis zu Knast –, konnte ich mir nur ausmalen. Alle wussten, es gab einen flächendeckenden Befehl vom kommandierenden General sämtlicher US-Streitkräfte in Afghanistan, der lautete: keine Haustiere. Schlimmer noch, erwischte man uns, würde man Fred sofort und ohne Angabe von Gründen einschläfern. Ich hätte ihn quasi dadurch, dass ich ihn aus seiner natürlichen Umgebung entfernte, umgebracht. Wie konnte ich das riskieren? Sollte ich nicht lieber ein paar Bilder von meinem haarigen Freund knipsen und ihn so in angenehmer Erinnerung behalten, statt uns beide in Lebensgefahr zu bringen?

Auf dem Gehöft lagen mir die Jungs in den Ohren. Viele von ihnen hatten Geschichten auf Lager. »Ich hab von 'nem Typen im Irak gehört, der diese Organisation namens

Baghdad Pups eingeschaltet hat«, erzählte Will, der für zivile Angelegenheiten zuständig war. Ein anderer glaubte, von einem Tierschutzverein gehört zu haben, der Geld sammelte, um Hunde rauszuholen. Das waren alles hübsche Vorschläge, doch so viel Zeit hatten wir einfach nicht. Außerdem hatte in all diesen mir bekannten Geschichten der betreffende Hund monatelang auf einem Stützpunkt rumgehangen, sich füttern lassen, bis schließlich mit der Zeit jemand die Initiative ergriff und sich um die Formalitäten kümmerte, um den Hund rauszuholen. Wir hingegen *entfernten* Fred befehlswidrig von dem Anwesen, auf dem wir ihn gefunden hatten, und brachten ihn an einen Ort, wo man schon fertiggemacht wurde, wenn man nicht richtig rasiert war.

Matt und Dave, die Bombenräumer, mit denen ich viel zusammen war, blieben hartnäckig. »Wir bringen ihn bei uns unter«, meinte Matt. In Leatherneck hatten die Kampfmittelbeseitiger ihre eigene, etwas abgelegene Abteilung auf dem Stützpunkt. »Das klappt schon«, sagte Dave. »Wir schaffen das.«

Da Top zur Führung gehörte, konnte er keine Versprechungen machen. Doch er meinte, er werde auf dem Stützpunkt einen Hut herumgehen lassen und die eingenommenen Spenden aufrunden, um Freds Heimtransport zu finanzieren.

»Du kriegst das hin«, meinten die Jungs dann immer. »Du schaffst das, Grossi.«

Ich wusste, dass die Leute an mich glaubten. Ich wusste, dass sie mir helfen würden. Doch ich genoss ihre Versprechen auch mit Vorsicht. Zurück auf dem Stützpunkt, würde jeder wieder in seinen gewohnten Trott verfallen. Die Leute verbrachten ihre Zeit mit Telefonieren, Besuchen im Fitnessraum, Schreibarbeit und Gesprächen mit

Freunden. Eine Zeit lang würden alle ihre eigenen Wege gehen, mehr Raum brauchen, sich erholen wollen. Alle, die sich um Fred bemühten, hätten nicht nur den Ärger am Hals, ihn verstecken zu müssen, sondern setzten auch noch ihre Karriere aufs Spiel. Ich vertraute den Jungs, aber ich wusste auch, dass irgendjemand die Verantwortung für Fred übernehmen musste, und das war ich. *Wenn ich das mache,* dachte ich, *bin ich auf mich allein gestellt.*

Als am Tag der geplanten Exfiltration die Sonne unterging, zogen die Marines auf den Dachposten ihre Messer und schlitzen die Sandsäcke auf. Die Säcke wurden schlaff, es regnete Sand und Staub. Darunter rollten wir im Schein der roten Leuchten unsere Schlafmatten und Moskitonetze zusammen, sammelten unsere Granaten und Patronen ein, warfen unsere iPods und zerschlissenen Autozeitschriften zusammen und stopften alles in unsere Rucksäcke. Die Brand-Müllkippe, die praktisch immer schwelte, verzehrte unsere letzten Notrations-Container und unsere letzte Kacke. Wir schmissen die leeren Akkus rein, die unsere Radios und Laptops mit Energie versorgt hatten; und sie krachten und knallten in der Hitze, Plastiksplitter flogen in die Luft. Schwarzer Rauch stieg gen Himmel. Solange der Wind es gut meinte, konnte man dem Gestank fast entgehen. Doch sobald man ihn einatmete, wurde man ihn im Grunde nie wieder los.

Einen Hubschrauber in einem Kampfgebiet landen zu lassen ist ein gewaltiges Risiko. Ein wohlplatzierter Schuss mit der Panzerfaust und *bumm* – der ganze Zug ist erledigt. Die Exfiltration würde einer der heikelsten Momente unseres Einsatzes werden. Von unserem Lager aus war sie nicht zu bewerkstelligen. Die Taliban wussten genau, wo wir uns befanden, und wir waren zu nah bei der Grünen

Zone. Der Plan war, unseren improvisierten Stützpunkt bei Nacht und Nebel aufzulösen, alles zu einem wenige Meilen entfernten Gehöft zu schleppen – hinein in die Wüste, weiter weg von der Grünen Zone – und uns dort im Dunkeln und unentdeckt einsammeln zu lassen.

Etwas früher an diesem Tag, als ich meine Sachen zusammenklaubte, hatte ich noch ein paar schöne Momente mit Fred verbracht. Ich gab ihm sein Lieblings-Jerky und das verstaubte alte Seil, mit dem er so gern Tauziehen spielte. Ich hatte auch schon eine Menge Fotos von ihm geschossen, merkte aber plötzlich, dass ich keins von uns beiden hatte. Ehe ich meine Kamera einpackte, reichte ich sie einem der Jungs und setzte Fred für ein Foto auf meinen Schoß. Auf dem Bild gucke ich in die Kamera und Fred auf das Seil in meiner Hand, nach dem er mit der Vorderpfote greift. Man sieht die aus der Schnauze hängende rosa Zungenspitze und den dämlichen Ausdruck eines Welpen, der sich auf sein Lieblingsspielzeug konzentriert. Als das Foto gemacht war, spielten wir noch ein bisschen, und ich kraulte ihn hinter den Ohren und rieb ihm den Hals. Es war so abschiedsmäßig, wie ich es gerade noch aushielt.

Nach wie vor war ich mir nicht sicher, ob ich Fred nach Leatherneck mitnehmen sollte. Ich wusste, dass ich den Hund mit nach Hause nehmen wollte, doch dieses Risiko konnte ich eigentlich nur eingehen, wenn ich mir sicher war, dass auch Fred es wollte. Wenn er den Eindruck machte, auf dem Anwesen – der einzigen Heimat, die er kannte – bleiben zu wollen, würde ich es als das Beste für ihn akzeptieren.

Nachdem wir alle im Mondschein vor uns hinwerkelten, dauerte es nicht lange, bis das Gehöft wieder mehr oder weniger so aussah, wie wir es vorgefunden hatten –

trotz schwärender Müllkippe und Löchern in den Wänden. Sonst blieb nichts von uns zurück. Denn schon bald würde es in unserem behelfsmäßigen Heim von Taliban nur so wimmeln, und wir sorgten dafür, dass wir ihnen nichts irgendwie Verwertbares hinterließen.

Mit unserer Ausrüstung beladen, stellten wir uns neben der Hintertür auf. Ich meinte, Fred auf der Suche nach Essensabfällen bei der Müllkippe herumstöbern zu sehen. Die Jungs wurden still, als wir uns für den Aufbruch rüsteten und ich mich ganz auf die vor uns liegende Reise konzentrierte. Als sich der erste Marine durch die Tür schob, folgten wir ihm im Gänsemarsch, genau wie wir gekommen waren.

Die Wüste war kalt und klar, eine Mondsichel stand am Himmel. Durch mein Nachtsichtgerät blickte ich hinaus auf die offene Landschaft sanft gewellter Sandhügel, die sich in der Ferne verloren. Die weite Ebene war willkommene Abwechslung zu den dichten Maisfeldern und dem Netzwerk der Kanäle in der Grünen Zone. Unsere Rucksäcke waren schwer, doch wir bewegten uns rasch und leicht. Mir war, als könnte ich meilenweit in jede Richtung blicken, Fred jedoch entdeckte ich nirgends. Ich hatte gewollt, dass er mir die Entscheidung abnahm, und nun hatte er es getan. Ich sagte mir, ich müsse es akzeptieren, es sei das Beste so. Aber ich war kreuzunglücklich dabei.

Etwa zwei Stunden später näherten wir uns, Meilen von unserem Lager entfernt, einem anderen Anwesen, das man mit Hilfe einer Drohne ausgekundschaftet hatte. Es war kleiner und voller Ziegen, ein gutes Zeichen dafür, dass es keine Sprengfallen gab. Wir betraten es nacheinander, und ein paar RECON-Leute bezogen einen Spähposten auf einem der Dächer. Abgesehen davon hielten wir uns bedeckt. Der Morgen war nah. Sobald der Tag anbrach, würden wir warten, bis es wieder dunkel wurde und wir das Ganze heil überstanden hatten.

Zum ersten Mal seit Wochen hatte ich das Gefühl, dass der auf mir lastende Druck ein wenig nachließ. Ich hatte keine Berichte zu schreiben. Es gab keine Dorfbewohner, mit denen ich reden musste. Wir zogen ab, und das, immerhin, mit all unseren Leuten. Im Grunde war das, nach allem, was wir uns von Sangin erwartet hatten, nicht weniger als ein Wunder. Die Kugel, die Joes Helm durchschlagen hatte, war das Schlimmste gewesen; näher waren wir einem Verlust nicht gekommen. Wir hatten Glück gehabt. Und jetzt konnten wir uns ausruhen. Als die Morgensonne über den Horizont zu lugen begann, setzte ich mich auf den Boden und lehnte mich an meinen Rucksack zurück, erlaubte mir endlich, an die bevorstehende heiße Dusche und die warme Mahlzeit zu denken, statt an Fred und wie er mir fehlen würde. Ich streckte die Beine aus, verschränkte die Arme vor der Brust, lehnte den Kopf an die Wand zurück und schloss die Augen.

Ich erwachte von den Rufen der Jungs auf dem Dach.

»Grossi! Komm doch mal hoch!«

Über unserem neuen Gehöft war der Tag angebrochen. Blinzelnd öffnete ich die Augen und sah die Jungs im Schatten der langen Umfassungsmauer liegen oder sitzen. Verwirrt erhob ich mich. Ich schaute dorthin, woher die Rufe kamen, und näherte mich dem Posten. Eine wacklige Holzleiter lehnte am Lehmschuppen, und ich stieg hinauf und kroch neben die Jungs. Jemand reichte mir ein Fernglas.

»Guck mal, wer da ist«, meinte einer.

Die Wüste, die glühend und dunstig in der Morgensonne lag, wirkte verschwommen. Da war meilenweit nichts, und dann kam da, gefolgt von einer Staubwolke, ein untersetzter weißer Vierbeiner auf uns zugetrabt. Ich kriegte Gänsehaut. Es war Fred, der von der Sonne geblendet mit seinem typisch federnden Schritt und hocherhobenem Kinn auf uns zugesprungen kam.

»Dickie musste wohl noch packen!« Die Jungs lachten.

Ich blinzelte meine Tränen weg. Ich konnte es nicht fassen.

»Braver Junge«, flüsterte ich.

Fred kam durch den Eingang stolziert, als würde die Anlage ihm gehören. In typischer Fred-Manier begrüßte er jeden Marine einzeln, jaulte, bellte fröhlich und tanzte vor Freude zwischen uns herum. Ich stieg vom Dach herunter und schnappte mir ein Stück Beef Jerky. Als Fred zu mir herübergetollt kam, ich schwöre, da lächelte er. Er zwängte sich aufgeregt durch meine Beine, als wollte er sagen: »Wohin bist du denn verschwunden?« Ich kauerte mich neben ihn und gab ihm das Trockenfleisch, zückte dann meine zusammenschiebbare Kaffeetasse und schenkte ihm Wasser ein. Während er es aufschlabberte, schüttelte ich ungläubig den Kopf. Hatte er die ganze Nacht über die Müllkippe durchstöbert? Hatte er gewartet, bis die Sonne aufging, ehe er sich auf den Weg machte? Ich weiß nicht, wie er es geschafft hatte, aber irgendwie hatte Fred uns aufgespürt.

Nach Sonnenaufgang stieg die Temperatur wie jeden Tag auf Spitzenwerte. Fred, der sich mit den Ziegen amüsierte, jagte sie von einer Ecke der Anlage in die andere. Er trabte auf sie zu, senkte den Kopf zu Boden, um sie in die zittrigen Knöchel zu zwicken, und sie meckerten und schossen davon und Fred hinterher. Die Jungs und ich hockten im Schatten, schauten zu und lachten. Immer noch waren wir überwältigt und entzückt, dass Fred uns gefolgt war. Doch wenn ich ihn aus der Kampfzone rausholen wollte, blieb da immer noch das Problem, wie genau ich ihn in den Hubschrauber kriegen sollte.

Gefühlte Stunden redeten wir darüber, entwarfen Strategien, wie man es durchziehen musste.

»Was, wenn ich ihn einfach zum Hubschrauber führe, als wäre er ein Diensthund?«, schlug Jason vor. Im Lager hatte Jason Paracord-Reste geflochten und mit Hilfe eines Knopfs von seiner Hose um Freds Hals befestigt, wobei der Rest des Bandes als Leine diente. Fred hatte das Ding gehasst und es jedes Mal, wenn wir es ihm anlegten, geschafft, sich davon zu befreien. Jason besaß das Band zwar immer noch, doch der Plan leuchtete mir nicht ein.

»Damit kommen wir auf keinen Fall durch, Mann«, wandte ich ein. »Sie wissen, dass wir keinen Hund dabeihatten – also können wir auch nicht bei der Abreise mit einem in den Heli steigen.«

»Was, wenn wir Fred einfach in der Ausrüstung verstecken?«, schlug jemand vor. An der Front hatten wir dünne zusammenfaltbare Seesäcke dabei; wenn ein Marine verletzt wurde, verwendete man den Sack, um die Ausrüstung des Burschen darin zu verstauen, damit nichts zurückblieb. Wir holten einen Seesack hervor und versuchten herauszufinden, wie Fred reagierte, wenn man ihn hineinsteckte. Wie erwartet, ging es überhaupt nicht. Zwei von den Jungs hielten den Sack auf, während ich Fred hochhob und hineinstopfte. Sobald er Boden unter den Füßen hatte, warf er den Kopf zurück, wand sich unablässig und peste davon. Schwanzwedelnd kam er anschließend wieder zurückspaziert, stand da und guckte uns an, als wolle er sagen: »Versucht's doch noch mal!« Er hielt es für ein Spiel.

Jim, der Sani, der mir geholfen hatte, Freds Lausfliegen zu entfernen, hatte da schon eine bessere Idee.

»Ich könnte ihm Benadryl geben. Das setzt ihn außer

Gefecht, dann könnt ihr ihn in den Sack packen, und er kriegt praktisch nichts davon mit.«

Ich fand es einen Versuch wert. Jim legte die kleine rosa Pille auf Freds Zunge und schloss die Hände um seine Schnauze, bis er schluckte. Fred legte sich hin und schloss die Augen, doch es war schwer zu entscheiden, ob es am Benadryl lag oder ob Fred einfach müde war und beschloss, ein Nickerchen zu machen. Wir hockten im Schatten, Fred pennte neben mir, und die Jungs kamen abwechselnd herüber, um zu fragen, ob ich denn einen Plan hätte, oder um mir nahezulegen, es doch »einfach durchzuziehen«. »Grossi, du musst das durchziehen, Mann«, drängten sie. Genervt von dem zunehmenden Druck meinte ich, sie sollten sich verpissen. »Entspannt euch. Bin doch schon dran«, sagte ich.

Es dauerte nicht lange, und Fred war wieder auf den Beinen und schlich auf dem Anwesen herum. Da die Marines einen Moment lang von mir abließen, beschloss ich, mit Fred eine Abmachung zu treffen. Sachte zog ich ihn zu mir heran.

»Okay, Kumpel«, sagte ich und guckte ihm in die hellbraunen Augen. »Wenn du wirklich hier wegwillst, dann musst du mir das noch einmal zeigen, okay?«

Ich sagte es mir und sagte es Fred: Wenn er mir zum Hubschrauber folgte, sobald der landete, wenn er keine Angst vor dem Lärm und dem Staub hätte, dann würde ich es tun, ich würde ihn mitnehmen. Das ganze Unterfangen machte mich immer noch völlig kirre, ich wollte nicht das Gefühl haben, als würde ich diesen Hund stehlen, und ich wollte auch nicht ihn oder sonst wen in Gefahr bringen. Um es durchzuziehen, brauchte ich ein letztes Zeichen.

Ich stopfte meinen Seesack in die Cargo-Tasche, sodass

ich ihn leicht fand. Wenn es so weit war, würde ich Fred irgendwie hineinstecken.

Ich begann, mit meinem Satellitentelefon Anrufe zu machen. Ich verstand mich gut mit Gomez, meinem befehlshabenden Offizier in Leatherneck. Da er für mich und etwa sechs weitere Geheimdienstler mit ähnlichen Aufgaben verantwortlich war, wusste ich, dass er viel um die Ohren hatte. Abgesehen davon, vertraute ich ihm. Mir gefiel, dass er nicht in alles hineinregierte. Er war ein guter Chef. Ich beschloss, ihn anzurufen und mal bei ihm vorzufühlen.

Da unsere Exfiltration schon in den nächsten Stunden bevorstand, kam ich gleich zur Sache.

»Ich werde vielleicht einen Hund mitbringen, Gomez«, sagte ich zu ihm.

Ich weiß nicht mehr, ob er lachte oder seufzte. Aber seine Reaktion war ziemlich eindeutig: »Ich sag dir jetzt nicht, dass das nicht geht«, meinte er. »Aber wenn sie dich erwischen, ist das allein dein Problem.«

Das war wohl das Beste, was ich mir angesichts der Umstände erhoffen konnte. Ich bat Gomez, mir Sergio zu geben, einen Analysten, mit dem wir zusammenarbeiteten und der einer meiner engsten Freunde in Leatherneck war. Sergio war ein kluger schnellredender Italo-Puerto-Ricaner mit dicken Brillengläsern. Wir nannten ihn den taktischen Rain Man, weil er überall Zahlen zu sehen und sich in mathematischen Formeln auszudrücken schien. Er gehörte zu diesen Menschen, die so klug sind, dass sie Probleme haben, mit dem Rest von uns zu kommunizieren – wir kamen einfach nicht mit. Ohne zu wissen, was er eigentlich sagen wollte, begann er einen Satz, um dann abzubrechen und sich anders auszudrücken, wobei er kaum einmal eine Atempause einlegte. So sehr wir ihn auch wegen der Ähnlichkeit seiner Sprechweise mit Schweinchen Dick aufzogen, war er der großherzigste Mensch, den ich bei den Marines kennengelernt hatte. Ich wusste, auf Sergio und seine Hilfe konnte ich zählen.

In Leatherneck hatten wir das Glück, einige Toyota-Hi-Lux-Pick-up-Trucks zur Verfügung zu haben, die wir benutzten, um zu Treffen auf dem Stützpunkt zu kommen. Wenn uns einer mit einem solchen Truck abholte, sobald wir gelandet waren, dann konnten wir Fred schnellstmöglich und ehe irgendwer irgendwas spitzkriegte verschwinden lassen.

»Hey, Alter«, begann ich, als Sergio ans Telefon kam. »Könnten du und McGuire vielleicht den Pick-up mit zum Flugfeld bringen, wenn wir landen. Ich werde vielleicht einen Hund dabeihaben.«

Sergio zögerte keine Sekunde und versprach mir, mit McGuire zur Stelle zu sein. McGuire – Mac, wie wir ihn nannten – war ein Funker aus Wyoming. Er war Irak-Veteran und ein verlässlicher Marine mit einem tollen Humor. Er brannte darauf, von Leatherneck wegzukommen und eingesetzt zu werden, doch die meisten RECON-Marines hatten ihre eigenen Funker, sodass Mac mit Sergio im Büro auf dem Stützpunkt festsaß, was ihn wahnsinnig machte. Schließlich kam er doch noch zu einigen Einsätzen, allerdings nicht mit mir.

Als Nächstes rief ich meine große Schwester Sarah in Virginia an. In ihrem Job als Sonderpädagogin und Schulberaterin hatte sie schon einige heikle Situationen gemeistert. Aber sie bewahrte stets einen kühlen Kopf und hatte keine Scheu, selbst aktiv zu werden.

Ich erzählte ihr, was passiert war, wie Fred uns gefolgt war und ich nun versuchte, ihn mit nach Hause zu bringen. Ich nannte ihr auch die Risiken und wie angeschissen ich sein würde, falls man mich erwischte. Sarah zeigte sich unbeeindruckt und war mir bereits einen Schritt voraus. Ich hatte Fred schon einige Wochen zuvor beim Telefonieren mit ihr erwähnt; seit damals hatte sie ein paar Organisationen angeschrieben, um sich ein Bild davon zu machen, wie wir Fred zurück in die Staaten und durch den Zoll schleusen konnten.

»Ach, komm«, meinte sie jetzt. »Wenn einer das schafft, dann du, Craig. Wenn du ihn von der Front wegkriegst, kümmere ich mich um den Rest.«

Diese Anrufe gaben mir zwar Hoffnung, beruhigten aber nicht unbedingt meine Nerven. Als die Zeit der Exfiltration näher rückte, tigerte ich herum, kontrollierte meine Ausrüstung, kontrollierte Fred, überlegte, überlegte erneut. Dann erhielten wir einen Anruf, der uns darüber informierte, dass sich unsere Exfiltration um acht Stunden verschieben würde. Statt uns in dunkler Nacht abzuholen, würden die Hubschrauber erst bei Tagesanbruch eintreffen. Das waren beunruhigende Nachrichten. Kurz zuvor hatten die Taliban im Norden einen Helikopter abgeschossen; was sollte, wenn wir bei Tageslicht starteten, verhindern, dass uns das Gleiche widerfuhr? Und sollte ich Mühe haben, Fred in den Seesack zu kriegen, konnte eine solche Verzögerung unseres Abflugs kritisch werden. So gern ich Fred auch hatte, dies hier war kein Spiel, und wenn es darauf ankam, wusste ich, dass ich einem Hund zuliebe nicht das Leben von Marines riskieren würde.

Ich schlief kaum in dieser Nacht. Am Morgen schwiegen wir alle, während wir packten. Drei Hubschrauber sollten kommen, und ich würde im ersten sein. Wir versammelten uns längs der Mauer; und ich stand mit Dave und Top ziemlich am Ende der Schlange. Die Jungs waren nervös, traten von einem Fuß auf den anderen. Fred, der spürte, dass etwas bevorstand, hüpfte herum, schlängelte sich zwischen unseren Beinen durch und blickte schwanzwedelnd und mit zuckenden Brauen erwartungsvoll zu uns auf, genau wie damals, als er uns auf unseren Patrouillen begleitete. Wenn ich ihn ansah, wurde mir schwer ums Herz. Das war es dann womöglich.

Von fern zerriss das dumpfe Geräusch der Rotoren die morgendliche Stille. Die CH-53-Hubschrauber, mit denen wir zur Front gebracht und wieder abgeholt wurden, waren gewaltig – sie glichen riesigen fliegenden Kaffeedosen, als ob die in der Luft schwebenden Trommeln ihrer stumpfgrauen Gehäuse jedem physikalischen Gesetz spotten würden. Zwei sollten zunächst landen und Marines an Bord nehmen, während der dritte uns von oben Deckung bieten würde. Sobald die ersten beiden wieder in der Luft waren, würde der dritte landen, um auch die letzten Jungs mitzunehmen.

Als die erste Riesenmaschine direkt vor dem Gehöft aufzusetzen begann, erhob sich nebelähnlich ein Schwall aus Sand und Staub in die Luft. *Scheiße,* dachte ich. Es war wie eine Verdunkelung. Wenn ein Hubschrauber von der Seite auf dich zukommt, wirbelt er eine Staubwelle auf. Diese Welle spült einmal über dich hinweg und lichtet sich dann wieder. Nähert sich der Hubschrauber stattdessen aus einem anderen Winkel und schwebt senkrecht herab, so steigt der Staub nach oben und verweilt, was eine relativ einfache Sache wie das Besteigen eines Helikopters kompliziert und gefährlich machen kann. Wegen der schlechten Sicht sind Marines, die versehentlich in die Heckrotoren liefen, bei derartigen Verdunkelungen schon umgekommen.

Während die Rotorwelle uns überschwemmte, erhaschte ich einen Blick auf Fred, der nervös hin und her lief. Dann begann sich die Warteschlange in Bewegung zu setzen. Ich duckte mich unter dem Türsturz des Anwesens hindurch, folgte dem vor mir gehenden Dave, nur um sofort in ein Sperrfeuer aus Staub und Steinchen zu geraten. Ich hustete und kniff die Augen zusammen, schritt durch die braune Wolke auf den ohrenbetäubenden Lärm der surrenden Rotoren zu. Sehen konnte ich nur noch Daves Rucksack vor mir, aber keinen Fred.

Dann spürte ich einen Stups an der Ferse und schaute hinunter. Durch Sand und Dreck blickte Freds Gesicht – diese lange weiße Schnauze, die schwarze Nase und die zusammengekniffenen Augen – zu mir auf. Er blinzelte in den Staub, brachte kaum die Augen auf. Die Ohren hatte er zurückgelegt, er wirkte verschreckt. Doch da hatte ich es. Mein Zeichen.

Ich zog den Seesack aus meiner Cargo-Tasche. Hinter mir materialisierte sich Tops Hand aus dem Staub und packte Fred im Genick. Er hob ihn hoch wie eine Milchpulle.

»Wir ziehen das durch!«, rief Top. Und mit einer einzigen fließenden Bewegung riss ich die Tasche auf, und Top ließ Fred hineinplumpsen. Ich schloss den Reißverschluss wieder, jeder packte einen Henkel, und wir hasteten los.

Ein junger Flugstaffel-Mann stand Gewehr im Anschlag hinten neben dem Hubschrauber, suchte den Horizont ab und beobachtete uns beim Einsteigen. Ich erinnere mich, wie schnittig er aussah: das Gesicht gewaschen, bartlos, die Uniform perfekt. Ich schwöre, ich schnupperte den Duft seines Axe-Körpersprays.

Er musterte Top und mich, senkte den Blick auf die Tasche und guckte finster. Er streckte den Arm aus, um uns zurückzuhalten, öffnete die Lippen, um etwas zu sagen, doch Top gebot ihm mit leicht erhobenen Unterarm Einhalt.

»Mach dir keinen Kopf!«, blaffte er, und wir erklommen die Rampe.

Wir waren die Letzten, die einstiegen. Sobald unsere Füße den Boden des Helikopters berührten, sprang der Flugstaffel-Typ hinterher, setzte sich wieder hinter sein 50er-Maschinengewehr, und der Heli hob ab.

Ich saß auf dem Boden, lehnte an meinen Rucksack, während Fred im Seesack zwischen meinen Beinen steckte. Die RECON-Jungs grinsten breit, und Top streckte mir die Faust entgegen, um symbolisch mit mir anzustoßen.

Ich drückte meine Handflächen durch die Tasche auf Freds Rücken, um ihm irgendwie mitzuteilen, dass alles okay war. Was *ihm* währenddessen durch den Kopf ging, konnte ich nur erahnen. Dieser Hund, der niemals zuvor Auto gefahren war, flog nun in einem Helikopter durch die Luft. Ich spürte, wie er sich wand, um eine bequemere Lage zu finden, und sich allmählich beruhigte. »Braver Junge«, flüsterte ich.

Während wir irgendwo über der afghanischen Provinz Helmand durch den Morgenhimmel flogen, wurde mir klar, dass dieser rauflustige, kurzbeinige, schmuddelige Kerl nun ganz offiziell mir gehörte. Er hatte mir sein Vertrauen geschenkt. Die echte Herausforderung lag zwar immer noch vor uns, aber ich war wild entschlossen. Um Fred zu beschützen, würde ich stehlen, lügen und betrügen, so viel war sicher. Meine Schwester hatte recht: Wenn jemand das hinkriegen konnte, dann ich. Ich musste nur noch herausfinden wie.

9. Kalifornien

Als meine Verlobte und ich uns kurz nach Beginn unserer Haussuche trennten, zog ich aus und mietete mir eine Einzimmerwohnung in der Stadt. Sie war klein, gerade groß genug für eine Couch und ein Bett, doch mehr brauchte ich eigentlich auch nicht. Ich füllte den Tiefkühlschrank mit mikrowellentauglichen Fertig-Burritos und verwendete meinen Woobie – einen dünnen Schutzüberwurf in Tarnfarbendruck – als Tagesdecke. Fred rollte sich allnächtlich zwischen meinen Beinen zusammen, genauso wie er es in Sangin getan hatte. Wir hatten unsere Junggesellenbude, und wir waren glücklich.

Ich verkaufte den glänzenden, neuen Tacoma und schaffte mir ein Fahrrad an. Ich machte alles mit dem Rad, einschließlich des täglichen Arbeitswegs. Mein Job war zwar auch weiterhin die falsche Herausforderung für mich – oft langweilte ich mich und hatte das Gefühl, nichts Sinnvolles zu tun –, doch die anschließende Heimkehr zu Fred entschädigte mich ein wenig dafür. Unsere Erdgeschosswohnung ging auf einen Hof hinaus, und wenn ich ihn abends betrat, schlich ich mich immer ans Haus heran, um zu sehen, was Fred gerade machte. Wenn ich durch die Fenster spähte, die alle in »Freds Farbton« verschmiert waren – meine liebevolle Bezeichnung für den Rotz, den Fred auf der Scheibe hinterließ, wenn er mit der Schnauze dagegenstupste –, entdeckte ich ihn meist schlafend und auf dem Woobie zusammengerollt auf meinem Bett. Schloss ich dann die Tür auf, drehte er durch. Fred stürzte auf mich zu, um mich zu begrüßen, schlitterte übers Parkett und stieß dabei Freudengeheul aus. Er sauste zwischen meine Beine, sprang aufs Bett zurück, dann wieder herunter und erneut hinauf. Dabei wedelte er ununterbrochen mit dem Schwanz, und der ganze Körper bebte vor Entzücken. Was Besseres gab es nicht. Seine Freude überwog meinen Frust über einen weiteren Tag im undurchsichtigen Bürokratiedschungel, aus dem unsere US-Bundesregierung besteht.

Sobald wir uns wieder gründlich miteinander vertraut gemacht hatten, zog ich, so schnell ich konnte, Anzug und Krawatte aus, schlüpfte in meine Laufschuhe, und schon waren wir zur Tür hinaus. Wir liefen jeden Tag. Ich hatte die Vororte, in denen ich aufgewachsen war, immer hinter mir lassen und in der Stadt leben wollen. Und als ich endlich dort angekommen war, wollte ich es nur noch genießen. Wir hatten unsere feste Strecke: aus dem Gebäude raus nach links, geradeaus zum Kapitol, dann eine Meile den Hügel hinunter und am Washington Monument vorbei bis zum World War II Memorial, dann wieder hoch und am Weißen Haus vorbei zurück nach Hause. Ich fand es herrlich, mit Fred die Sehenswürdigkeiten der Stadt zu bewundern. Es war wie ein Dauerlauf durch die Geschichte.

Mein großes Problem war und blieb die Arbeit. Ich fühlte mich wie festgefahren. Obwohl ich mich mit den Kollegen angefreundet hatte und gern mit ihnen arbeitete, waren die Tage eintönig, und ich glaubte nicht, dass ich mit meiner Arbeit irgendetwas bewegen konnte. Allmählich überlegte ich schon, wieder aufs College zu gehen. Denn ich hatte zwar eine feste Anstellung, doch meine Karrieremöglichkeiten schienen begrenzt. Wenn ich mein Examen machte, könnte ich als Regierungsbeamter und mit besseren Optionen als vorher zum Nachrichtendienst zurückkehren.

Gomez, mein befehlshabender Offizier in Afghanistan, hatte in Georgetown studiert. Und er hatte mich, aus welchem Grund auch immer, schon damals in Helmand immer wieder gedrängt, mich doch zu bewerben. Ich weiß nicht, was ihm so viel Vertrauen gab in mich und die Idee, dass ich da hinsollte, aber als ich wieder zu Hause war, schickte er mir eine Mail mit den Kontaktdaten des Dekans der School of Continuing Studies.

Als ich zunehmend das Gefühl bekam, beim Militärgeheimdienst, sprich der DIA, karrieremäßig auf der Stelle zu treten, erinnerte ich mich wieder daran. Georgetown besaß einen hervorragenden Ruf. Ich wusste nicht, ob ich es schaffen konnte, doch mir gefiel die Idee, es wenigstens zu versuchen. So wie schon das Marine Corps und die Geheimdienstbranche Herausforderung und Antrieb für mich gewesen waren, reizte mich nun auch Georgetown, weil ich wusste, leicht würde es nicht werden. Nach meiner Erfahrung wurde Marines oft erzählt, wie schnell und mühelos sie nach Ableistung ihres Diensts einen Abschluss erwerben konnten. Irgendwie fühlte sich das nicht richtig für mich an. Verstehen Sie mich bitte nicht falsch – ich war nie ein toller Schüler und schon bei der Vorstellung, wieder die Schulbank zu drücken, nervös. Doch wenn ich es tat, wollte ich es richtig machen. Man kann etwas nicht gleichzeitig gut und schnell machen; man muss sich für etwas entscheiden. Und wenn ich einen Abschluss machte, dachte ich, dann möglichst am besten College, das mir offenstand.

Meinen Bewerbungsessay schrieb ich darüber, was ich beim Geheimdienst und den Marines gelernt hatte. Das Schreiben machte mir Spaß. Schon als Kind hatten mich

Geschichten fasziniert. Bei der Arbeit schrieb ich zwar eine ganze Menge, doch es war sehr lange her, dass ich mich mit kreativem Schreiben auseinandergesetzt hatte, und ich erinnerte mich nun wieder, wie toll es sich anfühlte.

Im Frühjahr 2013 erfuhr ich, dass ich angenommen war. Ich war verblüfft, wie viel von meiner Militärzeit sie mir in Georgetown anrechnen wollten. Ich hatte eine Abschrift des Verteidigungsministeriums eingereicht, auf dem jedes Training, das ich bei den Marines besucht hatte, jedes abgeschlossene Seminar, jeder von mir belegte Fernkurs aufgeführt war. Die Fernkurse waren so etwas wie fortlaufende Ausbildungskurse, die man belegen konnte, um auf diese Weise schneller befördert zu werden. Es gab Unmengen davon und in allen möglichen Fachrichtungen, wie etwa Landnavigation, Mathe für Marines, Wüsten-Operationen, Geschichte des Marine Corps und so weiter. Man schreibt sich ein, und das Corps schickt einem ein Lehrbuch und einen Multiple-Choice-Test. Man liest das Buch, macht den Test und schickt ihn zurück. Während meiner ersten Dienstzeit legte ich einige davon ab, weil ich mich so langweilte. Ich rechnete damit, dass Georgetown das meiste davon ignorieren würde. An vielen Unis gelten Veteranen als sichere Einnahmequelle; die G.I. Bill bedeutet öffentliche Mittel, und sie wollen kassieren, indem sie uns möglichst viele unnötige Kurse aufbrummen. Doch dieses College schrieb mir zweiundsechzig Credit Points gut – genug, um mein Studium in nicht mal drei Jahren abzuschließen, falls ich das wollte. Das wusste ich wirklich zu schätzen.

Im Herbst begann ich dann zunächst probehalber zu studieren. Falls ich im ersten Semester eine ausreichend hohe Durchschnittsnote erreichte, durfte ich mich anschließend als Vollzeitstudent einschreiben. Um die Sache zu testen, war dieser Einstieg als Teilzeitstudent ideal für mich.

Ich begann mit einem Schreibkurs und einem Politologie-Seminar (in dem ich dann Josh begegnete). Schon nach einer Woche wusste ich, dass ich am richtigen Platz war. Die Dozentin in der Schreibklasse war zwar streng, und viele Studenten hassten die Hausaufgaben, ich aber liebte sie. Ich hatte von der Zeit, die ich fern der Schule verbrachte, profitiert. Ich war bereit, wieder richtig einzutauchen und mich eingehend mit Texten wie *Wer die Nachtigall stört* oder *Im Westen nichts Neues* zu beschäftigen. Ich schrieb jede Woche einen Aufsatz. In meinem Job hatte ich das Gefühl, meine Arbeit im Schlaf erledigen zu können, an der Uni aber war es, als müsste ich mich tatsächlich mit etwas Wesentlichem auseinandersetzen.

Ich schnitt in beiden Kursen gut ab und beschloss, meinen Job beim Militärgeheimdienst zu kündigen und mich als Vollzeitstudent einzuschreiben. Eine Entscheidung, die mir leichtfiel. Das Einzige an meinem Job, das ich mochte, waren die Leute, mit denen ich zusammenarbeitete. Wir waren Freunde geworden, und ich wusste, dass sich das auch nach meinem Weggang nicht ändern würde. Zudem war es anstrengend, gleichzeitig zu arbeiten und zu studieren, und ich hatte keine Lust auf halbe Sachen. Jetzt, wo ich wusste, dass ich es schaffen konnte, wollte ich meine gesamte Energie meinem Studium widmen. Als Erwachsener war Lernen etwas völlig anderes für mich. Ich fand es aufregend, meine Seminare zu besuchen, all die Bücher zu lesen, Aufsätze zu schreiben und die Kursanforderungen zu erfüllen. Zusätzlich zu meinem akademischen Stundenplan hatte ich mich um Aufnahme ins Hockey-Team von Georgetown bemüht und es tatsächlich geschafft. Mehr als zehn Jahre lang hatte ich in keiner Hockey-Liga mehr gespielt, hatte allerdings im Jahr zuvor in einer Veteranenmannschaft zu spielen begonnen und war immer noch gut in Form. Ich wusste nicht recht, ob ich mit den Kids vom College-Team klarkommen würden, und vermutete, dass das alles verwöhnte Prep-School-Fratzen waren. Doch ich täuschte mich. Sie waren echte Hockeyspieler. Sie nahmen mich mit offenen Armen auf, und ehe ich mich versah, war ich als Linksaußen aufgestellt. Wir dominierten die Liga und gewannen in diesem Jahr die Meisterschaft. Das Team hielt den Rekord für die meisten gewonnenen Titel in der Geschichte der Liga, und ich war stolz, dabei zu sein. Mit dieser tollen Truppe Wettkampf-Hockey zu spielen, bestärkte mich in meiner neuen Zielstrebigkeit. Ich liebte es, mich zu den Face-offs in einer Reihe aufzustellen und dem Typen vom anderen Team direkt ins Gesicht zu starren. Ich war zehn Jahre älter als meine Gegner und hatte an die zehn Kilo mehr auf den Rippen als die meisten von ihnen. Mit meinem langen Bart und meiner »ausgewachsenen Mannesstärke« erwarb ich mir rasch einen Ruf in der Liga als schlagkräftiger Power-Stürmer. Ich fühlte mich wieder lebendig.

Toll war auch, dass ich durch die Uni neue Leute kennenlernte, vor allem andere Veteranen wie Josh. Durch die Flachserei über seine Prothese am ersten Tag des Seminars wurden wir sofort Freunde. Hie und da trafen wir uns auch außerhalb der Kurse in einer Bar oder bei einem Spiel der Washington Capitals. Josh wohnte nicht allzu weit von mir entfernt, sodass wir hin und wieder im Pug, meinem Lieblingspub in der Nachbarschaft, ein paar Bierchen tranken. Das Pug war eine richtige Spelunke, die eher an jemandes Kellergeschoss erinnerte als an eine Bar: ein langer enger Schlauch mit einem langen Holztresen an einer Seite, und die Wände waren mit alten gerahmten Fotos und Mannschaftsflaggen bedeckt.

Als wir eines Abends nach ein paar Runden in angenehm wohliger Stimmung waren, tauschten Josh und ich unsere Geschichten von *drüben* aus – was bei einem Bier und der Kameraderie unter Veteranen nun mal leichter fällt. Josh hatte etwa vier Jahre als Infanterist gedient, als er in die Provinz Zabul im Süden Afghanistans, ein Stück nordöstlich von Helmand, wo ich gewesen war, abkommandiert wurde. Er schilderte den Beginn seines Einsatzes als Routine. Er gehörte einer motorisierten Infanterieeinheit an, was hieß, dass ihr Team sehr viel weiter herumkam als es die normalen Infanteriekompanien zu Fuß taten. Die Fahrzeuge – die Strykers hießen – ähnelten Panzern, besaßen jedoch riesige Reifen anstelle von Ketten. Jeder davon war normalerweise mit elf Männern besetzt. Bei ihren ersten Patrouillen lieferten sie sich einige sporadische Gefechte mit den Taliban, doch es sei »nicht annähernd so wie in den Filmen« gewesen, erzählte Josh.

Josh war nur etwas länger als drei Monate im Land gewesen, als sein Fahrzeug auf die Sprengbombe fuhr, die ihn sein Bein kostete. Es war eine Routinepatrouille im September 2009 an einem klaren Tag unter der Woche. Josh saß im ersten Fahrzeug des Konvois auf dem Maschinengewehr, und zwar *so*, wie es nicht erlaubt war: nämlich halb im Fahrzeug und halb draußen. Als der Stryker auf die Druckplatte fuhr, explodierte direkt unter ihnen die Sprengfalle. Und die Explosion kostete Josh nicht nur sein rechtes Bein, sondern forderte auch das Leben dreier seiner Mannschaftskameraden im Wagen. Der Umstand, dass Josh gerade so dagesessen hatte, wie er es tat, hatte ihm das Leben gerettet.

In den ersten Wochen nach dem Unfall wurde Josh

mehrfach operiert; und erstaunlicherweise war er binnen weniger Monate wieder auf den Beinen. Von seinem Anfangserfolg motiviert machte er zwei Jahre lang stetige Fortschritte. Doch die vielen Folgeoperationen, die zwischen 2011 und 2015 nötig wurden, machten es ihm schwer, sein Leben weiterzuführen. Wie sollte er einen Job behalten, wenn er, sobald er einen hatte, gleich wieder um einige Monate Urlaub für OP oder Reha bitten musste?

In unseren Gesprächen gab sich Josh immer positiv. Verständlicherweise redete er lieber über das, was nach dem Unfall passiert war, als über den Unfall selbst. So betonte er etwa, wie sehr er von der Spitzenmedizin profitiert und wie viel Glück er gehabt habe, zu einer Zeit verwundet zu werden, in der die Fortschritte bei den Prothesen es ihm ermöglichten, wieder eine so große Unabhängigkeit zu erreichen. Er war immer gerne bereit, mir – und jedem, der ihn drum bat – sein Bein zu zeigen und wie es funktionierte. Josh war dankbar, am Leben zu sein, und er wollte vorankommen.

Für zwei Typen, einen Hund und einen Jeep, der siebenundzwanzig Jahre auf dem Buckel und keine Klimaanlage hat, ist die Strecke vom Grand Canyon nach Los Angeles – davon allein etwa acht Stunden durch die Mojave-Wüste – eine Art Büßerfahrt. Bei an die vierzig Grad Hitze durchquerten wir das flache, ausgedörrte Terrain, und mein Blick flackerte ständig zwischen Straße und Temperaturanzeige hin und her. Zwar erwähnte ich es nicht gegenüber Josh, doch ich war mir fast sicher, dass der Motor überhitzen würde. Komm schon, Baby, dachte ich bei mir, während ich die Nadel zwischen den Kalt- und Warm-Anzeigen zittern sah. Soweit schlug sich unser treuer Land Cruiser ja ganz gut.

Hin und wieder blies ein Windstoß einen Schwall Sand durch den Wagen. Und allmählich bedeckte eine feine Schicht davon das Armaturenbrett, unsere Haut und alles Übrige dazwischen, ja, zwängte sich sogar in die Zwischenräume der Zähne. Selbstverständlich grinsten wir übers ganze Gesicht. Obwohl ich wegen des Motors nervös war, beneidete ich die Leute in ihren SUVs, die mit vereisten Fenstern an uns vorbeirauschten, keine Minute lang.

»Fred glaubt wahrscheinlich schon, dass wir ihn nach Afghanistan zurückbringen«, witzelte Josh. Ich lachte und spähte in den Rückspiegel, doch Fred pennte, ohne sich von der Wüstenluft beirren zu lassen, die durch sein weißes Fell blies.

Vor uns ließ die Hitze den Horizont erzittern, als ob Schichten der Straßen sich fortwährend abschälen und gen Himmel verdunsten würden. Ich ließ den Fuß auf dem Gas, und wir drängten weiter, wobei wir dem Land Cruiser durch Tätscheln des Armaturenbretts immer wieder Mut zusprachen.

Als wir endlich die große Mojave-Wüste hinter uns hatten, bogen wir zum Feiern auf eine kleine Tankstelle ein. Der Land Cruiser brauchte Benzin und wir drei Wasser und ein Eis. Ich machte den Tank voll, fuhr den Jeep dann in den Schatten und klappte die Motorhaube hoch. Josh, Fred und ich saßen an einem Picknicktisch in der Nähe der Zapfsäulen und genossen unter einem verschossenen Plastikschirm unsere Softeis-Waffeln. Als ich die Hälfte meiner Waffeltüte ausgeschleckt hatte, überließ ich Fred den Rest. Aus meinem Bart rieselnde Sandkörnchen hatten sich ins schmelzende Eis gemischt, doch Fred schien nichts davon zu bemerken, als er es hinunterschlang.

Zurück auf der Straße und auf dem Weg nach Westen, begannen Anzeichen von Zivilisation die karge Landschaft zu unterbrechen: Reklametafeln, verblichene Einkaufszentren, Parkplätze. Und dann, als wir uns allmählich L.A. näherten, begegneten wir einem weiteren Zivilisationsphänomen: dem Verkehrsstau. Stockend bewegten wir uns auf dem Freeway voran und blickten hinaus auf unsere Mitreisenden – Pendler in BMWs und Land Rovers, mit großen Sonnenbrillen und Mobiltelefonen in den Händen. Der Land Cruiser hätte ebenso gut ein Planwagen sein können, und offenbar boten wir zwei darin einen beeindruckenden Anblick: zwei staubige, bärtige, verschwitzte Gesellen in Achselhemden, die von einem hechelnden kurzbeinigen Fifi begleitet wurden, der mitten in der Rushhour aus dem Fenster hing.

Stück für Stück schlichen wir auf unsere Ausfahrt zu. Geplant war, die Nacht bei Joshs Freund Kyle zu verbringen. Josh und Kyle waren gemeinsam in Afghanistan stationiert gewesen, hatten sich jedoch seither nicht mehr gesehen. Nachdem Joshs Fahrzeug auf die Sprengfalle gefahren und er aus der Kampfzone evakuiert worden war, endete Kyles Einsatz auf ähnlich entsetzliche Weise. Kyle war Scharfschütze gewesen, und während eines Feuergefechts mit den Taliban traf ihn ein einziges Geschoss an drei verschiedenen Stellen. Während er sein Gewehr hielt und durchs Zielfernrohr spähte, streifte eine Taliban-Kugel sein linkes Handgelenk, bohrte sich durch seinen rechten Daumen und prallte dann vom Hinterschaft seines Gewehrs in seine rechte Schulter. Er war schwerstverwundet, doch er überlebte.

Kyle erwartete uns in Muskelshirt, abgeschnittenen Tarn-Shorts und Flipflops vor seinem Wohnhaus. Das blonde Haar reichte ihm fast bis zu den Schultern, obwohl ein Teil davon zu einem Knoten auf seinem Scheitel zusammengedreht war. Man konnte nicht erkennen, dass er verwundet gewesen war. Er sah aus, als käme er gerade vom Surfen oder von einem Musikfestival.

Mit breitem Lächeln schloss Kyle Josh in die Arme und klopfte ihm auf den Rücken, sodass der Staub der Mojave-Wüste aufwirbelte. Wir drei – ausnahmslos Veteranen des Wüstenkriegs – mussten lachen. Mit demselben breiten Grinsen meinte Kyle dann zu mir: »Du bist bestimmt Craig – und das hier muss Fred sein! Ich hab schon eine Menge von unserem kleinen Freund gehört. Willkommen in L.A., Freddy!« Er beugte sich hinunter, um Fred zu tätscheln, und ich grinste über Kyles gedehnte Sprechweise: diesen klassischen südkalifornischen Akzent.

Obwohl sich Kyles Wohnung im dritten Stock befand, ließ die niedrige Decke sie düster wirken. Wo doch ein paar Lichtstrahlen durchdrangen, hing Staub in der Luft. Schmutziges Geschirr stapelte sich in der Spüle und auf den Arbeitsflächen, im Wohnzimmer lagen Schuhe und Zeitschriften verstreut. An den Wänden hingen sowohl Jimi-Hendrix- und Bob-Dylan-Poster als auch die amerikanische Flagge. Kyle deutete auf eine Gedenktafel, die den Schaft seines Scharfschützengewehrs zeigte. Man konnte die von dem Geschoss bewirkte seitliche Kerbe erkennen. Sie erinnere ihn an seine Begegnung mit dem Tod, meinte Kyle.

Das Apartment erinnerte mich irgendwie an ein Studentenheim im College – man verspürte den dringenden Impuls, die Jalousien hochzuziehen und Luft und Licht einzulassen. Fred sprang auf die Couch und machte es sich gemütlich, während Josh und ich uns nacheinander den Wüstenstaub vom Leib duschten. Als ich aus der Dusche kam, hatte Kyle den Neunzigerjahre-Actionthriller *Gefährliche Brandung* eingelegt.

»Ha! Ich liebe diesen Film«, sagte ich und hockte mich

neben ihn. Bei den Filmabenden in Leatherneck hatten sie ihn regelmäßig gezeigt.

Kyle lachte und drehte sich auf dem Couchtisch seinen Joint zu Ende. »Hilft mir gegen die Schmerzen nach all den Operationen«, sagte er, hielt den Joint an die Lippen und ließ sein Feuerzeug aufflammen.

»Du brauchst mir nichts zu erklären, Mann. Das ist bestimmt besser als alles, was die von Veterans Affairs dir unterzujubeln versuchen«, erwiderte ich.

Körperlich sah Kyle völlig okay aus. Falls er Narben von seiner Verwundung zurückbehalten hatte, war das nicht unmittelbar zu erkennen. Ich fragte mich, ob vielleicht gerade dieses völlig »normale« Aussehen – nach einem derartigen Trauma – es für ihn so schwierig machte.

»Durch die Medikamente ist der Schmerz zwar verschwunden, aber viele andere Dinge sind aufgetaucht«, meinte Kyle und schwieg, um gierig einen weiteren Zug zu nehmen. »Ich hatte das Gefühl, mein Verstand spielt mir ständig Streiche.«

Ich nickte, lehnte mich auf der Couch zurück und starrte in die Glotze.

In dieser Nacht erlebten Josh und ich eine Seite von L.A., die wir ohne Kyle wahrscheinlich nie gesehen hätten. Der Abend entwickelte sich zu einer Art Kneipentour durch abgefahrene, kitschige Kellerbars, einschließlich einer ganz unvergesslichen, in der es Death-Metal-Karaoke gab. Ein magerer Junge in superenger Jeans stand ganz allein auf der Bühne, zog eine Höllenshow ab und plärrte einen völlig unbekannten Heavy-Metal-Song. Es war so schräg, man musste es lieben.

Am nächsten Tag verabschiedeten wir uns von Kyle und bedankten uns für die Übernachtung. Er lud uns ein, ruhig länger zu bleiben, doch wir wollten weiter. Mein Freund

Casey hatte uns angeboten, ein paar Tage bei ihm in Venice zu verbringen, und wir waren neugierig und wollten einen anderen Teil der Stadt erkunden.

Beim Wegfahren stieß Josh einen Seufzer aus. Sein Freund und der Zustand von Kyles Wohnung waren ihm offensichtlich peinlich.

»Schon gut, Alter«, sagte ich, doch ich konnte es nachvollziehen. Josh hatte Kyle als Scharfschützen in der Army gekannt, als er einen der körperlich und emotional forderndsten Jobs der Welt erledigt hatte. Nun aber hatte man den Eindruck, dass es ihm nicht so gut ging.

»Ich weiß nicht, was ich denken soll«, sagte Josh.

»Ja, echt schwierig, Mann«, erwiderte ich. »Ich meine, es sah doch so aus, als würde er seine Rechnungen bezahlen. Er ist auf dem College. Wahrscheinlich ist er ganz glücklich, oder?« Josh hatte Kyle vor seiner Armeezeit nicht gekannt; vielleicht war er ja immer so gewesen.

Als Veteranen saßen wir ja nicht ständig rum, um über posttraumatische Belastungen zu reden, persönliche Fragen zu stellen oder Erfahrungen auszutauschen. Das Stigma ist so intensiv, dass man keine Lust hat, Leute damit zu belasten. Außerdem erlebt es jeder anders: Posttraumatische Belastungen fühlen sich für verschiedene Leute verschieden an. Manche Veteranen leiden unter sehr schmerzhaften und belastenden Stresserfahrungen. Andere nicht. Und für wieder andere existiert die Krankheit vielleicht gar nicht. Irgendetwas anzunehmen ist falsch; es nährt nur das Klischee, dass alle Kriegsveteranen »gebrochene Männer« sind.

Venice Beach war ein einziger Zirkus. Josh, mein Freund Casey und ich bummelten die Strandpromenade hinunter und genossen die Attraktionen um uns herum: maskierte Einradfahrer, tätowierte Jongleure, massige Bodybuilder, leidenschaftliche Musiker, geschminkte Pantomimen. Als wir einmal stehen blieben, um einem Jongleur zuzusehen, blickte Fred fragend zu ihm auf und folgte mit den Augen jedem Ball, wie er hochstieg, wieder herunterfiel, auf und ab, und wartete darauf, dass mal einer zu Boden fallen würde. Wir beobachteten ihn dabei, wie er die Bälle beobachtete, und lachten. Es war ein herrlicher sonniger Tag. Palmen ragten über uns auf, die Berge blickten von fern zu uns herab, und der Pazifische Ozean glitzerte. Davon also, dachte ich, handeln all diese Kalifornien-Songs.

Casey und ich kannten uns von der Geheimdienstausbildung in Virginia Beach. Nach der Ausbildung hatten sich unsere Wege in Leatherneck noch einmal kurz gekreuzt, doch seither hatten wir uns nicht mehr gesehen. Allerdings gehört er zu den Jungs, die einem als Freunde fürs Leben erhalten bleiben. Es war leicht, an die alten Zeiten anzuknüpfen.

Neben der Uferpromenade entdeckten wir eine Rollschuhbahn, wo Leute um die Wette fuhren. Ein DJ spielte Hip-Hop, während ein Ansager die Namen der Skater ausrief, sobald sie an der Reihe waren. Wir standen daneben und guckten zu, wie die jungen Skater die Grenzen von Schwerkraft und Physik austesteten. Fred hockte nur still da und folgte den Skatern mit dem Kopf. Daheim in D.C. versuchte er meist, Skateboarder zu jagen und heulte und zerrte an seiner Leine. Hier aber schien er sie als nette Belustigung zu genießen. Einer der Skater ging direkt vor uns zu Boden, und Fred stieß ein hohes Jaulen aus, als wolle er »Autsch!« sagen. Mit dieser Reaktion heimste er sich beim ansonsten eher hartgesotten wirkenden Publikum ein paar Lacher ein.

Wir verbrachten eine Woche bei Casey und fanden es toll, mal wieder in den Genuss einer Klimaanlage zu kommen. Morgens ging ich mit Fred Gassi, dann stiegen wir zusammen auf die Dachterrasse, um die vom Ozean hereinwehende kühle Morgenbrise zu genießen, während ich eine Tasse frischen Kaffee trank. Von Casey aus kontaktierte ich auch noch einen anderen Menschen, den ich seit Afghanistan nicht mehr gesehen hatte: Top. Top lebte in Oceanside, nur etwa zwei Stunden weiter südlich, und lud uns ein, bei ihm vorbeizuschauen. Er hatte Fred seit dem Tag, als er mir half, ihn an Bord des Hubschraubers zu schmuggeln, nicht mehr gesehen. Ich konnte es kaum erwarten, die zwei wieder zusammenzubringen.

Top wohnte unmittelbar außerhalb von Camp Pendleton, dem Stützpunkt, wo ich direkt vor und nach meinem Einsatz stationiert gewesen war. Wir bogen in sein Viertel ein und kamen an großen Vororthäusern mit Marine-Corps-Fahnen auf den Eingangsveranden und Aufklebern mit »Adler, Globus und Anker« auf den Autofenstern vorbei. Tops Haus bildete keine Ausnahme. Vor dem Eingang war ein schwarzer Pick-up geparkt, und ich lächelte, als ich die rote Harley-Davidson daneben entdeckte.

Top trat aus der offenen Garagentür. Er sah noch genauso aus wie damals: breite Schultern und mächtige Gestalt, gegelte Haare und breites Grinsen. Er trug ein Harley-T-Shirt, Shorts und Flipflops.

»Hey, Jungs!«, brüllte er. »Wo ist denn unser Freund mit den kurzen Beinen, der immer sein zerkautes Seil auf meinem Schlafsack liegen ließ?«

Fred, der in diesem Moment aus dem Land Cruiser gesprungen war, hing an der straff gespannten Leine und zerrte hektisch. Ich ließ los, und sofort rannte er freudig jaulend auf Top zu. Und wedelte dabei mit dem Schwanz, dass der ganze Hund von der Schnauze bis zum Popo erbebte.

Top ging in die Hocke, und Fred rannte ihm direkt in die Arme, zitternd, sich drehend und wendend, bis Top ihn schließlich hochnahm und wie ein Baby in den Armen hielt. Der Hund leckte ihm das Gesicht und stieß die Nase in sein grau meliertes Haar.

Ich glaube nicht, dass irgendeiner von uns mit einer derartigen Reaktion von Fred gerechnet hatte. Fünf lange Jahre war es her, als er Top das letzte Mal auf der anderen Seite der Welt gesehen hatte. Trotzdem, das alles spielte keine Rolle. Für Fred war es, als sei seither kein Tag vergangen. Dabei mochte er es nicht mal, wenn man ihn hochnahm. Bei Top aber störte es ihn kein bisschen.

Top klemmte Fred in seine linke Armbeuge und kam dann zu Josh und mir. Er schüttelte Josh die Hand, stellte sich vor, dann zog er mich an sich und umarmte mich ungestüm.

»Gut, dich zu sehen, Bruder«, sagte er, ehe er mich wieder losließ. »Danke, dass du gekommen bist.«

»Und dich zu sehen, du kleiner Irrer, ist echt schön«, meinte er und betrachtete Fred. Die beiden strahlten derart über beide Backen, dass man von ihren Augen nur noch Schlitze sah.

Top führte uns durch die Garage ins Haus und erklärte, er habe im Hinterhof seinen Smoker mit Lachs und Schweineschulter für uns angeworfen. Während wir durch die Garage gingen, registrierte ich ein Squat Rack, einen Bierfasskühler und eine kultige Piratenflagge mit Totenschädel und gekreuzten Gewehren, auf der in gelben Lettern zu lesen stand: MESS WITH THE BEST, DIE LIKE THE REST.

Im Haus wurden wir von Tops Frau Tara begrüßt, die uns umarmte und willkommen hieß. »Wir freuen uns ja so«, sagte sie, und mit einem Lächeln in Tops Richtung fügte sie hinzu: »Er tigert schon den ganzen Tag hier rum und wartet auf euch.«

»Ich weiß schon, auf wen er wirklich gewartet hat«, meinte ich lachend. Fred war Top nicht von der Seite gewichen. Tara kniete sich auf den Boden und drückte Fred einen dicken Kuss auf den Kopf. »Danke, dass du dich um meinen Mann gekümmert hast, als er in deinem Land war. Ich bin ja so froh, dass du gesund und wohlbehalten hier angekommen bist.«

Durch die Glastür, die in den Hinterhof führte, guckten Tops eigene Hunde aufgeregt zu uns herein und pressten die Schnauzen an die Scheiben, um einen Blick auf uns zu erhaschen. Es waren drei: zwei große Schäferhund-Mischlinge und ein kleinerer. Ganz offensichtlich hatte es sich bei der wechselseitigen Anziehung zwischen Fred und Top in Sangin nicht um ein Missverständnis gehandelt. Top war ein Hundemensch.

Unsere Tecate-Biere in der Hand traten wir hinters Haus und überließen es den Hunden, sich einander vorzustellen – wie es nur Hunde können. Nach etwa einer Minute war offenbar eine Verständigung erreicht. Im Handumdrehen hatte sich Fred für Tops größten Hund, Sugar Bear, als neuen besten Kumpel entschieden. Sie begannen, hintereinander herzujagen, sich um die eigene Achse zu drehen, einander in die Beine zu zwicken.

Während die Hunde herumbalgten, wandte ich mich an Top und sagte etwas in die Richtung, dass ich seinen Smoker bewundere und mich schon aufs Essen freue. Er blickte mir in die Augen und meinte: »Ich heiße Mark. Mit Top hab ich nix mehr am Hut.« Seine Stimme verriet, dass er es ernst meinte und es sich gut überlegt hatte. Jeder Rang beim Marine Corps hat seinen eigenen Spitznamen, und der Master Sergeant heißt immer Top, weshalb wir ihn in

Afghanistan nie anders genannt hatten. Manche pensionierten Soldaten lassen sich auch nach ihrem Ausscheiden immer noch gerne ihrem Rang gemäß ansprechen – vielleicht, weil sie daran gewöhnt sind, weil sie nicht loslassen können oder sich an die guten alten Tage erinnern wollen. Top hatte mehr als zwanzig Jahre in Aufklärungseinheiten verbracht – was eine seltene und bemerkenswerte Leistung war und bedeutete, dass er sowohl von den »guten alten Tagen« als auch den damit verbundenen Schattenseiten genug gesehen hatte. Wenn er jetzt Mark genannt werden wollte, so hatte er bestimmt gute Gründe dafür.

Wir saßen draußen im Hinterhof, wobei Mark hin und wieder das Fleisch kontrollierte und wir alle bedächtig unser Bier schlürften. Es war wieder so ein perfekter südkalifornischer Tag: mild, mit strahlend blauem Himmel. Die Hunde jagten einander immer noch. Fred stand verwirrt vor der ins Haus führenden Hundeklappe. Er hatte so etwas noch nie benutzt, doch nachdem er Marks Hunde ein paarmal beobachtet hatte, wagte er tapfer den Sprung. Mit den kurzen Beinchen und dem langen Körper war er zwar nicht gerade geschaffen dafür, doch nachdem er sich einmal überwunden hatte, ging er ständig raus und rein und freute sich an seinem neuen Kunststückchen.

Als Fred dann müde wurde, kam er zu uns, setzte sich zu Marks Füßen und drehte den Kopf, um zu ihm hochzusehen. Und gleich sah ich Top und Fred wieder vor mir, allein im Kommandozentrum von Sangin, jener kleinen Lehmhütte, aus der eine riesige schwarze Antenne ragte. Jede Nacht, die wir auf Patrouille gingen, hockten sie da. Der Raum war eng und fensterlos, riesige Reissäcke säumten die Wände. Jemand hatte aus einer Holzbohle einen behelfsmäßigen Schreibtisch gezimmert, hinter dem Top saß. Die einzige Lichtquelle war der Schein des Toughbook-Laptops, auf dem Top eine Karte unserer nächtlichen Route überwachte, sowie das grüne Flackern der Lichter der CB-Funkgeräte. An bestimmten Kontrollpunkten funkten die Lieutenants Top immer an: »*Checkpoint Alpha*« oder »*Checkpoint Bravo*«, sagten sie dann, »*Nichts Neues zu berichten*«. Was Top stets mit »*Roger*« beantwortete. Und so ging es die ganze Nacht. Ich habe Top nie schlafen sehen. Hatten wir mal den Kontakt zu einer Patrouille verloren, so wusste er, wo er die schnelle Eingreiftruppe hinschicken musste. Wenn wir auf eine Sprengfalle traten, wusste er, wohin er die Sanitäter zu schicken hatte. Und während Top die Nacht durcharbeitete – ein großer Kerl, der über einen winzigen Tisch gebeugt auf seinen Bildschirm starrte –, hockte ein kleiner Hund auf seinem Stiefel.

Mark beugte sich nach unten und kraulte Fred die Ohren.

»Ich erinnere mich, dass ich dieses Bürschchen in Afghanistan mal dabei ertappt habe, wie es mir Trockenfleisch aus dem Rucksack stibitzte. Irgendwie hatte er es erschnüffelt. Bis ich ihn erwischte, steckte er mit dem ganzen Gesicht bis zu den Ohren in meiner Tasche«, erinnerte Mark sich lächelnd. »Ich war zu beeindruckt, um ihm richtig böse zu sein. Hab ihm damals die halbe Tasche überlassen.«

»Na ja, du warst mehr oder weniger sein persönlicher Vorgesetzter«, sagte ich und erinnerte mich, wie ich Top zum ersten Mal dabei überraschte, wie er Fred irgendwo auf dem Gelände kleine Bissen zusteckte. Manchmal, nachdem wir eine Lieferung frischer Notrationen bekommen hatten, rissen alle Jungs, auch ich, ungeduldig mehrere Packungen auf, schafften sie dann aber nicht alle. Top hasste es, wenn wir das taten: Es war die pure Verschwendung. Also sammelte er die Essensreste ein und bereitete daraus kleine Mahlzeiten für Fred. Einmal nahm er eine halbe Frikadelle und zerdrückte sie mit Nudeln in weißer Sauce. Was Fred natürlich liebte.

Dann kamen – eine nach der anderen – Marks drei Töchter von der Schule oder anderen Aktivitäten nach Hause. Alle waren im Highschool-Alter, die Älteste würde demnächst aufs College gehen. Wie Tara waren sie höflich und lebhaft, holten sich Stühle ins Freie, setzten sich zu uns und unterhielten sich mit uns. Als schließlich die ganze Familie daheim war und Mark das Fleisch für gar hielt, gingen wir ins Haus und versammelten uns zu einer richtigen Mahlzeit um den Esszimmertisch. Ich konnte mich nicht erinnern, wann ich mich das letzte Mal zu einem Familienessen an einen Tisch gesetzt hatte. Ich war dankbar, und es schmeckte köstlich.

Beim Essen erzählte ich den Mädchen, welche Ehre es für mich gewesen war, in Afghanistan an der Seite ihres Dads zu arbeiten. Er gehörte zu den Vorgesetzten, die nicht schreien oder toben mussten, damit die Leute ihnen gehorchten. Man folgte ihm, weil man sein wollte wie er, weil man in seiner Nähe sein und ihn nicht enttäuschen wollte. Außerdem wollte ich mich – ganz aufrichtig – bei ihm dafür bedanken, dass er uns in Afghanistan beschützt hatte. Seine kluge Führung und die von ihm für die Kompanie getroffenen Entscheidungen – etwa nur nachts zu patrouillieren, schwierige Querfeldeinrouten zu wählen und niemals dieselbe Route ein zweites Mal zu gehen – bewahrten uns vor größeren Schäden und Verlusten.

»Wir hatten wirklich Glück«, meinte Mark, bemüht, die ihm zugeschriebenen Verdienste herunterzuspielen. Nach unserem gemeinsamen Einsatz hatte sich Mark pensionieren lassen. Seinen Einfluss auf das Leben so vieler anderer Marines wie mir, den konnte ich nur erahnen.

Als wir an diesem Abend nach L.A. zurückfuhren, musste ich in der Stille des Wagens an Kyle in seiner verrauchten, düsteren Bude denken. Aus dem kurzen Zusammentreffen mit ihm und anschließend mit Mark hätte man leicht den Eindruck gewinnen können, dass Marks post-afghanisches Leben runder lief als das von Kyle. Doch ich wusste auch, dass wir nur einen Blick darauf erhascht hatten und es keine wirklich sichere Methode gab, um zu beurteilen, wie unsere beiden Kumpel ihre Kampferfahrungen verarbeiteten. War es hilfreich für Mark, dass er eine Familie und ein großes Haus hatte, oder machte das die Wiedereingewöhnung unter Umständen noch schwieriger? Half Kyles entspannter Lebensstil mit wenig Verantwortung ihm dabei, wieder in ein Leben nach der Armee hineinzufinden, oder fühlte er sich isoliert?

Ich hatte keine Antwort darauf. Bei jedem ist die Reaktion auf den Kampfeinsatz anders. Ich beispielsweise spürte nach meiner Heimkehr fast gar nichts mehr. Die Latte dafür, was mich aufregen oder berühren konnte, lag für mich seit Sangin unglaublich hoch. Ich hatte den Tod aus nächster Nähe erlebt und dabei gespürt, wie zerbrechlich das Leben war, während es mich gleichzeitig für die Gefühle der anderen irgendwie abstumpfte. »Hätte schlimmer kommen können«, wurde damals zu einem meiner Lieblingssprüche. Ich verbreitete mich nicht über meine Gefühle, weil ich gar nicht wusste, dass ich welche hatte. Ich lebte einfach weiter, ging zu meinem zehnjährigen Highschool-Treffen und sah die alten Freunde wieder. Tief drinnen schrie ein Teil von mir nach Hilfe, aber ich hörte gar nicht zu. Ich hatte *zu* viel, für das ich dankbar sein musste, um verkorkst sein zu dürfen. Ich war heimgekehrt und besaß noch sämtliche Gliedmaßen, einen tollen Hund und eine lustige Freundestruppe.

An der Front war unsere Haltung: Mit Ibuprofen und Wasser lässt sich alles kurieren. Wie die Marines in meiner Umgebung war ich ziemlich stolz. Und als ich dann heimkam, hatte ich keine Lust, mir sagen zu lassen, ich sei »krank« oder leide an posttraumatischem Stress. Ich wollte mich nicht als Opfer fühlen oder als solches behandelt werden. Ich wusste, dass PTS nichts mit Stärke oder Schwäche, mit ausreichender oder nicht ausreichender Willenskraft zu tun hatte. Trotzdem brauchte ich eine Weile, um auf die Stimme in meinem Innern zu hören und meinen Weg zu finden.

10. Leatherneck

Als der Hubschrauber in Leatherneck landete, halfen wir uns gegenseitig beim Aufstehen, und ich hob Fred, der noch im Seesack steckte, hoch und klemmte ihn mir vorsichtig unter den Arm. Es war seltsam, die Rampe runterzugehen und nicht rennen zu müssen. Der ebene Asphalt der Rollbahn war so fest und glatt, dass ich mich einen Moment lang wie benommen fühlte, so als betrete ich nach einem Monat auf See das erste Mal wieder festen Boden. Die Sonne strahlte am Himmel, und während wir das Flugfeld überquerten, blies der von den Rotoren erzeugte Wind den Staub aus unseren Uniformen.

Es gab einen riesigen Willkommensempfang gleich auf dem Flugplatz, und zwar mit Pizza und kalter Gatorade. Seit Wochen hatte ich nichts Kaltes mehr getrunken, würde mich aber dennoch etwas gedulden müssen. Mit meinem vierbeinigen Schmuggelgut unterm Arm setzte ich mich von den anderen Jungs ab, duckte mich hinter eine Reihe von HESCO-Barrieren, riesigen mit Schutt gefüllten Drahtkörben, die das Flugfeld säumten, und peilte die Straße an, auf der Sergio hoffentlich gleich gefahren kam.

Hinter den Barrieren kniend starrte ich besorgt in die Ferne. Fred zitterte und wand sich in der Tasche. Ich zog den Reißverschluss auf und ließ ihn herausspitzen. Er schnupperte ein wenig, blinzelte in die heiße Sonne und sah sich bibbernd um.

Als ich Monate zuvor zum ersten Mal auf dem Stützpunkt gewesen war, hatte mich allein die Größe von Leatherneck schier erschlagen. Es gab mindestens drei verschiedene Kantinen, ein Feldlazarett, mehrere Ambulanzen, eine Post und Zeile um Zeile von Bürogebäuden, Zelten und Kasernen. Das Camp war groß genug, um darauf rumzufahren und sich zu verirren. Es gab auch vier hochmoderne Fitnessstudios – was wichtig war. Marines stört es nicht, auf dem Boden zu schlafen, aber sie brauchen einen schönen Fitnessraum. Es gab eine riesige Internet-Lounge, wo man einen Kaffee bekam und Videospiele wie *Call of Duty* spielen konnte – Sie wissen schon, falls man mal ein bisschen mehr »moderne Kriegsführung« in seinem Leben brauchte. Darüber hinaus war Camp Bastion, der von den Briten geführte Stützpunkt samt Flugfeld, mit Leatherneck verbunden. Bastion, das war, wo all die Helikopter, Ospreys und Drohnen einflogen und starteten. Das ganze Gelände war derart ausgedehnt, dass man beinahe vergessen konnte, dass man sich in Afghanistan befand.

In Leatherneck fühlte man sich ziemlich sicher. Man konnte sich frei bewegen. Man sah zivile Dienstleister, die von Gebäude zu Gebäude gingen, und Marines, die in zivilen Fahrzeugen herumfuhren. Man war gehalten, stets sein Gewehr mit sich zu führen, ungeladen zwar, aber mit einem Magazin in der Tasche, für alle Fälle. So wie die Jungs sie allerdings mit sich rumtrugen, hätte man sie eher für Yogamatten als für Waffen halten können. Manche überklebten, wegen des Staubs, weil sie den Reinigungsaufwand scheuten, sogar ihre Magazinschächte.

Viele Marines verbrachten ihren gesamten Einsatz auf Leatherneck. Wenn man im Versorgungsbereich tätig oder Geheimdienstanalyst war wie viele der Typen, mit denen

Craig und Fred in Afghanistan

Ein Schläfchen geht immer und überall

Auf der Autozeitschrift liegt sichs gut

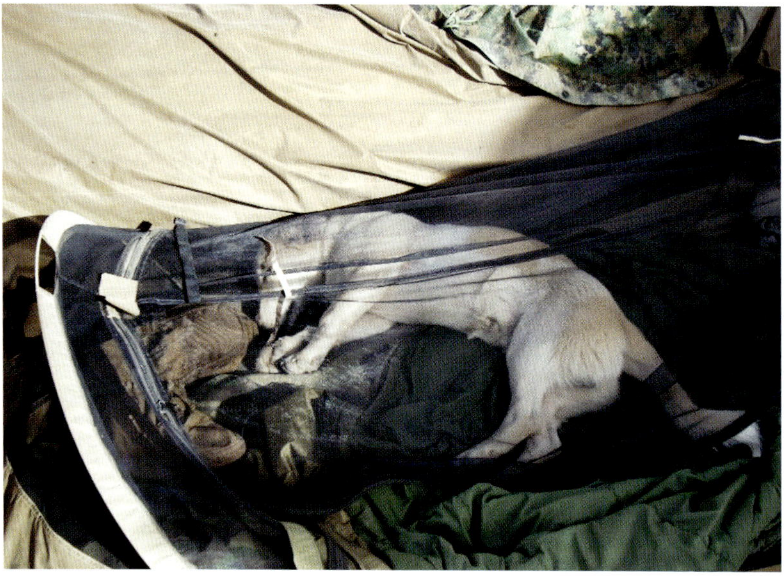

Fred schläft im Moskitonetz

raig kümmert sich um Fred in Afghanistan

Fred fliegt nach Hause

Craig und Fred unterwegs

lles bereit für die große Reise

Camping am Strand von Coos Bay, Oregon

raig und Fred vor dem Grand Canyon

Fred in Maine mit Ruby

Fred und Nora

ich arbeitete, war Leatherneck höchstwahrscheinlich das einzige Stück Afghanistan, das man je zu Gesicht bekommen würde. Jeder Job zählte, doch ich war dankbar, dass ich so viel Zeit an der Front hatte verbringen dürfen.

Schließlich erspähte ich hinter den HESCOs hervor einen kleinen schwarzen Toyota-Pick-up, der eine Staubwolke hinter sich herziehend die Schotterpiste entlanggehoppelt kam. Das mussten Sergio und Mac sein. Als der Toyota näher kam, entdeckte ich Sergio hinterm Steuerrad und daneben McGuire mit seinem überdimensionierten Cowboy-Grinsen. Sie schickten sich an, neben meinem Versteck rechts ranzufahren, und noch ehe sie hielten, packte ich Fred und schwang ihn und mich auf die Ladefläche.

Der Dieselmotor ächzte, während Sergio den Gang wechselte, und wir schlingerten voran, rasten vom Flugfeld fort in Richtung unserer Kasernen am anderen Ende der Base. Ich zog den Reißverschluss des Seesacks nun ganz auf und ließ Fred heraus. Während wir die Straße hinunterholperten, hielt er nur mühsam das Gleichgewicht. Ich schmunzelte, als ich daran dachte, dass er schon in einem Helikopter geflogen war, ehe er je ein Auto bestiegen hatte.

»Siehst fertig aus, Mann!«, brüllte Sergio aus dem Führerhaus, grinste und reichte mir eine Wasserflasche. Ich nahm einen Schluck und war erschüttert, wie seltsam es sich anfühlte, etwas Kaltes zu trinken. Ich fand einen Plastikbecher, der hinten im Truck herumrollte und goss auch für Fred etwas ein.

Leatherneck wuchs und veränderte sich ständig. Als ich aus Trek Nawa zurückgekommen war, fiel mir auf, dass während meiner Abwesenheit ein Pizza Hut eröffnet hatte. Die ganze Siedlung schien sich von Tag zu Tag weiter auszudehnen. Diesmal entdeckte ich auf unserer Fahrt zu den Kasernen einen Komplex längs der Straße, der bei meiner

Abreise noch nicht dagewesen war. In leuchtend roten Buchstaben auf gelbem Hintergrund verkündete ein kleines Schild neben dem Eingang: DHL.

Sergio hielt neben unserer Unterkunft. Die langen weißen Trailer waren mit Stockbetten bestückt und beherbergten jeweils um die zehn Soldaten. Unser war momentan ziemlich leer, was Fred und mir zugutekam. Außerdem wusste ich, dass ich mich auf meine Kameraden verlassen konnte.

Ich setzte Fred auf meinem Bett ab.

»Sieh mal, Freddy, dein erstes Bett«, sagte ich. Und beeindruckt rollte sich der schmuddelige Vierbeiner seufzend und schläfrig blinzelnd sofort darauf zusammen.

Sergio, Mac und ich standen herum und starrten auf ihn hinunter. Die Jungs lachten, ich auch. Da hatten wir nun also einen Hund in unserer Unterkunft. Nachdem wir uns einige Minuten unterhalten hatten, meinte Mac: »Hey, Mann, geh duschen. Wir bleiben solange bei ihm.« Das war seine höfliche Art, mir mitzuteilen, dass ich stank wie eine gärende Müllkippe.

Das Wasser war unglaublich. Ich drehte es auf größtmögliche Hitze, stellte mich unter die Brause und ließ mir von seinem Druck den Sand aus den Haaren spülen. Braune Brühe sammelte sich zu meinen Füßen. Anschließend schabte ich mir die Bartstoppeln ab und schlüpfte in eine frische Tarnuniform. Die gestärkte Hose war so sauber, dass sie sich steif und ihre Schwere sich fremd auf meinen Schenkeln anfühlte.

Den Rest des Nachmittags verbrachten wir mit Fred im Trailer. Mac brachte uns was zu essen aus der Kantine, und wir guckten uns ein paar Filme auf meinem Laptop an. Ich fand ein Stück Seil und nahm mir vor, es als Leine für Fred zu verwenden. Und sobald es richtig dunkel wurde, stand

Mac Schmiere, während ich den Hund nach draußen begleitete.

»Also mein Hund zu Hause, der hätte inzwischen wahrscheinlich in meine Stiefel gepinkelt!«, witzelte Mac, als er die Tür für uns öffnete.

Die Nacht war kühl und klar. Unsere Wohneinheit befand sich am Ende der Reihe, sodass wir nicht weit gehen mussten, bis wir hinter HESCO-Wänden verschwinden und in ein Feld wandern konnten, das gute Deckung bot. In der Nacht fuhren kaum Leute herum. Fred war ruhig; er wehrte sich weder gegen die Leine, noch gab er einen Laut von sich. Im Dunkeln schien sich sein weißes Fell fast leuchtend von der mondbeschienenen Erde abzuheben. Ich beobachtete, wie er mit gesenkter Schnauze am Boden herumschnüffelte und Plätze zum Markieren suchte. Sobald er fertig war, gingen wir sofort wieder hinein. Manchmal hatte ich bei Fred das Gefühl, als wisse er genau, was Sache sei. Er war einfach kooperativ.

Als ich in dieser Nacht mit dem Hund zwischen den Knien im Bett lag, fühlte ich mich unruhig und konnte nicht schlafen. Nach einer zweiwöchigen Pause im Feldlager würde ich nach Sangin zurückkehren. Für Fred tickte die Uhr. Ich musste ihn rausschaffen, bevor ich an die Front zurückkehrte. Die DHL-Niederlassung, die ich auf der Herfahrt gesehen hatte, fiel mir wieder ein. Wahrscheinlich hatte man die Logistikfirma sich hier ansiedeln lassen, um die wachsenden kommerziellen Versandanforderungen in Leatherneck zu erfüllen. Eine Poststelle, die mit Militärangehörigen besetzt war, hatten wir bereits, doch dort wurden meist Feldpost und Care-Pakete abgefertigt. DHL dagegen war ein selbständiges Unternehmen. Anstelle von Militärpersonal hatten sie ihre eigenen zivilen Mitarbeiter, genau wie viele andere Einrichtungen des Feldlagers, die von Kantinen bis zu Bauprojekten reichten. Und Zivilisten als Helfer zu gewinnen, erschien mir sicherer, als wenn ich andere Marines in die Sache hineingezogen hätte. Zwar wimmelte es im Camp von Militärpolizisten, doch die Gebäude der zivilen Dienstleister hatten die irgendwie nicht auf dem Radar. Wenn Fred nach Hause verschickt werden sollte, dann war DHL sein Ticket nach draußen.

Nachdem ich Fred am nächsten Morgen in der Unterkunft verstaut hatte, fuhr ich vor dem DHL-Gelände vor. Das ganze Areal war von einem vier Meter hohen, unter grünem Netzgeflecht verschwindenden Maschendrahtzahn umgeben. Ich ging zum Tor, das zwar geschlossen, aber nicht abgesperrt war. Ich schob es so weit auf, dass ich mich hindurchzwängen konnte.

Der Ort wirkte verlassen. Ein Gabelstapler parkte unbesetzt direkt neben dem Tor. Hinten standen ein paar Trailer friedlich in einer Reihe – wahrscheinlich die Schlafquartiere. An einem davon lehnte ein kleines gelbes Schild, auf dem in roten Buchstaben »Büro« zu lesen stand. Ohne große Erwartungen steuerte ich darauf zu.

Ich klopfte an die Tür, und sie schwang auf. Direkt dahinter stand ein billiger, wacklig wirkender Schreibtisch mit Computerbildschirm und Tastatur. Unter dem Tisch hervor ertönte eine männliche Stimme mit heftigem, vermutlich ugandischem Akzent. »Kommen Sie rein!«, sagte er, während er die Hand über den Kopf hob und winkte.

Ächzend rappelte der DHL-Angestellte sich hoch und wischte sich mit einem weißen Handtuch über die Stirn. Ohne mich anzusehen, drückte er, unablässig mit dem Fuß wippend, den Zeigefinger auf den Ein/Aus-Schalter, bis der Computer surrend zum Leben erwachte. Zufrieden lächelnd wandte er sich mir schließlich zu.

»Ja, Sergeant, was kann ich für Sie tun?«, fragte er.

»Bitte«, sagte ich, »nennen Sie mich doch Craig.«

Der Mann lächelte und nickte, während er mit ausgestreckter Hand um den Schreibtisch herumkam.

»Okay, Craig. Ich bin Tinashe. Freut mich, Sie kennenzulernen. Und was kann ich für Sie tun?«

Tinashe war etwa eins fünfundsiebzig groß und wohl in seinen Vierzigern. Er besaß eine Glatze, glattrasierte Wangen und dunkle Haut. Mit seinem blauen DHL-Polohemd, das er in den Gürtel seiner Khakihose gesteckt hatte, sah er gut aus und lächelte wohlwollend.

»Ich wollte eigentlich etwas verschicken, aber so wie's aussieht, seid ihr noch nicht in Betrieb«, meinte ich und ließ den Blick durch den Raum schweifen.

Tinashe grinste noch breiter und meinte: »Oh, machen Sie sich deswegen keine Gedanken, mein Freund! Binnen vierundzwanzig Stunden wird hier alles auf Hochtouren laufen. Hier geht alles ganz schnell, dafür sorge ich. Was wollen Sie denn versenden?«

Ich atmete rasch durch und versuchte, ruhig zu klingen. »Wenn jemand einen Hund hätte – also ganz hypothetisch –, wäre das etwas, das Sie befördern könnten?«

Tinashe sah mich an, ohne dass ihm sein Lächeln auch nur eine Sekunde verrutschte. »Wie groß ist denn dieser Hund?«, fragte er und verschränkte die Arme vor der Brust.

»Oh, ich war nur neugierig, ob –«, begann ich, doch Tinashe brach in Gelächter aus und schnitt mir damit das Wort ab.

»Bringen Sie ihn her! Ich will diesen Hund kennenlernen!«, sagte er.

»Okay, Mann«, meinte ich kapitulierend. »Ich bringe ihn morgen vorbei.«

»Ich kann Ihnen zwar nichts versprechen«, sagte er, »aber ich versichere Ihnen, ich werde tun, was ich kann.«

Am folgenden Morgen schmuggelte ich Fred als Erstes in den Pick-up, wobei ich ihn zwang, auf der Beifahrerseite am Boden zu sitzen. Wir fuhren Richtung DHL und passierten dabei vorsichtig einen vor der Kantine parkenden SUV der Militärpolizei.

Als wir durch das Tor der Anlage bogen, registrierte ich entsetzt, dass sie sich völlig verändert hatte. Es war, als sei das gesamte Gelände zum Leben erwacht. Der Gabelstaplerfahrer hob eine Palette von Wasserflaschen auf einen Pritschenwagen. Tinashe stand, Klemmbrett in der Hand, im selben blauen Polohemd da und erteilte den umherlaufenden Arbeitern Befehle. Als er mich entdeckte, winkte er mich auf einen Parkplatz neben dem Büro.

Inzwischen war Fred auf den Beifahrersitz gesprungen, und sobald Tinashe einen Blick auf ihn erhaschte, strahlte er. Er ging rüber auf Freds Seite und öffnete ihm die Tür.

»Nun schau dir das ulkige Kerlchen an! Sie haben mir nicht verraten, was für ein attraktiver Bursche er ist!«, meinte Tinashe, als Fred auf den staubigen Boden herunterpurzelte und aufgeregt um Tinashes Füße hüpfte.

Wir betraten das gleiche Büro wie am Vortag, und Tinashe reichte mir einen Ausdruck.

»Das ist eine Liste der Formulare, die Sie benötigen werden, um den hier nach Hause zu verfrachten«, meinte er und beugte sich hinunter, um Fred hinter den Ohren zu kraulen. »Apropos, wie heißt er eigentlich?«

»Oh, sorry – das ist Fred«, gab ich Auskunft.

Tinashe brach in Gelächter aus.

»Fred!«, prustete er. »Fred der Afghane mit dem amerikanischen Freund!«

Auch ich musste lachen. Ein paar der DHL-Arbeiter

kamen herein, um nachzuschauen, was denn da los war. Einer von ihnen stellte sich als Peter vor, und wir kamen ins Gespräch. Peter stammte von den Philippinen und war in Afghanistan, um Geld zu verdienen und es seiner Familie nach Hause zu schicken. Die meisten seiner Kollegen, erklärte er, seien ebenfalls Filipinos. Auf den Philippinen waren gutbezahlte Jobs rar, und Peter war um die halbe Welt gereist, um seine Lieben zu ernähren. Auf den meisten mir bekannten Militärbasen bestand das Personal aus Drittstaatlern wie Tinashe und Peter. Sie waren Leute aus einem Land wie den Philippinen, die in einem anderen Land wie Afghanistan arbeiteten, und zwar für ein Unternehmen aus einem dritten Land wie dem aus den USA entsandten Paketdienst DHL. Während meiner Zeit in Guantanamo waren die meisten Drittstaatler auf dem Stützpunkt Jamaikaner gewesen. Mit einigen der Typen, die die Busse fuhren, freundete ich mich an. Vor meiner Abreise tauschten wir T-Shirts: Ich schenkte ihnen T-Shirts meiner Einheit, sie revanchierten sich mit ihren Arbeits-T-Shirts. Ich hatte einen Heidenrespekt davor, welche Opfer sie brachten, um zu überleben und ihre Familien daheim durchzubringen.

Tinashe deutete auf eine riesige Tabelle an der Wand. Es handelte sich um eine ellenlange Liste von Dingen, die nicht verschickt werden durften – meist Dinge, bei denen sich das von selbst verstand, wie Granaten, Gewehre, Munition, gebrauchte Patronen.

»Von lebendigen Tieren steht hier nichts, mein Freund«, meinte er mit breitem Grinsen.

Ich war Tinashe dankbar, war überwältigt von seiner Hilfsbereitschaft. Begeistert bedankte ich mich bei ihm, und Fred und ich fuhren zurück zum Trailer.

In unserem Zimmer verließ mich dann der Mut. Tinashes Liste war lang und beinhaltete Formulare, die fast unmöglich aufzutreiben schienen, wie etwa serialisierte Zollformulare oder tierärztliche Bescheinigungen in mehrfacher Ausfertigung, von denen eine den Nachweis einer Tollwutimpfung sowie einer dreißigtägigen, von einem Veterinär überwachten Quarantäne erforderte. Wie zum Teufel sollte ich an so was herankommen?

Ich zog mein Satellitentelefon heraus und rief Sarah an, doch sie ging nicht ran. Nervös hinterließ ich ihr eine lange weitschweifige Sprachnachricht, in der ich ihr jedes der benötigten Formulare beschrieb und sie bat, doch in Erfahrung zu bringen, ob sie sie beschaffen und mir mailen konnte.

Ich blickte auf Fred, der auf dem Bett hockte. Er erwiderte meinen Blick mit hochgezogener Braue, als frage er mich: »Und was nun?«

Während der nächsten paar Tage stand ich in ständigem Mail-Kontakt mit Sarah, die daheim in den Staaten alle möglichen Telefonate machte, um jemanden zu finden, der eine Ahnung hatte, wie man ein lebendes Tier von Afghanistan in die Vereinigten Staaten verschifft bekam. Inzwischen wurde es immer stressiger, Fred in der Unterkunft zu verstecken. Es gab Gerüchte, dass die Räume inspiziert werden sollten. First Sergeants schauten vorbei und suchten nach Alk und anderer Schmuggelware, vergewisserten sich, dass unsere Zimmer sauber und die Betten gemacht waren. Normalerweise hätte mich das nur angekotzt – schließlich waren wir nicht mehr in der Grundausbildung –, aber mit Fred in unserem Zimmer graute mir regelrecht davor. Es gab keine Schlösser an der Tür; jeder konnte jederzeit hereinplatzen.

Nachdem wir Fred ein paar Tage versteckt hatten, dachte ich, *ich pack das nicht mehr, sie werden mich schnappen.* Ich ging rüber zum Gelände der Kampfmittelbeseitiger und redete mit Matt und Dave, die gesagt hatten, sie wollten mir helfen, ihn zu verstecken. Ihre Anlage lag weiter von den belebten Gegenden in Leatherneck entfernt, und ihr Kommando war etwas laxer als unseres. Wir waren uns einig, dass es leichter sein würde, Fred dort zu verstecken, und ich brachte ihn noch am selben Abend zu ihnen.

Als ich allerdings das nächste Mal mit Sarah telefonierte, dämmerte mir allmählich, dass Freds Versand in die Staaten mehr Zeit kosten würde, als ich mir vorgestellt hatte. Mit den Formularen hatte sie immer noch kein Glück gehabt, und sobald sie welches hatte, würde es immer noch dauern, bis sie da waren. Die Tage verstrichen. Ich begriff, dass es fürs Erste nicht mehr darum ging, Fred heimzuschicken, sondern auf irgendeine Weise für seine sichere Unterbringung zu sorgen, während ich zu meinem nächsten Einsatz aufbrach. Mir graute beim Gedanken, ihn allein in Leatherneck zurückzulassen, doch ich hatte keine andere Wahl.

Der sicherste Ort in Leatherneck war wohl bei den Zivilisten. Falls Sergio oder Mac Fred wochenlang in der Kaserne verstecken mussten, war es nur eine Frage der Zeit, bis man sie erwischte. Das Gleiche galt für die Kampfmittelbeseitiger. Außerdem war sowohl Daves als auch Matts Einsatz zu Ende. Sie flogen nach Hause. Je länger ich darüber nachdachte, umso klarer wurde mir: Ich musste Tinashe fragen, ob er Fred auf dem DHL-Gelände verstecken konnte.

Eines Tages nach Einbruch der Dämmerung setzte ich Fred in den Pick-up und fuhr mit ihm zu DHL. Die untergehende Sonne und der Wüstendunst färbten den Himmel gelb im letzten Tageslicht. Wir hielten vor der Anlage, sprangen aus dem Wagen und fanden Tinashe im Büro.

Die Worte sprudelten nur so aus mir heraus.

»Tinashe, ich habe ein Problem. In einer Woche geht's bei mir wieder los. Ich werde für 'ne Weile – etwa einen Monat lang – weg sein, und ich weiß nicht, was ich mit Fred anfangen soll. Wir haben versucht, ihn zu verstecken, aber wenn wir auffliegen, schläfern sie ihn ein«, sagte ich. »Meine Schwester kümmert sich um die Zollformulare, aber sie braucht mehr Zeit ...«

Tinashe, der Fred getätschelt hatte, richtete sich auf und legte mir die Hand auf die Schulter.

»Mein Freund, habe ich Ihnen nicht gesagt, ich tue, was ich kann? Solange Sie weg sind, bleibt Fred bei mir. Das ist ein ganz besonderer Hund, und ich will meinen Teil dazu beitragen, dass er sicher nach Amerika kommt.«

Wie er das sagte, klang es, als sei jegliche Erklärung überflüssig. Ich umarmte ihn. Tinashe ging hinaus und entwickelte mit kolibrihafter Geschwindigkeit einen Plan. Er hob einen langen Spanngurt auf. »Hier«, sagte er und band ihn an einen Metallpfosten. »Tagsüber, während wir arbeiten, kann Fred hierbleiben.«

Peter und ein paar von den Jungs erschienen. Ihr Arbeitstag war vorbei, sie hatten Feierabend. Hinter dem Büro, vor den aufgereihten Trailern, standen auf einem Klapptisch mehrere Schongarer. Es war Essenszeit, und als sie die Neuigkeit über Fred erfuhren, brachten sie ihm einen Teller mit Huhn und Reis.

Jeder von uns kam aus einem anderen Land – ja sogar anderen Kontinent –, doch da waren wir nun, mitten in der afghanischen Wüste, zusammengeführt von diesem kleinen Köter. Wir waren alle Fremdkörper hier und versuchten, unter diesen seltsamen Umständen zu überleben. Diese Jungs mussten mir nicht helfen, doch sie taten es. Und ihre Großzügigkeit beschämte mich.

Während ich mich davonstahl, zum Pick-up zurückeilte, davonfuhr, nahm Fred das alles kaum zur Kenntnis. Er wusste, dass man sich dort bestens um ihn kümmern würde, und war glücklich.

Die zwei Wochen in Leatherneck hatten sich nicht mal wie eine angefühlt. Abgesehen von Freds Unterbringung musste ich mich auch noch auf die nächste Mission vorbereiten und Stunden um Stunden mit Sergio im Geheimdienstbüro hocken, während er mich briefte, worauf ich mich diesmal seitens der Taliban einzustellen hatte.

Geplant war, einige Meilen nördlich der Stelle unseres letzten Einsatzes wieder reinzugehen und die Vertreibung der Taliban entlang des Highway 611 fortzusetzen. Unser Ziel war es, eine Patrouillenbasis zu errichten, die als quasi-permanente Einrichtung entlang des Highways dienen und die Gegend sichern sollte, damit die Ingenieure sich langsam in Richtung Staudamm vorarbeiten konnten.

Je weiter wir nach Norden kamen, umso schmaler wurde die Grüne Zone, abgeschnitten von einer ostwärts verlaufenden Biegung im Fluss Helmand. Es war eine Art Flaschenhals, ein schmaler Streifen Grüner Zone, auf dem es vor Taliban nur so wimmelte. Aufgrund unserer Erfahrungen in Sangin sowie unserer Drohnenaufklärung, mit der wir Bewegungen von Kämpfern verfolgten, wussten wir, dass die Taliban von dieser Gegend im Norden heruntergependelt kamen, um uns tagsüber anzugreifen und sich nachts wieder zurückzuziehen. Nach unserer Exfiltration überwachten wir das Gebiet mit unseren Drohnen und sahen, wie sich die Taliban dort völlig ungezwungen, ohne Rücksicht auf Verluste, ohne Angst umherbewegten. Sie überfielen die Häuser von Dorfbewohnern und patrouillierten die Gegend mit Kalaschnikows. Es war fast, als seien wir nie dort gewesen. Es war beunruhigend. Diesmal aber würden wir sie wirklich überrumpeln.

Bei meinen ersten Einsätzen freundete ich mich – weil ich als nachrichtendienstlicher Informationssammler das einzige Kompaniemitglied mit Spezialaufgabe war – am Ende meistens mit anderen Helfern an, wie etwa unserem Dolmetscher Ali, der sogar einen Arbeitsvertrag hatte, oder Matt und Dave. Ali brach gerade zu seinem nächsten Einsatz auf, Dave und Matt aber waren bereits seit acht Monaten in Afghanistan und wollten nach Hause. Ein neues Kampfmittelbeseitigungsteam, Justin und Ysa, war gerade im Land eingetroffen, um die beiden zu ersetzen.

Ich begegnete ihnen in der Nacht unserer neuerlichen Infiltration. Es hatte sich schon ein ganzer Haufen samt Ausrüstung auf dem Flugplatz eingefunden und riss Witze und schlug die Zeit tot. Ich erzählte, wie ich mal mit einem der britischen Marinesoldaten in Sangin eine Zigarre geraucht hatte und mir genau in dem Moment, als wir zu einer Patrouille aufbrachen, kotzübel wurde. Die ganze Nacht über hatte ich dann den Dorfbewohnern mit vollgekotzter Uniform gegenübertreten müssen.

Alle lachten, und als Justin und Ysa zu uns stießen, drehte ich mich um, um mich vorzustellen.

»Hey, Jungs. Ich bin Craig«, sagte ich. Titel und militärische Formalitäten ließ ich gern weg, um die Leute ein wenig zu überrumpeln und auf ihre Reaktionen zu testen.

Justin war etwa so groß wie ich, kräftig gebaut, gut in Form und mit Riesenpranken. Man sah sofort, dass er ein unerschütterliches Selbstvertrauen besaß. Ich wusste, dass er Staff Sergeant war, doch er stellte sich genauso vor, wie ich es getan hatte, und nannte lediglich seinen Vornamen. Nachdem wir uns die Hand geschüttelt hatten, schien er meinen lässigen Ton aufzugreifen, um sich nach Fred zu erkundigen.

»Du bist doch der, der beim letzten Einsatz einen Hund in einem Seesack rausgeschmuggelt hat, oder?«

Offenbar hatte sich Dave bei Operation Fred verplappert. Justin war ein Neuer – so leicht konnte ich ihn nicht vom Haken lassen, also wechselte ich das Thema.

»Du kommst doch aus Pittsburgh, Alter, oder? Den Akzent würd' ich überall raushören, verflixter Yinzer.«

Sofort verzog Justin das Gesicht zu einem Grinsen. Ich erzählte ihm, dass meine Verwandtschaft väterlicherseits aus einer Kleinstadt bei Pittsburgh stammte. Und jedes Mal, wenn mein Vater »Haus« sagte, klang es wie »Hass.« Ich hatte diesen westpennsylvanischen Akzent schon eine ganze Weile nicht mehr gehört, aber immer noch ein Ohr dafür.

Und um Ysa nicht zu kurz kommen zu lassen, machte ich mich über seinen Namen lustig. »Y-S-A?« sagte ich und ließ es in alberner Betonung wie *why-ess-ay* klingen. Ysa – dessen Name tatsächlich wie *Iisa* ausgesprochen wird – war genau wie Justin sofort völlig locker. Er war etwas kleiner als Justin und Mexican-American aus einer texanischen Kleinstadt, charakterlich aber so groß wie der Bundesstaat selbst.

»Hört mal, Jungs. Ich und Dave waren befreundet«, sagte ich. »Die RECON-Leute sind toll, aber sie bilden nun mal ihren eigenen Verein. Wir sollten zusammenhalten.« Justin und Ysa besaßen zwar mehr Kampferfahrung als ich, doch es war ihr erster Einsatz in Sangin.

»Okay – lasst uns Freunde sein«, meinte Ysa lächelnd, und sie schleppten ihre Ausrüstung zu mir, damit wir sie gemeinsam in den Hubschrauber laden konnten.

Als die Sonne am staubigen Horizont versank, verspürte ich einen Augenblick lang Frieden. Fred befand sich in Sicherheit. Sarah würde mit Sicherheit eine Möglichkeit auftun und die benötigten Formulare auftreiben. Und ich war von einem guten Team von Jungs umgeben und machte einen Job, den ich liebte. Auch wenn es mir damals nicht klar war, dieser Moment markierte die Ruhe vor dem Sturm. Während das Licht am Himmel allmählich verblasste, marschierten wir über den Asphalt und bestiegen die Helikopter für den Rückflug nach Sangin.

11. Wildnis

An unserem letzten Abend in Los Angeles gaben Jen, eine alte Freundin aus Highschool-Tagen, und ihr Mann Barry eine kleine Party in ihrem Haus in Echo Park. Das letzte Mal gesehen hatte ich Jen vor etwa fünfzehn Jahren bei ihrer Abschlussfeier. Seit damals hatte sie über soziale Medien den Kontakt gehalten und mir geschrieben, dass sie Fred wahnsinnig gern kennenlernen würde. Als wir bei ihnen eintrafen, kam es mir vor, als sei keine Zeit vergangen.

Jen und Barry waren großartige Gastgeber an diesem Abend. Barry grillte im Hof Schwertfisch, Oktopus und Gemüse und servierte selbstgemachte Salsa, während Jen zwischen den Gästen umherging, uns ihren Freunden vorstellte und dafür sorgte, dass wir uns wie zu Hause fühlten.

Irgendwann, als ich mit Jen in der Küche stand, überraschte sie mich damit, dass sie meine Ansprache an die Klasse vom Ende unseres letzten Schuljahrs noch immer im Gedächtnis hatte.

»Du hast davon gesprochen, dass wir uns anfangs in der Highschool so aufgebrezelt und total angestrengt haben, weil wir dazugehören und cool wirken wollten«, sagte sie. »Am Ende aber hätten wir uns alle ganz wohl gefühlt in unserer Haut und begonnen, in Jogginghosen und T-Shirts in die Schule zu kommen wie früher als Krabbelkinder auf dem Spielplatz.«

Ich lachte. Sie hatte recht. Ich hatte einfach zum Ausdruck bringen wollen, wie sehr wir doch in diesen vier

Jahren zusammengewachsen waren – und wie sehr wir uns selbst gefunden hatten. Damals waren wir vor allem nervös und aufgeregt wegen des Schulendes und wollten einfach nur feiern, den Sommer genießen und in unsere Zukunft starten. Ich war beeindruckt und irgendwie auch geschmeichelt, dass sie sich überhaupt noch daran erinnerte.

»Du hast echt eine Gabe, Menschen positiv zu beeinflussen«, fügte Jen herzlich hinzu. »Das solltest du nie vergessen. Ich muss immer wieder an deine Rede denken.«

Ich war gerührt. Natürlich dachte ich mir, dass Jen sich an mein junges Schüler-Ich erinnerte, den Menschen, der ich vor all den Jahren gewesen war. Einer, der charismatisch, wohl behütet, unbelastet war. Es war, als würde Jen mir einen Spiegel vorhalten, und ich erblickte mich darin, wie ich mich schon lange nicht mehr gesehen hatte. War ich immer noch dieser Mensch?

Jen – so mein Eindruck – war gar nicht so überrascht, dass ich es geschafft hatte, Fred aus Afghanistan herauszuholen. In der Highschool umging ich gern Vorschriften, fand überall Schlupflöcher und freundete mich unterdessen mit allen an, die mir über den Weg liefen. Wenn Leute sich wohl fühlten und ich sie zum Lachen bringen konnte, blühte ich auf.

Bei den Marines wurden keine Regeln umgangen. So hatte ich es gewollt und bekommen. Natürlich gab es auch hier was zu lachen, doch in vielerlei Hinsicht hatte mir der Einsatz in Afghanistan den Wind aus den Segeln genommen. Manchmal hatte ich das Gefühl, als würde ich mich noch immer davon erholen.

Seit ich allerdings Fred kannte, hatte der es immer wieder fertiggebracht, mich an das Kind in mir zu erinnern. Das kann wohl auch nur ein Hund. Fred war von Haus aus sorglos und selbstbewusst. Er lebte im Augenblick. Ja, er sah sogar aus, als lächle er. Nach unserer Heimkehr half er mir in einer besonders schwierigen Zeit, genau diese Eigenschaften in mir wiederzubeleben. Das geschah nicht ständig und auch nicht auf einen Schlag, sondern in winzigen Schritten. Nicht immer spürte ich es, an diesem Abend aber erinnerte Jen mich daran. Und ich empfand Dankbarkeit.

Als sich unsere Zeit in L.A. ihrem Ende zuneigte, ließen Josh, Fred und ich den Pazifik links liegen und fuhren die Küste hoch Richtung Norden. Nach zehn Tagen an einem Ort fühlte es sich ein bisschen so an, als würden wir eine ganz neue Reise antreten, und wir freuten uns auf das, was vor uns lag. Während die Stadt hinter uns zurückblieb, kurvten wir hingerissen von der Aussicht den Pacific Coast Highway entlang. Das Wasser war atemberaubend blau, kühle Meeresluft wehte über die Klippen herauf und strömte durch die offenen Fenster des Jeeps. Wir hörten Wohlfühlmelodien, Songs von Weezer, Biggie Smalls und Van Morrison.

Josh und ich hatten recherchiert und eine Wanderung im Los Padres National Forest gefunden, die uns tief in die Wildnis führen würde. Zwei ganze Nächte wollten wir im Wald verbringen und verborgene heiße Quellen und Bäche erkunden. Um dorthin zu gelangen, mussten wir allerdings unter vollem Rucksackgewicht extrem herausforderndes Terrain durchqueren. Josh war bereit für das Abenteuer; und ich hoffte, dass seine Prothese es ebenfalls war. Es war unsere erste mehrtägige Wanderung auf dieser Reise und etwas, worauf wir uns beide freuten.

Der Pfad begann mit einer Reihe strapaziöser Spitzkehren. Da wir den Hang direkt angingen, brachte uns der steile Aufstieg rasch außer Atem. Über uns ragten gewaltige Rotholzbäume in den Himmel und sperrten das Sonnenlicht aus, verhinderten aber auch ein Zirkulieren der Ozeanbrise. Auf dem Pfad war es heiß. Ohne viel zu reden stiegen wir weiter, während die Rucksäcke auf unseren Rücken ächzten und Fred hinter mir hechelte.

Nach etwa einer Stunde hatten wir den Gipfel erreicht. Wir lehnten uns an einen Felsblock, und die Gesteinsoberfläche nahm uns das Gewicht der Rucksäcke ab, während Fred ein kühles Plätzchen unter den Büschen fand. Von der Höhe der Kammlinie genossen wir die Aussicht: weite kieferbedeckte Wildnis im Osten, im Westen der glitzernde Pazifik. Die kühle Seeluft erreichte uns wieder, die Bergflanke herauf rauschend spülte sie über uns hinweg. Wir schauten nach unten und konnten den Pfad erkennen, den wir in seiner Gänze zurückgelegt hatten. Was während des Aufstiegs nur in kurzen Abschnitten sichtbar gewesen war, entpuppte sich nun als langer, in die Bergflanke gefräster Zickzackpfad.

Die nächsten Meilen führten über flaches Gelände und waren relativ mühelos zu bewältigen. Joshs Prothese hatte überstanden, was – so hofften wir – der schwierigste Teil unserer Wandertour gewesen war. Vor dem Aufstieg hatten uns am Parkplatz herunterkommende Wanderer erzählt, dass die heißen Quellen überlaufen und Campingplätze nur schwer zu finden seien. Sie empfahlen uns eine andere Stelle – eine ruhige, versteckte Gegend, durch die ein wundervoller Bach ströme –, und wir markierten sie auf unserer Karte. Als wir den von ihnen beschriebenen Abzweig erreichten, fanden wir, dass der Gebirgsbach doch sehr viel verlockender klang als die Aussicht, sich bei den heißen Quellen gegenseitig auf die Füße zu treten. Eine Wegmarkierung deutete auf einen breiten Trampelpfad, der zu den heißen Quellen führte. Doch gleich links davon entdeckten wir einen weiteren, ins Dickicht gehauenen unmarkierten Weg; es war der von unseren Wanderbekanntschaften erwähnte.

Josh musterte ihn besorgt.

»Bergab, Alter«, meinte er, »ist momentan schwierig für mich.«

Sein Prothesenknie enthielt Öl, das die Hydraulik schmierte und genau wie Motoröl dünner wurde, wenn es sich erhitzte und seine Viskosität verlor. Nach ein paar Stunden intensiven Wanderns in der Hitze kam es Josh vor, als versage sein Knie hin und wieder. Nun kann man auf einem Wanderpfad zwar mal stolpern und stürzen, doch wenn man mit Prothese einen schweren Rucksack trägt und nie weiß, ob das Bein unter dem Gewicht des nächsten Schritts einknickt, ist das noch mal was anderes.

»Mein Knie glüht richtig«, meinte Josh entschuldigend, während er nach unten griff und das Metall unter der Plastikschutzkappe am Knie berührte.

»Wir können so langsam machen, wie es uns gefällt«, erklärte ich optimistisch. »Es ist noch hell genug. Ich habe nicht vor, dich irgendwo zurückzulassen.«

Wie aufs Stichwort kam ein junges Pärchen den Pfad aus Richtung der heißen Quellen entlanggesprungen. Ich hörte die aus den Kopfhörern dröhnende Musik, und sie übersahen uns fast, als sie mit gesenkten Köpfen um die Ecke bogen.

»Oh, hey! Wollt ihr zu den heißen Quellen?«, fragte der Typ, als er uns schließlich entdeckte und den Kopfhörer vom Ohr zog, während die Musik weiter pumpte.

»Oh, ja«, sagte ich. »Sind denn viele da?«

»Beliebt sind sie auf alle Fälle. Viel Spaß noch«, wünschte er. Die Frau, mit der er unterwegs war, ließ sich nicht stören; sie war weitergegangen und bog bereits um die nächste Ecke. Der Mann nickte uns zu, zog seinen überdimensionierten Kopfhörer übers Ohr und ging seines Weges.

Josh und ich guckten uns nur an und schüttelten die Köpfe.

»Los, Mann, wenn's sein muss, rutsch ich auf dem Hintern den Hügel runter«, meinte Josh ächzend, während er sich hochrappelte. Wir waren schließlich nicht den ganzen weiten Weg gekommen, um uns einen überfüllten Campingplatz mit einem Haufen lärmender Urlauber zu teilen.

»So ist's recht!«, sagte ich, griff nach Freds Leine, und wir drei wanderten dem unmarkierten Pfad folgend in den Wald hinein.

Der Pfad führte uns jenseits des Grats in steilem Abstieg durch dichtes Buschwerk wieder nach unten. Bald war ich mir nicht mehr sicher, ob wir uns überhaupt noch auf einem Weg befanden. Die Höhe, die wir bei unserem Aufstieg auf den Spitzkehren gewonnen hatten, schwand rasch dahin. Ich gab mir Mühe, meine Besorgnis zu überspielen und durch Umgehen abrupter Gefälle und umgestürzter Bäume den leichtesten Weg einzuschlagen. Josh war viel zu beschäftigt, Halt zu suchen oder sich – falls das Knie versagte – für einen Sturz zu wappnen, um zu merken, dass wir uns eigentlich nicht mehr auf unserem Trail befanden. Fred hüpfte sorglos hinterher; ihm war egal, wohin wir gingen, solange wir nur zusammenblieben.

Meine Oberschenkel brannten, meine Zehen taten mir weh, weil sie bei jedem Schritt in den Stiefeln anstießen. Wurde ich zu schnell, hielt ich kurz inne, um auf Josh zu warten. Er redete nicht viel. Ich konnte mir die mentale und physische Herausforderung, mit der er bei jedem Schritt konfrontiert war, nur ausmalen. Als das Gestrüpp dichter und das Terrain steiler wurde, fürchtete ich allmählich, dass wir die falsche Entscheidung getroffen hatten.

Dann hörte ich unter uns ein leises und gleichmäßiges Murmeln. Lauschend blieb ich stehen und fragte mich, ob es wohl das Geräusch des Windes war. Es klang wie ein fernes Meer, doch als ich aufmerksamer horchte, wurde mir klar, dass es sich um das gedämpfte Plätschern eines Baches handelte.

»Hörst du das, Kumpel?«, fragte ich, da ich wusste, dass Josh nur noch Schmerz verspürte. Er blieb stehen, blickte auf, und Schweiß tropfte ihm von der Nasenspitze.

»Klingt himmlisch«, antwortete er mit breitem Grinsen.

Nach ein paar weiteren Metern verbreiterte sich der Pfad, und wir standen auf einer Lichtung. Vor uns lag ein fast zwanzig Meter breiter Gebirgsfluss mit einem kleinen Wasserfall, der sich in Kaskaden über Felsen und den Stamm eines mächtigen, umgestürzten Baumes ergoss. Es war wunderschön. Das Wasser vor uns war seicht, also durchquerten wir es und erklommen auf der anderen Seite wieder die Uferböschung. Dort hatte jemand gezeltet, einen Feuerring und einen großen Holzklotz zurückgelassen, doch wir gingen weiter in der Hoffnung, eine Stelle zu finden, an der wir unser eigenes Lager aufschlagen konnten. Wenige Minuten später entdeckten wir eine Flussbiegung, in der die Kraft des Wassers einen kleinen, kiesigen Strand geschaffen hatte. Eine Ansammlung von Findlingen mitten im Strom sorgte für ein tiefes Becken klaren Gebirgswassers, ideal, um hineinzuwaten. Josh und ich schauten uns um und lächelten.

»Hiermit erkläre ich diesen Platz ganz offiziell zum Männer-Camp«, sagte ich und ließ meinen Rucksack von den Schultern gleiten, bis er mit dumpfem Laut am Boden aufschlug. Ich setzte mich auf einen Baumstamm und begann mir die Stiefel aufzuschnüren. Alles, die Hitze dieses Tages und der Stress unserer improvisierten Route, alles würde sich letztlich gelohnt haben, sobald ich im Wasser war.

Josh hockte auf einem Felsbrocken und nahm die Prothese ab, um seinem Bein etwas Luft zu gönnen. Der von seinem rechten Bein übrig gebliebene Stumpf war geschwollen, nachdem er stundenlang im Carbonschaft gesteckt hatte, an dem Prothesenknie und -fuß befestigt waren.

»Geh du schon mal rein, ich komm dann gleich nach«, meinte er und machte eine abwehrende Bewegung mit der Hand, während er mit der anderen Puder auf seinem Stumpf verteilte.

Als ich in meiner Badehose den steinigen Strand betrat, trippelte Fred hinter mir her, wollte sehen, was ich vorhatte. Ich begann, den Bach zu durchqueren und mich von Stein zu Stein zu tasten, während Fred folgte und unsicher auf den Felsbrocken balancierte. Ich kletterte auf einen Findling und blickte hinab in das tiefe, klare Wasser, in dem ein paar große Fische schwammen. Ich sprang vom Felsen und überließ der Schwerkraft den Rest: Im kühlen Wasser sank ich bis auf den Grund. Der Kälteschock weckte all meine Sinne. Zurück an der Oberfläche, sog ich strahlend die frische Luft ein.

Halb panisch, halb begeistert watete Fred ins Wasser und kam dann mit hochgereckter Schnauze auf mich zugepaddelt.

»Hey, Alter«, rief ich und schwamm meinem Retter entgegen. Fred liebte das Wasser, aber noch viel lieber hatte er festen Boden unter den Füßen. Wir ließen uns Richtung Ufer treiben, damit er wieder Halt finden konnte. Und ich musste lachen, wenn ich daran dachte, dass Fred vermutlich der einzige Hund seines Genpools sein dürfte, der je so viel geschwommen war.

»Sieht kalt aus!«, bemerkte Josh von seinem Platz am Ufer her. »Ich spring da drüben rein.« Er deutete flussaufwärts, wo ein mächtiger umgestürzter Baum quer über dem Fluss lag. Der Baum war für ihn der günstigste Weg, um ins Wasser zu gelangen. Vom Ufer hineinzuwaten hätte bedeutet, dass ich ihm hätte helfen müssen. Vom Baumstamm jedoch konnte er selbst springen.

Ich schwamm hinüber, bis ich mich unter dem Baum befand, während Josh ihn erklomm. In der Mitte, wo zu beiden Seiten ein paar Felsbrocken das Wasser stauten, war es ganz schön tief. Fred eilte Josh voran, hüpfte auf den Stamm, blickte von Josh zu mir und winselte missbilligend.

»Is' gut, Alter. Is' ja nur ein bisschen Wasser«, sagte ich.

Josh nahm sein Bein ab und rutschte über den Stamm. Als er näher kam, beruhigte Fred sich wieder und ließ sich, während er Josh beobachtete, auf die Hinterbeine sinken. Als Josh die Mitte erreicht hatte, starrte er in die Tiefe, und ich wusste, dass sie von dort, wo er saß, viel einschüchternder wirken musste. Er hockte gut vier Meter über der Wasserfläche, und angesichts der das Wasserbecken rahmenden Felsbrocken war sein Fehlerspielraum ziemlich klein.

»Los, spring schon, mach 'ne Arschbombe«, sagte ich, um die Sache möglichst zu vereinfachen. Ich schwamm flussabwärts und fand einen etwas abseits liegenden Felsen zum Sitzen. Fred hüpfte vom Baumstamm herab und am Ufer entlang, um sich zu mir zu gesellen und mir das kalte Wasser von der Haut zu lecken.

Dann, ohne jede Vorwarnung, stemmte Josh sich mit beiden Armen hoch und sprang. Einen Moment lang wurden durch den Fall seine Haare nach oben geblasen, und unmittelbar vor dem Eintauchen stieß er einen Jauchzer aus. Er blieb unter Wasser, wie ich vor ihm, und genoss den Frieden. Sobald die Wellen sich wieder verliefen, tauchte er auf, holte tief Luft und grinste von einem Ohr zum anderen.

Den Rest des Tages sprangen wir abwechselnd vom umgestürzten Stamm und schwammen im Fluss. Kein Mensch kam vorbei; wir waren völlig allein in der Stille des Waldes. Als die Sonne zu sinken begann, entzündeten wir an unserem Lagerplatz ein Feuer, um die Mücken fernzuhalten. Zum Abendessen erhitzte ich etwas Wasser für unsere gefriergetrockneten Camping-Mahlzeiten. Hühnchen und Reis für mich, Chili Mac für Josh. Sie ähnelten den Fertigmahlzeiten bei der Armee, waren allerdings qualitativ besser und würziger. Fred hatte sich vor dem Feuer zusammengerollt, als er plötzlich Hühnchen roch. Ich tat einen Löffel von seinem Trockenfutter dazu, und zu meiner Verblüffung verschlang er sein Essen, statt es zu vergraben. Offenbar hatte er sich einen gewaltigen Appetit geholt, nachdem er den ganzen Tag den Rettungsschwimmer gespielt hatte.

Erschöpft waren wir alle drei. Und kaum war die Sonne hinterm Horizont verschwunden, gossen Josh und ich Wasser aufs Feuer und machten uns bettfertig. Egal, wie früh es auch war; die Vorstellung, in unserer abgeschiedenen Oase unter Sternen zu schlafen, begeisterte uns. Angesichts des klaren Himmels war mit Regen nicht zu rechnen, sodass wir ohne Plane über den Zelten auskamen. Ich kroch in meines, Fred folgte, nahm seinen Platz zwischen meinen Beinen ein und legte den Kopf auf meinen Oberschenkel.

Am nächsten Morgen erwachten wir zwar wunderbar

ausgeruht, aber auch mit einem Muskelkater. Beim Frühstück aus Haferflocken, Trockenfrüchten und Instantkaffee beschlossen wir daher, den Tag an unserem Lagerplatz am Fluss zu genießen. Jeder suchte sich einen Uferplatz zum Lesen. Fred tollte über die Felsen und fand das perfekte Kauholz. Er zerrte es auf einen großen flachen Stein und nagte in der Sonne vor sich hin. Als es dann heiß wurde, sprang ich in den Fluss, um mich abzukühlen, und verbrachte den Rest des Nachmittags abwechselnd im Wasser und außerhalb, entspannte und erholte mich. Es war perfekt.

Am nächsten Morgen packten wir zusammen und sagten unserem kleinen Winkel im Los Padres Forest Ade. Mit Joshs Bein hatten wir sowieso schon die Grenze erreicht. Die Drei-Tage-Lebensdauer der Batterie galt für normalen Alltagsgebrauch. Unsere anstrengende Wanderung zum Fluss sowie ein weiterer Tag über Stock und Stein konnten aber wohl kaum als »normal« gelten.

Wir machten uns gar nicht erst die Mühe, den Weg zu finden, auf dem wir gekommen waren – der lag noch ein ganzes Stück flussabwärts und war sowieso kaum als Wanderweg zu bezeichnen. Stattdessen begannen wir, von unserem damaligen Ausgangspunkt direkt zum Grat hinaufzusteigen, in der Hoffnung, dort oben auf einen Pfad zu treffen. Der Aufstieg war steiniger, als ich ihn in Erinnerung hatte. Ich war nervös wegen Joshs Bein, da ich wusste, dass er sich doppelt so sehr anstrengen musste wie ich.

Wir kämpften uns durchs Unterholz und arbeiteten uns allmählich die steile Flanke hinauf. Als wir höher kamen, wurden die Wipfel lichter, und allmählich spürten wir wieder die frische Ozeanbrise. Nach etwa einer Meile begann sich unsere Pfadfinderei auszuzahlen, als wir genau dort, wo wir zwei Tage zuvor das kopfhörertragende Pärchen erblickt hatten, wie zwei Bergziegen die Baumgrenze hinter uns ließen. Wir machten eine Pause, um Wasser zu trinken, dann führte Fred uns an straff gespannter Leine zum Land Cruiser zurück. Erschöpft hockten wir uns auf die Ladeklappe des Jeeps und rissen uns ein Bier auf. Als eine Pfadfindergruppe über den Parkplatz schlenderte, wurden die Jungs von ihrer jugendlichen Neugier übermannt und gafften uns an: zwei verschwitzte, verdreckte Typen auf der Ladeklappe ihres Jeeps, die am helllichten Tag Bier tranken, während ein Extra-Bein und ein Hund danebenlagen.

Zufrieden mit unserem Waldabenteuer verbrachten wir den Rest der Woche zeltend auf den Klippen von Big Sur. Statt zu wandern, fuhren wir mit dem Land Cruiser die Berge hoch, suchten uns kleine Abzweigungen, wo wir campen und von unserer Ladeklappe aus den Meerblick genießen konnten. Morgens machten wir uns auf dem Jetboil Frühstück und tranken Instantkaffee, während wir zuguckten, wie die Sonne die Dunstschleier vor dem flachen blauen Horizont wegbrannte. Wir verbrachten ganze Tage, indem wir über Bergstraßen kurvten, die kreuz und quer über den Gebirgskamm verliefen. Stiegen wir dann aus, um ein wenig herumzustreifen, jagte Fred Eichhörnchen, und wir betrachteten ehrfürchtig die fantastische Aussicht. Eines Morgens schwang ich mich auf mein Mountainbike, während Josh zum Wasser hinunterging und am Strand relaxte. Nachts hielt die Meeresbrise die Mücken fern, sodass wir keine Zelte brauchten. Wir rollten unsere Schlafmatten aus, schliefen unter freiem Himmel, und die hell funkelnden Sterne waren allnächtlich das letzte Bild, bevor ich die Augen schloss.

Nach einer Campingwoche in Big Sur brauchte ich dringend eine Dusche. Mein verdreckter Zustand erinnerte mich an ein Geschenk, das mir einst ein Dorfbewohner in Sangin überreicht hatte.

Auf einem meiner afghanischen Einsätze nach Fred freundete ich mich mit einem Dorfbewohner namens Elias an. Elias war Bäcker und lebte in einem kleinen Lehmhaus, das zwischen unserem Stützpunkt und der Grünen Zone lag.

»Bitte, schießen Sie nicht auf mein Haus«, beschwor er eines Tages Ali und mich, da er fürchtete, ins Kreuzfeuer zwischen uns und den Taliban zu geraten. Er war ein großer drahtiger Bursche mit langer Nase und hochgezogenen Schultern. Und er hatte einen schwarzen Bart, der an einer winzigen Stelle unter den Lippen zu ergrauen begann. Ich schätzte ihn auf Mitte dreißig. Er habe eine Frau und zwei Kinder, erzählte uns Elias, einen kleinen Jungen von etwa fünf und ein Mädchen von drei Jahren. Die Brotfladen hatte er stets aus seinem Haus heraus verkauft, das ganz in der Nähe des Highway 611 lag. Doch dann waren die Taliban aufgetaucht. Jeden Tag kamen sie und nahmen alles, was er gebacken hatte, sodass er sich – wie die meisten der kleinen Geschäfte im Dorf – gezwungen sah, seinen Laden zu schließen. Nun verkaufte er zwar gelegentlich noch immer Brot, verbrachte aber den Großteil seiner Zeit auf den Feldern.

Wir versicherten Elias, sein Haus ganz bestimmt nicht zur Zielscheibe zu machen, und damit er sich ruhig und sicher fühlen konnte, bat ich ihn, einen seiner Teppiche über die zu unserem Anwesen weisende Mauer zu hängen – um uns ein Zeichen zu geben, falls die Taliban sein Haus übernommen hatten. RECON-Marines, die vorher im Irak stationiert gewesen waren, hatten mir erzählt, sie hätten Dorfbewohner in solchen Fällen um das Gleiche gebeten. Es fiel nicht auf, weil es nichts Ungewöhnliches war, wenn Familien ihre Teppiche zum Ausklopfen raushängten.

Einige Tage nach unserer ersten Begegnung schauten wir auf einem Patrouillengang bei Elias vorbei. Ich klopfte an seine Tür. Als er merkte, dass wir es waren, bat er Ali und mich liebenswürdigerweise auf einen Chai ins Haus. Wir saßen auf einem kleinen Teppich und unterhielten uns ein paar Minuten, ehe wir unsere Patrouille fortsetzten.

Ich begann mich regelmäßig mit dem Bäcker zu treffen. Er war ein netter, gastfreundlicher Mann, und ich vertraute darauf, dass er mir Informationen zukommen ließe, falls er denn welche hatte. Sein Anwesen befand sich in unserer Nähe, sodass wir quasi Nachbarn waren. Dann fingen wir an, Brot bei ihm zu kaufen, und er überreichte uns gewaltige Stapel der warmen, flachen, Naan-ähnlichen Fladen, die er stets in Tücher einschlug. Die RECON-Soldaten in unserem Lager waren völlig verrückt danach. Außer Fertigmahlzeiten gab es ja nichts, und das frische Brot war ein kostbarer Luxus.

Bei jeder unserer Begegnungen bat er Ali und mich ins Haus, erhitzte Wasser für den Chai, und wir hockten uns im Schneidersitz auf dem Teppich gegenüber. Als Elias dann langsam Zutrauen fasste, ergriff er während unserer Gespräche meine Hände, und zuweilen verschränkte er sogar seine Beine mit meinen – ein Zeichen von Vertrauen und enger Freundschaft. Obwohl keiner von uns die Sprache des anderen verstand, sahen wir uns beim Sprechen an, wobei Ali stets an unserer Seite saß und übersetzte. Hin und wieder versuchte ich es auch mit ein paar Brocken Paschtu, wie etwa »bitte«, während er ihm bekannte englische Wörter einzustreuen versuchte. Er nannte mich »Craig-D«, wie fast alle Afghanen meinen Namen auszusprechen pflegten. Die Rede des Bäckers floss immer schnell und angeregt dahin, und er lächelte fortwährend.

Oft fragte ich Elias, ob er denn etwas über die Taliban gehört habe, vor allem, wenn wir zu einer Patrouille aufbrachen. Jede Einzelheit, auch das allerkleinste Detail, das uns etwas über Taliban-Aktivitäten – oder die Platzierung von IEDs – verriet, konnte wichtig sein. Meist jedoch wusste er nicht viel, und unsere kurzen Unterredungen kreisten in der Regel darum, wie sich der Tag anließ und wie es seiner Familie ging. Ob er nun Informationen besaß oder nicht, meine Philosophie lautete: Der Aufbau positiver Beziehungen zu den Leuten im Dorf ist wichtig. Und tatsächlich freute ich mich auf meine Treffen mit Elias. Denn mir lag an seiner Freundschaft.

Eines Nachts befanden sich die Marines und ich auf einer Patrouille. Als wir uns Elias' Haus näherten, sah ich ihn zur Tür hinausschlüpfen. Er war barfuß und in einem Gewand, das wohl sein Nachthemd sein musste.

»Craig-D, Craig-D!«, rief er, während er auf mich zugerannt kam. Als er mich erreicht hatte, ergriff er meine Hände.

»Minen!«, flüsterte er eindringlich. Ich bekam Gänsehaut und blickte mich nervös um. Tagsüber, erklärte Elias, seien die Taliban auf dem Feld gewesen und hätten Sprengsätze gelegt. Sie seien uns auf die Schliche gekommen, wüssten nun, dass wir nachts bei unseren Patrouillen quer durch die Felder gingen, statt die Pfade zu benutzen. Taliban-Angehörige hatten getan, als würden sie Pflanzen säen, während sie in Wirklichkeit Bomben legten.

Elias meinte, er könne uns den Weg zeigen, und ich vertraute ihm. Er nahm meine Hand und führte mich auf einem Pfad durch den Acker, von dem er wusste, dass er sicher war. Die Patrouille folgte im Gänsemarsch, und langsam führte uns der Bäcker durchs Dunkel der Nacht in Sicherheit.

Es war ein überwältigender Akt der Güte und des Heldenmuts. Jeder Dorfbewohner, der die Koalitionstruppen unterstützte, ging ein enormes Risiko ein. Elias hatte uns nicht nur geholfen; er hatte uns gerettet.

Bei einem meiner letzten Treffen mit Elias, als Ali und ich bei ihm auf dem Teppich saßen, begann er plötzlich zu strahlen. Zitternd vor Aufregung sprang er auf und kehrte dann mit einem Gegenstand in den Händen zurück.

»Er hat ein Geschenk für dich«, erklärte Ali. Ich war überrascht und verwirrt – abgesehen davon, dass wir bei ihm Brot kauften und Chai miteinander tranken, hatten wir uns nie Geschenke gemacht.

Der Bäcker saß vis-à-vis und streckte mir die Hände entgegen. Auf seinen Handflächen lag eine zerknüllte weiße Papierserviette, in die etwas Kleines eingewickelt war. Elias lupfte die Serviette leicht, strahlte mich an und enthüllte sein Geschenk: ein Shampoofläschchen in Reisegröße. Das Etikett der kleinen grünen Flasche war verblasst, doch ich bildete mir ein, »Pert Plus« darauf zu entziffern.

»Für dich!«, meinte Elias und deutete auf mein Haar.

Wir wieherten los – alle drei. Seit Wochen lebte ich im Dreck. Und da ich keinen richtigen Spiegel hatte, konnte ich mir nur in etwa ausmalen, wie ich zu diesem Zeitpunkt wohl aussah – vom Geruch ganz zu schweigen. Und hier war der Bäcker – ein Mann, der vermutlich noch nie in seinem Leben einen Wasserhahn oder eine Dusche gesehen hatte – und ermunterte mich behutsam, mich doch mal ein bisschen zu pflegen. Ich nahm an, dass er durch einen Hilfsgüterabwurf vor wer weiß wie langer Zeit an das Shampoo gelangt war.

Ich dankte Elias für das Geschenk, um es, ins Lager

zurückgekehrt, noch am gleichen Tag zu verwenden. Es zeigte geradezu beispielhaft, was für ein Mensch er war. Immer wieder boten uns afghanische Dorfbewohner alles, was sie nur hatten: Tee, Brot, Gespräch. Informationen, Wärme, Freundschaft. Sie besaßen wenig, gaben jedoch bereitwillig, in der Hoffnung, bald wieder zu dem Leben zurückkehren zu können, das sie sich wünschten – einem Leben, in dem sie ohne ständige Angst vor Unterdrückung leben, arbeiten und ihre Kinder aufziehen konnten. Und wir wünschten uns mehr als alles andere, dass ihre Hoffnung Wirklichkeit würde. Wieder daheim, dachte ich oft an den Bäcker. Von anderen Marines hatte ich gehört, dass mein Nachfolger nach meinem Abschied die Beziehung zu Elias nicht aufrechterhalten hatte. Keiner war sich ganz sicher, was aus ihm geworden war, doch alles deutete darauf hin, dass er weggezogen war. Vielleicht um andernorts das Land zu bestellen, dachte ich, wusste allerdings gleichzeitig, dass Elias das große Ziegelhaus, das ihm gehört und in dem er sein geliebtes Brot gebacken hatte, niemals freiwillig aufgegeben hätte. Er hatte wohl, fürchtete ich, ein Schreiben der Taliban erhalten, die ihn bedrohten, weil er mit uns kollaboriert hatte. Vielleicht hatte man ihn zur Flucht gezwungen. Der Gedanke, dass ich es nie erfahren würde, war niederschmetternd.

Wir strandeten an einer Tankstelle im Städtchen Orick und wussten nicht so recht, wie weiter. Nach dem Zelten in Big Sur hatten wir ein Wochenende in San Francisco verbracht, wo wir einen weiteren Jugendfreund von mir trafen und den 4. Juli feierten. Inzwischen waren wir auf dem Weg nach Norden, Richtung Redwood-Nationalpark, wo wir eine weitere zweitägige Rucksacktour planten, doch die Fahrt dauerte länger als erwartet, und langsam wurde es dunkel. Kurz vor der Tankstelle meinte Josh am Straßenrand ein Schild gesehen zu haben, auf dem stand: LETZTER HALT AUF 100 MEILEN. Während ich tankte, gingen wir unsere Optionen durch.

Fuhren wir weiter, würden wir im Dunkeln loswandern müssen, was gewisse Gefahren barg und was wir eigentlich vermeiden wollten. Wir konnten natürlich auch bleiben, wo wir waren, doch wie es aussah, war abgesehen von der Tankstelle und einer Kirche auf der anderen Straßenseite nicht viel geboten. Josh erklärte sich bereit, den zur Tankstelle gehörenden Gemischtwarenladen aufzusuchen, um sich zu erkundigen.

»Also, entweder habe ich, wenn ich wiederkomme, 'ne Unterkunft für uns oder 'ne frische Packung AAA-Batterien für unsere Stirnlampen«, meinte er, während er auf den kleinen Laden zusteuerte.

Als die Pumpe klickte und der Tank des Land Cruisers voll war, nahm ich Fred an die Leine und drehte mit ihm eine Runde um den Parkplatz. Schon nach ein paar Minuten hörte ich die Fliegengittertür des Ladens gegen den Rahmen schlagen, und als ich mich umdrehte, sah ich Josh, gefolgt von einem grauhaarigen Mann in Overall, auf uns zukommen.

»Tag, Sir«, sagte ich und schüttelte dem Mann die Hand.

»Ich bin Roger«, meinte er. Roger war wohl in seinen Sechzigern. Mit seinem Overall und den Stiefeln hatte er was von einem Cowboy. »Josh hier meint, ihr zwei sucht noch einen Unterschlupf für die Nacht«, fügte er hinzu.

»Ja, Sir. Wüssten Sie denn was?«, fragte ich.

Roger nickte, noch ehe ich meinen Satz beendet hatte. »Ich arbeite auf dem Rodeo-Gelände da drüben«, sagte er und deutete über die Straße. »Ihr drei könnt euch gern über Nacht da reinstellen und euer Zelt aufschlagen. Es gibt Feuerstellen und ein paar Dixi-Klos. Nichts Großartiges, aber was Besseres kann ich nicht bieten.«

»Das ist jedenfalls bei Weitem besser als alles, was uns selber eingefallen wäre«, sagte ich. »Auf 'ne Nachtwanderung durch die Wälder waren wir nicht gerade aus.«

»Kann ich mir vorstellen«, meinte Roger. »Falls ihr nach eurer Campingtour nochmal wiederkommt, am Wochenende gibt's ein Rodeo in der Stadt. Das wird 'ne gute Show – wir erwarten ein paar hervorragende Reiter.«

»Danke, Sir. Wir denken drüber nach«, sagte ich und schüttelte Roger nochmal die Hand. Im Laden besorgten wir uns Vorräte für die Nacht: Feuerholz, Trockenfleisch und Moon Pies.

Auf dem großen Wiesengelände auf der anderen Straßenseite befand sich der Campingplatz. Vor uns am Horizont erhob sich eine Gebirgskette, und stoisch standen die hohen Bergkiefern in der Ferne. Kühe wanderten träge über die angrenzende Wiese und kehrten für die Nacht in ihren Pferch zurück. Obwohl wir uns nur wenige Meilen landeinwärts befanden, fühlte es sich an, als seien wir hier fernab jeder Küste. Zufrieden mit unserem Lagerplatz machten wir ein Feuer, während Fred umhertrabte und neugierig schnuppernd Gras und Luft genoss.

Am nächsten Morgen schüttelten wir den Tau von unseren Schlafsäcken und machten uns in der Morgenfrische einen Kaffee, während Fred das in der Ferne grasende Vieh beobachtete. Als wir wieder auf die Straße bogen, sprang Josh rasch aus dem Wagen und schob eine Zwanzigdollarnote und ein kurzes Dankschreiben unter die Tür des Schuppens in Eingangsnähe. Dankbar, herrlich ausgeruht und von Kaffee und Moon Pies gesättigt steuerten wir nach Norden, Richtung Redwoods.

12. Bumm

In Sangin herrschte gespenstische Ruhe. Unser neues Anwesen lag auf der Wüstenseite der Straße, auf dem staubigem mondlandschaftsähnlichen Terrain direkt am Rande der Grünen Zone. In der Nacht drangen wir ein und warteten. Doch als die Sonne aufging, erfolgte kein Angriff.

Und nach mehreren Tagen hatten die Taliban noch immer keine jener Attacken gestartet, wie wir sie von unserem ersten Einsatz in Sangin kannten. Sie wussten, wo wir waren – man hatte ein paar planlose Schüsse auf unsere Dachposten abgefeuert, aber das war's dann auch schon. Wir hielten uns an unser Vorhaben, nach und nach Dorfbewohner anzusprechen und in der Grünen Zone Präsenz zu zeigen. Die erste Nachtpatrouille war angesetzt. Statt nur ein paar Stunden rauszugehen und dann wieder zurückzukehren, lautete der neue Plan, ein Anwesen in der Grünen Zone einzunehmen und zu bleiben. Achtundvierzig Stunden lang würden wir das Gehöft halten, sichern und somit Einheimischen wie Taliban unsere Präsenz demonstrieren, ehe wir wieder zurückkehrten. Durch derart aggressive Übergriffe auf ihr Territorium, so die Idee, übermittelten wir den Taliban die klare Botschaft, dass es uns ernst war und wir bereit waren, ihnen direkt entgegenzutreten.

Als attachierte Kräfte mit Spezialaufgaben mussten Justin, Ysa und ich die Patrouillengänge nicht begleiten. Justin und Ysa fungierten als Eingreifteam. In der Ortung von IEDs waren auch die RECON-Marines geschult; jede Patrouille besaß ihren eigenen Metalldetektor-Marine, der an der Spitze der Patrouille marschierte und mit tastenden Bewegungen nach Minen und Sprengfallen suchte. Fanden sie aber etwas, mit dem sie selbst nicht zurechtkamen, mussten sie die Kampfmittelbeseitigung anfunken. Allerdings gehörten Justin und Ysa nicht zu den Leuten, die sich zurücklehnten und warteten. Sie besaßen einzigartige Fähigkeiten, waren IED-Experten. Justin und Ysa wollten vor Ort sein, wenn sie gebraucht wurden, nicht irgendwo im Staub sitzen und auf einen Anruf warten.

Ali und mir ging es ebenso. Solange wir hinter diesen Mauern hockten, würden wir nie einen Dorfbewohner treffen. Je näher wir dran waren, umso bessere Infos konnten wir sammeln, ob durch Beobachtung, Gespräche mit Familien oder Verhören von Talibankämpfern. Wir alle wollten raus und uns einbringen, sodass wir darum baten, uns den Patrouillen anschließen zu dürfen. Deswegen waren wir schließlich hier.

Im Dunkeln stellten wir uns auf und begaben uns im Gänsemarsch hinaus in die Nacht. Einige Stunden zuvor waren wir die Route noch einmal durchgegangen: einen Vier-Meilen-Marsch zu einem Dorf am Fluss, wo Aufklärungsdrohnen die Taliban geortet hatten.

Nach den zwei Urlaubswochen war es schön, wieder mit den Jungs zusammenzuarbeiten. An das schwierige Terrain waren wir inzwischen gewöhnt, und wir bewegten uns zügig als Team durch die Grüne Zone, immer wieder in die kalten Kanäle rein-, raus- und durch dichte Maisfelder stapfend. Unsere Stiefel ächzten rhythmisch durch die feuchte Erde. Dieser Teil der Grünen Zone fühlte sich kompakter an. Die Vegetation war dichter und üppiger, die Bäume wuchsen höher. Statt dürre, nackte Zweige streckten sie hier dichtbelaubte Äste gen Himmel. Alles war eng hier, als ob das grüne Labyrinth auf uns eindringen wollte. Kamen wir durch Dörfer, fiel mir auf, dass auch die Häuser näher beieinanderstanden – manche teilten sich sogar Wände. Das aber machte mich nervös, denn es bedeutete, dass die Taliban sich leichter unentdeckt vom einen zum anderen bewegen konnten.

Nachdem wir unser Zielgehöft befestigt hatten, übernahmen Ysa, Justin und ich die Nachtwache, damit die RECONs sich für das für den Morgen erwartete Gefecht ausruhen konnten. Das neue Anwesen war klein und besaß einen Hof sowie einen zu einigen Räumen führenden überdachten Gang, doch in einem davon getrennten Gartenteil gab es auch noch einen Obstgarten mit Granatapfelbäumen. Die Umfassungsmauern des Hauptanwesens waren hoch, bestimmt an die drei Meter, erreichten jedoch um die Bäume herum nur etwa die halbe Höhe. Dies bot uns günstige Kampfstellungen, da wir dahinter aufrecht stehen und, wenn nötig, über die Mauer schießen konnten, wobei wir unsere Köpfe mit Hilfe von Sandsäcken schützten.

Unter dunklem Himmel lehnten wir drei an der Gartenmauer, unterhielten uns flüsternd in der Stille. Wir hatten dieses Superfernglas, das wie unsere Nachtsichtgeräte funktionierte, und warfen damit abwechselnd Rundumblicke über schlammige Pfade, Felder und Nachbargrundstücke. Über uns stand der Maschinengewehrschütze auf seinem Dachposten. Die Nacht war jedoch ruhig, sodass wir unsere Helme absetzten und in der kühlen Luft ein wenig entspannten.

Ich nutzte die Zeit, um Justin und Ysa von meinen Erlebnissen in Trek Nawa und Sangin zu erzählen, doch meistenteils blödelten wir nur rum. Justin und ich redeten über Pittsburgh, und ich versuchte, ihn wegen der Konkurrenz zwischen den Penguins und den Capitals hochzunehmen, doch er stopfte mir ganz schnell den Mund, indem er mich erinnerte, dass meine Capitals noch nie einen Stanley Cup gewonnen hatten.

Wir erzählten uns unsere Lebensgeschichten, wo wir herkamen und was uns nach Sangin führte. Irgendwie landeten wir dann bei der Highschool. Ysa erzählte, wie er immer nachts aus dem Haus und zu seiner Freundin geschlichen war. Mehr als einmal hatte ihr Dad ihn dabei erwischt, doch er heiratete sie, seine Highschool-Liebe, tatsächlich, und inzwischen hatten sie drei kleine Mädchen.

Justin brachte mich zum Lachen, als er davon erzählte, wie er sich als Teenager in Pittsburgh zum ersten Mal besoffen hatte. Und zwar mit Stroh's-Bier, diesem beschissenen wässrigen Zeug aus Michigan. Ich kannte es eigentlich nur deswegen, weil meine Tante Marie, wo immer sie hinging, Stroh's-Dosen in ihrer Handtasche mit sich rumschleppte. Etwas anderes trank sie nicht.

Schließlich erzählte ich ihnen auch die Geschichte von Fred. Als ich zu dem Teil kam, wo Fred mir in den Hubschrauber gefolgt war, schüttelten sie lächelnd die Köpfe. »Ich kann's kaum erwarten, seine Bekanntschaft zu machen«, meinte Justin. »Und meine Duchess«, fügte Ysa hinzu, »will ihn sicher auch kennenlernen.«

Nach ein paar Stunden begann es, Tag zu werden, und die Sonne erschien am Horizont. Wir waren frei und wanderten vom Garten durch einen Bogen in den Haupthof. Wir hatten unsere Ausrüstung in einem der Räume gelassen und wollten zurück, um noch ein wenig Schlaf zu bekommen. Auf meinem Weg übers Gelände aber entdeckte ich etwas, das ich in Afghanistan außerhalb von Camp Leatherneck noch nie gesehen hatte: ein Bett.

Nun ja, ein tolles Bett war es nicht – eher ein mit Plastikbändern bespannter Metallrahmen, so eine Art überdimensionierte Sonnenliege. Dennoch schien es mir eine willkommene Abwechslung zum harten Lehmboden.

»Meins!«, sagte ich, schnappte es mir und zog es in den überdachten Gang, in den Schatten. Vom Waten durch die Kanäle waren meine Stiefel und meine Hose noch immer feucht, sodass ich sie auszog, in Shorts schlüpfte und mich auf der Pritsche ausstreckte. Sie war nicht lang genug – ich lehnte den Kopf an die Lehmwand hinter mir –, doch es ging. Ich schloss die Augen und begann mit der Stimme eines Lieutenants im Ohr, der seine routinemäßige Kontrollmeldungen an unser Lager funkte, einzudösen.

Dann: eine Kraft, die auf meinen Körper trifft wie eine Welle am Strand. Ein lauter Knall. Dunkelheit.

Meine Erinnerung ist getrübt. Ich sehe die Hände eines der Marines, Garretts, vor mir, durch Staub und Schutt gerade so zu erkennen. Ich erinnere mich, hochgehoben, getragen zu werden. Ich erinnere mich, wie jemand meinem Namen ruft.

Als sich der Nebel zu lichten begann, sah ich, dass ich nun an einer Wand des Hofs lehnte, die sich genau gegenüber der Stelle befand, wo ich auf der Pritsche gelegen hatte. Garrett guckte mich an und fragte mich etwas. »Craig, Alter, bist du okay?«

Ich sah hinüber, wo ich gelegen hatte, doch die Decke des Gangs war nun zerborsten und brannte lichterloh. Steine und Schutt bedeckten den Boden. Die Geräusche eines Feuergefechts erfüllten die Luft.

Ich war völlig verwirrt und erinnere mich, dass ich dachte, irgendwas müsse schiefgelaufen sein. Eine Explosion. Musste wohl Eigenbeschuss gewesen sein, dachte ich verdattert. Wie sonst hätte es so nah sein können?

Garrett sah mich an und sagte: »Los, anziehen.«

Ich blickte auf. Die Jungs kraxelten herum, um auf die Mauern zu kommen und das Feuer zu erwidern. Langsam dämmerte es mir: Wir wurden angegriffen. Ich raffte meine Sachen zusammen, schlüpfte in meine Stiefel und versuchte dann, in meine Hose zu kommen. Doch irgendwas lief völlig verkehrt. Die Hose ging einfach nicht über die Stiefel. Ich wusste, dass ich imstande sein sollte, meine Hose anzuziehen, doch die Sache war zum Problem geworden, und ich versuchte zu begreifen, was als Nächstes zu tun war. Statt die Stiefel auszuziehen und von vorn zu beginnen, zog ich mein Messer, beugte mich vor und schnitt senkrechte Schlitze in den Saum der Hosenbeine, sodass sie über die Stiefel passten. Ich zog die Hose hoch und schnappte mir mein Gewehr. Dann sah ich Ysa und Justin auf einer Mauer und ging zu ihnen. *Tu einfach, was sie tun*, dachte ich mir.

Später erfuhr ich, dass auf unserem Hof, direkt hinter der Mauer des Gangs, in dem ich schlief, eine Taliban-Rakete eingeschlagen war, wodurch alles drumherum einstürzte. Justin und Ysa meinten, sie hätten die Explosion im ganzen Körper gespürt; und sie habe ihnen noch eine Weile in den Ohren geklungen. Als die Jungs dann nach mir sahen und an besagter Stelle nur noch einen Haufen Schutt vorfanden, dachten sie: *Das war's.*

Inzwischen erwiderten alle Mann das Feuer auf das Gelände, von dem die Rakete gekommen war. Ihr Start hatte eine Rauchwolke aufsteigen lassen, sodass die Jungs ihr Ziel kannten. Eine Pause trat ein; es wurde ruhig. Dann eröffneten die Taliban von einem anderen, sehr viel näheren Anwesen das Feuer auf uns. Wir verlegten unsere Stellung hinter eine andere Mauer und erwiderten es. Nur das Adrenalin ließ mich noch durchhalten. Zum ersten Mal befanden wir uns in einem derartigen Gefecht, wo die Nachbargehöfte so nahe und wir alle zu ebener Erde waren. Wir waren nur ein kleiner Zug, der mitten in einem Hornissennest einen Stützpunkt zu sichern versuchte. Die Tatsache, dass sie in der Lage waren, eine Rakete so präzise auf unsere Position zu steuern, verriet schon einiges. Wir waren verwundbar.

Man entschied, HIMARS anzufordern, ein hochmobiles Artillerie-Raketen-System, das mit großer Treffgenauigkeit aus der Ferne abgefeuert werden konnte, wobei das unsere von Leatherneck aus gestartet wurde. Der Lieutenant schickte die Koordinaten über Funk; ein Team auf dem Stützpunkt feuerte die Raketen ab. Mit einem Knall schossen sie in die Luft, einen Schwall von Staub im Gefolge. Da sie fünfzig Meter entfernt von uns landen würden, gingen wir alle in Deckung. Wie Blitze schlugen die Geschosse krachend ringsum ein. Die Wucht der Explosionen erschütterte mich und pulsierte schmerzhaft durch meinen Körper.

Danach wurde es ruhig. Falls die Taliban noch am Leben waren, befanden sie sich auf der Flucht. Die Stelle, an der die Rakete aufgeschlagen war, schwelte. Ich legte meine Schutzweste und meinen Helm ab und wischte mir den Schweiß von der Stirn.

Doc Finn kam herüber. Wir saßen im Schatten, wo er mich einem Schnelltest unterziehen konnte.

»Wie heißen Sie?«, fragte er.

»Craig.«

Er fragte nach dem Namen meiner Mutter und ihrem Mädchennamen. Ich antwortete. Dann fragte er nach meinem Alter.

»Meine Freundin ist achtundzwanzig«, sagte ich.

»Okay, aber wie alt sind Sie?«

»Hab ich Ihnen doch gesagt«, erwiderte ich. »Sie ist achtundzwanzig. Ich bin jünger als sie.«

Geduldig versuchte Finn es noch einmal. »Okay. Aber wissen Sie auch Ihr eigenes Alter?«

»Ich hab's Ihnen eben gesagt!«, rief ich frustriert.

Als die Wirkung des Adrenalins nachließ, fing mein Kopf zu pochen an, und eine Prellung an meinem Hinterkopf begann anzuschwellen. Ich fühlte mich beschissen. Doc Finn hatte die Information, die er brauchte. Bei mir stimmte was nicht.

Er funkte das andere Lager an: »Grossi ist okay, aber es gibt Hinweise auf ein Schädel-Hirn-Trauma. Vielleicht brauchen wir später noch eine routinemäßige Medevac.«

Ich wollte nichts davon wissen. In Eishockeyspielen durchgeschüttelt zu werden und gegen die Bande zu eiern, damit war ich groß geworden. Ich war überzeugt, ich brauchte nur eine Ruhepause – eine Weile auf der Bank sitzen, vergessen, und alles war wieder gut. Ich glaubte nicht, dass es so schlimm sein konnte. Man sah mir nichts an. Und ich wollte meine Kumpel nicht allein lassen.

Inzwischen führten Justin und Ysa eine Untersuchung der Einschlagstelle durch. Sie sahen sofort, dass die Rakete größer gewesen sein musste als eine Panzerfaust. Die beiden stocherten im Schutt herum, und es dauerte nicht lange, und sie hatten den Übeltäter gefunden: eine 107-mm-Panzerabwehrrakete aus chinesischer Produktion. Seit dem Krieg mit den Sowjets war Afghanistan übersät damit. Nur benutzten die Taliban – weil sie keine Möglichkeit hatten, sie richtig abzufeuern – sie meist als Sprengfallen. Sie waren riesig – ein bis zwei Meter lang – und imstande, einen Panzer außer Gefecht zu setzen. Doch da die Taliban nicht die geeigneten Startfahrzeuge besaßen, konnten sie sie, um sie abzuschießen, nur mit einem Eisengestell aufbocken und mit dem Hammer hinten draufhauen. Wir hatten die Raketen bei früheren Gefechten vorbeizischen sehen, immer außer Kontrolle und weit weg. Eigentlich lachten wir nur darüber.

Justin kam mit dem Raketenmotor zu uns rüber. Als ich dem Sanitäter gerade erzählte, dass es mir gut gehe, legte Justin den Motor vor mich hin. Er war mindestens dreißig Zentimeter lang und so dick, dass ich ihn nicht mit der Hand umspannen konnte. Das Metall an seinem oberen Ende war von der Explosion verzogen und verdreht.

»Sieh dir das mal an«, sagte er. »Dumm gelaufen für dich, Alter. Man kann nicht so nah an was dran sein, wie du's warst, ohne was abbekommen zu haben. Du musst dich untersuchen lassen.«

Er blieb eisern. Er verstand nicht, warum es mich nicht völlig zermatscht hatte. Außerdem hätten die Detonationswellen der HIMARS den Schlag, den mein Gehirn abbekommen hatte, eigentlich noch verstärkt.

Statt eine weitere Nacht und einen Tag in der Grünen Zone zu verbringen, beschloss unser Kommando, die ganze Patrouille solle sich zum Rest der Kompanie ins Wüstenlager zurückschleppen. Da, wo wir waren, war es zu gefährlich für uns; ein Teil des Gehöfts lag in Trümmern, und das Patt zwischen unserer Stellung und den Taliban war zu riskant.

Wir kauerten uns auf einer Seite des Anwesens in den Schatten der Mauer und erwarteten den Einbruch der Nacht. Der Schmerz hämmerte in meinem Kopf. Allmählich kam es mir vor, als sei mein Gehirn zu groß für meinen Schädel; der Druck war fürchterlich. Ich konnte nichts essen; mir war kotzübel. Stattdessen versuchte ich, die Augen zu schließen. Ich träumte, eine Granate segle über die Mauer und lande in meinem Schoß. Ich schreckte hoch, und mein Herz raste.

Nachdem es schon seit Stunden dunkel war, traten

wir hinaus in die Nacht. Beim Versuch, schnell zu gehen, merkte ich, dass mein Gleichgewicht gestört war. Jedes Mal wenn ich in einen Kanal hinunter- oder wieder ans Ufer hinaufstieg, verschob sich meine Balance, als ob alles auf eine Seite rutschen würde. Die Verwendung des Nachtsichtgeräts kam überhaupt nicht infrage, und angesichts des Pochens in meinem Schädel nahm ich auch den Helm ab und schnallte ihn auf den Rucksack.

Justin ging hinter mir. »Bist du okay, Mann?«, flüsterte er.

»Ja«, versetzte ich scharf. Ich fand es zum Kotzen zu spüren, wie die Jungs mich im Auge behielten und sich Sorgen machten. Ich hatte mir solche Mühe gegeben, um den RECON-Marines zu beweisen, dass ich taff war, dass ich mithalten konnte, dass ich ihnen was brachte. Und jetzt fühlte ich mich wie der letzte Schlappschwanz.

Als wir endlich das Lager erreichten, suchte ich den Chefsanitäter auf, der sich mit Finn einig war, dass man mich nach Leatherneck evakuieren musste. Wieder versuchte ich ihnen klarzumachen, dass ich nur Ruhe brauchte und bleiben konnte; das würde schon wieder. Denn wenn sie mich nach Leatherneck zurückschickten, wäre das nicht das Ende meiner Arbeit in Sangin?

Justin und Ysa wollten nichts davon hören. Sie halfen mir beim Packen, während ich auf den Helikopter wartete.

»Hör mal, Alter, mit ’ner Gehirnblutung nützt du hier keinem was«, meinte Justin.

»Ja – und du hast auch nicht so viele Gehirnzellen, dass du locker auf ein paar verzichten kannst«, witzelte Ysa und stopfte meinen Schlafsack in meinen Tornister.

Als der Hubschrauber in Leatherneck aufsetzte, erwartete mich mein kommandierender Offizier Gomez im hinteren Teil des Krankenwagens auf der Landepiste. Zwar war ich nur wenige Tage weg gewesen, sah aber – starrend vor Dreck, mit sprießendem Bart und in einer nicht autorisierten Uniform – schrecklich aus. Hin und wieder tauschten die RECONs und ich Uniformteile mit den britischen Royal Marines, und ich hatte britische Stiefel und Tarnhosen an. Gomez juckte das nicht. Nach den Berichten und dem, was er mit eigenen Augen sah, konnte er sich garantiert zusammenreimen, dass ich mich beschissen fühlte.

Wir hielten vor dem Lazarett, und ich musste meine gesamte Ausrüstung abgeben. Ich händigte Gomez mein Gewehr, mein Messer und den Patronengurt aus. Ich trennte mich nur höchst ungern davon. Was, wenn es das nun für mich gewesen war?

Drinnen ordnete der Arzt eine MRT an und schickte mich weiter ins Rehazentrum. Widerwillig setzte ich mich in Bewegung.

Das Rehazentrum wurde von der Air Force geführt. Als ich eintrat, schlug mir eine Welle klimatisierter Kaltluft entgegen. Die Lobby roch nach Otis-Spunkmeyer-Cookies und Heidelbeeren. Während ich, immer noch schmutzstarrend dastand, war mir, als bewege sich der Boden unter meinen Füßen. Hinter einem hohen Schalter sah ich eine hübsche Air-Force-Soldatin zu mir herüberlächeln.

»Hallo«, begrüßte sie mich und sprang auf.

Ein Bonbonglas stand auf dem Schalter, und ein riesiger Flachbild-Fernseher hing an der Wand neben einem großen Edelstahlkühlschrank. Alles wirkte kalt und makellos wie im Innern eines Gefrierschranks. Plötzlich verspürte ich einen Brechreiz.

Die Air-Force-Angehörige reagierte schnell. Gefolgt von zwei weiteren, eilte sie herbei, und gemeinsam brachten sie mich zu einem Bett, einem richtigen Bett mit sauberen weißen Laken. Und im Nu war ich eingeschlafen.

Ich weiß nicht, wie lange ich »weg« war, aber es muss eine ganze Weile gewesen sein. Mein Gesicht hatte auf dem Kopfkissen unübersehbare Spuren hinterlassen. Ich hatte alles eingesaut. Irgendein unerschrockener Mensch hatte mir die Stiefel ausgezogen und sie ans Fußende des Betts gestellt. Auf einem Stuhl neben mir lagen Rasierzeug, Handtuch und Seife ebenso wie eine frische Uniform. Offenbar waren Mac und Sergio dagewesen und hatten eine Tüte Beef Jerky und einen handgeschriebenen Zettel hinterlassen: »Bring dich mal in einen präsentablen Zustand, du stinkst. PS: Freuen uns, dass du noch lebst.«

Ich wachte auf und konnte nur an eines denken: Fred.

Ich duschte, rasierte mich und machte mich frisch. Zwar war ich noch nicht ganz der Alte, aber der Schlaf hatte mir gutgetan. Zurück an meinem Bett, wurde ich von einer Air-Force-Offizierin begrüßt. Mit Klemmbrett unterm Arm und einer Tasse Kaffee in der Hand beugte sie sich vor, schüttelte mir die Hand und nannte ihren Namen.

»Ist es okay, wenn ich Ihnen ein paar Fragen stelle?«, fragte sie.

So wie sie mit mir redete, vermutete ich, dass man sie geschickt hatte, um mich zu evaluieren, zu checken, ob ich meinen Einsatz fortsetzen konnte. Zu dieser Zeit war ich vor allem um Freds willen nervös. Denn wenn ich sie nicht davon überzeugen konnte, dass bei mir alles okay war, würden sie mich wohl mit der nächsten Maschine ausfliegen, damit ich mich in einem Militärkrankenhaus in Deutschland erholte, während Fred in Afghanistan festsaß.

Ich gab mein Bestes. Die ganze Zeit, die wir redeten, lächelte ich ununterbrochen. Ich machte Witze. Sie erkundigte sich nach meinem Job und meinem Leben zu Hause. Ich wiederum erfuhr, dass sie schon mal in der Nähe von Washington, D.C. gelebt hatte, und bald plauderten wir wie alte Freunde über das Wetter und den Verkehr auf der Stadtautobahn.

Nach etwa fünfundvierzig Minuten trat eine Pause in unserer Unterhaltung ein, und die Ärztin sah mich an. Sie war klug, und wahrscheinlich durchschaute sie mich. Doch sie entließ mich, war bereit, das Entlassungsformular zu unterschreiben unter der Bedingung, dass ich zwei Wochen lang die Physiotherapie in der Klinik für Schädel-Hirn-Traumata besuchte, ehe ich wieder an die Front zurückkehrte.

»Alles klar«, erwiderte ich grinsend wie ein kleiner Lausebengel.

Zurück im Geheimdienstbüro traf ich Sergio an.

»Hey, Mann, dem Fred ging's ja nicht so gut, während du weg warst. An dem Tag, wo es dich erwischt hat, bin ich rüber zu DHL. Hatte sein Lieblingsessen, Roastbeef, dabei, aber er wollte einfach nicht fressen«, erzählte Sergio.

In einer der Kantinen gab es diesen Sandwichladen, der tagtäglich rund um die Uhr geöffnet hatte. Vor meinem Einsatz hatten wir nachts oft noch dort vorbeigeschaut und ein wenig Aufschnitt und Käse für Fred besorgt. Das mochte er am liebsten. Nach meiner Abreise hatte Sergio dies weiter getan, bei DHL nach dem Kleinen gesehen und ihm Leckereien mitgebracht. Doch laut Sergio spürte Fred, dass irgendetwas nicht stimmte.

»Auch die DHL-Jungs meinen, dass er nur noch den Kopf hängen lässt. Nicht mal Fußball mag er spielen«, fügte Sergio hinzu.

Ich schüttelte ungläubig den Kopf. Ich hatte es von Anfang an gespürt: Zwischen Fred und mir gab es eine Verbindung. Ich konnte es kaum erwarten, ihn wiederzusehen.

Sergio reichte mir die Schlüssel für den Pick-up, und ich machte mich auf den Weg. Als ich das DHL-Gelände fast erreicht hatte, warf ich einen Blick in den Rückspiegel und hatte ein Problem: Ein Konvoi schwarzer SUVs kam die Straße entlang. Es musste sich um einen General oder Stabschef handeln, dem man die Grand Tour de Leatherneck bot – DHL inklusive. Denn es war die einzige Einrichtung, die es an dieser Straße gab.

Scheiße, dachte ich. Ich fuhr rechts ran und schaute zu, wie sie aufs DHL-Gelände bogen. Sobald sie drinnen waren, sprang ich aus dem Wagen und rannte zum Zaun. Ich fand ein Loch im grünen Scharfschützennetz und spähte hindurch. Dort, wo Fred angebunden gewesen war, lagen ein paar leere Wasserflaschen, behelfsmäßige Kau-Spielzeuge, herum, und man sah ein großes Loch, das er gebuddelt hatte. Aber keinen Fred.

Offenbar hatten der General und sein Stab inzwischen mit ihrem Rundgang begonnen. Tinashe erschien, wie immer mit dem Klemmbrett in der Hand, und führte die Gruppe herum, deutete auf das Whiteboard mit den geplanten Lieferungen und auf einen Lastwagen, auf dessen Ladefläche große Klimaanlagen standen. Ich nahm an, es handelte sich um eine Art Leistungsüberblick. Immer wieder tastete der General nach einem Taschentuch in seiner Jackentasche, führte es an die Stirn und tupfte sich den Schweiß ab.

Allmählich schob ich Panik wegen Fred. Immer noch war er nirgends zu erblicken, und ich fürchtete, er könnte weggelaufen sein. Oder, falls die DHL-Jungs ihn irgendwo versteckten, dann war es wohl nur eine Frage der Zeit, bis er anfing zu bellen und sich damit verriet. Wer immer der Kerl war, den sie da herumführten, er war ein hohes Tier, und es war klar, dass alle um ihn herum ihn beeindrucken wollten. Wenn Fred in diesem Moment irgendwem in die Quere kam, war sein Leben in Gefahr.

Als ich meinen Standort wechseln wollte, um einen besseren Überblick zu haben, sah ich Peter aus dem Büro kommen. Wie Tinashe trug er das gewöhnliche, im Bund seiner Khakihose steckende DHL-Polohemd und wirkte etwas steif, als fühle er sich unbehaglich. Und dann sah ich ihn. Neben Peter an straff gespannter Leine trabte Fred. Der große flauschige Schwanz wippte, und die Schnauze war gereckt wie eh und je. Peter, eindeutig darauf erpicht, so natürlich wie möglich zu agieren, führte Fred zu einer Reihe von Kisten. Langsam schlenderten die beiden vor der Reihe auf und ab, während Fred die Unterseite jeder einzelnen Kiste beschnüffelte. Bei einer blieben sie stehen. Peter hob die Hand, schlug ein paarmal auf die Kiste, als ob er sie tätscheln wollte. Fred blickte zu ihm auf. Dann sprang er, eine kleine Staubwolke aufwirbelnd, auf sie drauf.

Ich prustete los. Ich konnte nicht glauben, was ich da sah: Peter präsentierte Fred, tat so, als sei der ein Bombenspürhund. Und Fred mit seinem selbstsicheren Trab und seiner natürlichen Neugier ließ das Ganze tatsächlich echt aussehen. Der General schien jedoch genug von der Vorführung zu haben. Nachdem er sich erneut die Stirn abgewischt hatte, konnte ich sehen, wie Tinashe ihm und den anderen Mitgliedern seines Gefolges die Hand schüttelte, wie sie dann zu ihren SUVs zurückkehrten und davonfuhren.

Sobald der General fort war, kehrte ich zu meinem Pickup zurück und steuerte ihn aufs DHL-Gelände. Drinnen feierten die Mitarbeiter ihre geglückte Darbietung, indem sie einen großen Kreis bildeten und mit einem Fußball herumkickten. Fred stand in der Mitte und jagte fröhlich und begeistert kläffend hinter ihm her.

Ich saß im Wagen, schaute einen Moment lang zu, und Tränen traten mir in die Augen. Plötzlich war das Gewicht der Verantwortung für Fred wieder da, doch diesmal empfand ich es nicht als Bürde. Es war meine Aufgabe. Und ich war fest entschlossen. Egal, was passiert war und noch geschehen würde, ich würde diesen Hund nach Hause bringen.

Irgendwann entdeckte mich Fred. Er kam herübergeflogen, wirbelte einen ganzen Staubschweif auf und winselte wie ein Wahnsinniger vor lauter Aufregung. Er raste um meine Füße herum, sprang hoch, um mir das Gesicht zu lecken, und preschte dann davon, um weite Runden über das ganze Gelände zurückzulegen.

»Wow, Alter!«, sagte ich. »Bist du jetzt ein kickender Bombenschnüffler, oder was?«

Tinashe trat aus seinem Büro.

»Alles okay, mein Freund?«, fragte er. Sergio musste ihm bei seinem letzten Besuch von meiner Verletzung erzählt haben.

»Ja«, versicherte ich ihm. »Alles in Ordnung.«

Dann reichte mir Tinashe einen großen braunen Umschlag.

»Was ist denn das?«, fragte ich.

»Freds Freiheit«, erwiderte er. »Sobald du die alle ausgefüllt hast, sitzt er im nächsten Flugzeug.«

Während meiner Abwesenheit hatte meine Schwester den Papierkram an Sergio geschickt. Er hatte ihn an Tinashe weitergeleitet, um sich bestätigen zu lassen, dass es auch die richtigen Formulare waren.

Ich blätterte sie durch. Da waren die Zollpapiere und die Formulare für die tierärztlichen Bescheinigungen. Sarah hatte sie so weit ausgefüllt, wie sie konnte, doch es waren immer noch einige tierärztliche Unterschriften erforderlich. Sie zu bekommen war völlig unmöglich für mich. Doch ich wusste, was ich zu tun hatte. Ich würde die Formulare fälschen müssen. Mir war natürlich klar, dass das nicht korrekt war, doch ich würde nicht zulassen, dass Freds Heimreise an so einem Wisch scheiterte.

Allein auf meinem Zimmer, verbrachte ich in dieser Nacht Stunden damit, Unterschriften von erfundenen Tierärzten zu üben, bis sie echt wirkten. Ich hatte lediglich einen Versuch, um die Formulare amtlich aussehen zu lassen. Wenn ich ihn vermasselte, konnte es Wochen dauern, ehe ich neue von Sarah erhielt. Sorgfältig füllte ich die noch leeren Felder aus und signierte sie an all den richtigen Stellen mit meiner eingeübten Unterschrift.

Als die Formulare dann fertig waren, lehnte ich mich zurück und atmete tief durch. Gut sahen sie aus. Endlich hatte ich Freds Ausreiseticket in der Tasche. Zwar fühlte ich mich nicht direkt schlecht, doch die Schwere dessen, was ich tat, löste neue Ängste bei mir aus, die mich belasteten. Ich stampfte auf und fuhr mir durchs Haar.

Vielleicht konnte ich ja doch noch etwas tun. Ich kehrte zum Pick-up zurück und fuhr ans andere Ende von Leatherneck nach Bastion, der britischen Seite des Stützpunkts. Die Briten waren lockerer, bildete ich mir ein, und befanden sich technisch betrachtet außerhalb des Hoheitsbereichs des U.S.-Militärs, wodurch sie mir nicht so leicht Ärger bereiten konnten. Ich wusste, dass sie Diensthunde hatten, folglich, überlegte ich, musste es auch einen Tierarzt vor Ort geben.

Ich fand das Büro der Militärpolizei und der Sicherheitskräfte und fragte einen Typen, der gerade vorbeigeschlendert kam, ob vielleicht ein Tierarzt anwesend sei. Er wies mich in Richtung eines benachbarten Gebäudes. Als ich es betrat, sah es dort wie in einer gewöhnlichen Tierarztpraxis zu Hause aus. Untersuchungstische aus Stahl, Transportboxen. Eine Frau hob den Blick von ihrem Laptop und guckte in meine Richtung.

Ich stellte mich vor, und diesmal redete ich nicht um den heißen Brei herum.

»Ich habe 'nen Streuner aufgelesen«, sagte ich. Ich erzählte ihr von Fred und von meinen Bemühungen, ihn nach Hause zu bringen.

»Ich brauche weder Ihren Namen noch Ihre Unterschrift«, sagte ich. »Aber nur damit ich wieder ruhig schlafen kann: Könnten Sie ihn vielleicht untersuchen? Sich vergewissern, dass er keine Krankheiten hat?«

Ein wenig fassungslos sah sie mich an. Nach kurzem Zaudern meinte sie: »Können Sie ihn heut Abend gegen sieben vorbeibringen? Bis dahin dürfte es hier ziemlich leer sein.«

Nach Einbruch der Dunkelheit holte ich Fred ab. Auf den Straßen war es ziemlich ruhig; die Einzigen, die unterwegs waren, waren Dienstleister oder Zivilisten. Ich ließ Fred auf dem Beifahrersitz den Kopf zum Fenster hinausstrecken und lächelte. Einen Moment lang stellte ich mir vor, wie wir zwei daheim so herumgondeln würden.

Die Tierärztin erwartete uns schon, und Fred ließ natürlich wieder mal seinen ganzen Charme spielen. Er ließ sich von ihr hochheben und auf einen der Untersuchungstische setzen. Sie kontrollierte seine Ohren und Zähne. Er ließ sie sogar, ohne durchzudrehen, eine Rektaluntersuchung vornehmen.

»Wo haben sie denn diesen kleinen Gentleman aufgetan?«, wollte sie wissen.

Ich lachte nur. »Das ist eine lange Geschichte.«

»Tja, er ist kerngesund«, meinte sie. »Und er ist jung! Vielleicht sechs, sieben Monate alt. Sehen Sie zu, dass Sie ihn so rasch wie möglich nach Hause bringen, und lassen Sie ihn kastrieren und impfen, sobald er dort angekommen ist.«

Sie bestätigte mir sogar schwarz auf weiß und unter dem Briefkopf der britischen Armee, dass Fred Reiseerlaubnis habe. Zwar war das kein offizielles Dokument, doch sie meinte, es könne nicht schaden.

Zurück im DHL-Gelände, überreichte ich Tinashe den ganzen Stoß: meine neue Bestätigung zusammen mit den gefälschten Formularen.

»Gut gemacht, mein Freund«, meinte er, als er die Seiten durchblätterte. »Ich kann Fred auf den nächsten Flug buchen. Aber wir brauchen noch eine Transportbox. Haben Sie schon eine besorgt?«

Ich hatte mir so viele Gedanken um den Papierkram gemacht, dass ich etwas Wesentliches vergessen hatte. Irgendwo in meinem Unterbewusstsein hatte ich vielleicht gehofft, dass Tinashe mir eine Transportbox besorgen könnte. Aber offensichtlich war das nicht der Fall.

Ich würde mir was überlegen, sagte ich zu Tinashe. Während ich durch die Tür trat, stürzten Peter und einer seiner Kollegen auf mich zu.

»Mr. Craig! Wir haben was gebastelt für Fred.«

Ich starrte das Ding in ihren Armen an und begriff zunächst nicht, was es war. Dann aber fiel der Groschen: Es war eine selbstgezimmerte Kiste für Fred. Aus Maschendraht und Holzresten vom DHL-Gelände hatten sie eine behelfsmäßige Transportbox zusammengenagelt.

Tinashe schob den Kopf durch die Bürotür. »Ich habe ihnen schon gesagt, dass ich Fred in dem Ding da nicht verschicken kann, aber sie haben sich einfach nicht abbringen lassen!«, meinte er.

Ich fasste es nicht. Ich war total überwältigt von der

Geste – ja, sogar noch mehr, als ich angemessen zum Ausdruck bringen konnte. Diese Leute kannten mich kaum; sie schuldeten mir nichts. Und dennoch hatten sie angesichts ihrer vollen und erschöpfenden Arbeitstage noch Zeit abgeknapst, um dieses Teil für Fred zu basteln. Dabei hatten sie sowieso schon so viel getan und auf ihn aufgepasst.

Ich bedankte mich überschwänglich. Tinashe jedoch bestand darauf, dass er eine von der Marineluftwaffe genehmigte Transportbox benötige. Wir schauten uns unschlüssig an, und jeder wünschte sich, wir könnten die selbstgebaute verwenden. Wir waren schon so nahe dran gewesen. Niedergeschlagen versprach ich ihm, mir schnell etwas einfallen zu lassen, und kehrte zum Pick-up zurück.

Der Adrenalinstoß, der mich den ganzen Tag aufrecht gehalten hatte, drohte allmählich, in einem Absturz zu enden. Hin und wieder begannen mir die Ohren zu klingen, und wenn ich herumging, spürte ich, wie mich ein Schwindel packte. Ich umklammerte das Lenkrad und versuchte zu denken, doch mein Kopf war leer. Deprimiert fuhr ich nach Hause und schlief ein.

Am nächsten Tag zermarterte ich mir das Hirn. Gab es vielleicht eine Möglichkeit, mich in die Anlage der Militärpolizei einzuschmuggeln und dort eine Box zu klauen? Das war wahrscheinlich die riskanteste Option. Oder vielleicht konnte ich die nette britische Tierärztin fragen. Aber wollte ich sie wirklich weiter mit reinziehen, wo sie schon so nett gewesen war? Ebenso verhasst war mir der Gedanke, eine Kiste online zu bestellen oder zu warten, bis Sarah mir eine schickte, weil ich dadurch Freds Leben noch länger gefährdet hätte.

In Leatherneck servierten die Kantinen allabendlich ein Gericht, das wir als »mid rats« oder »Mitternachtsration« bezeichneten. Es bestand aus allem, was von den Mahlzeiten des Tages übriggeblieben war: Pfannkuchen und Lasagne, Waffeln, Pasta und Hühnchen. An diesem Abend setzte ich mich mit meinem Tablett an den Tisch und starrte – zu gestresst, um zu essen – auf meinen Teller. Ich wollte das Essen schon Essen sein lassen, als ich einen jungen Marine entdeckte, der ebenfalls allein am anderen Ende der Kantine saß. Er sah mich direkt an. Als unsere Blicke sich kreuzten, winkte er mich zu sich. Er war ein magerer, schlaksiger Kerl mit Brille. Jung. Ich kannte ihn nicht, doch ich folgte seiner Einladung.

Er stellte sich vor. Jenkins. Gefreiter. Dann beugte er sich über den Tisch und sagte ziemlich leise: »Ich weiß das von Fred.«

»Welchem Fred?«, fragte ich und musterte ihn.

»Kommen Sie schon, Sergeant. Ich will Ihnen helfen«, sagte er.

Ich hatte nichts zu verlieren, und Jenkins wirkte auch nicht gerade bedrohlich. Ich fragte ihn, was er denn wisse.

»Sie brauchen eine Transportbox«, erklärte er.

»Können Sie mir nun helfen, oder verarschen Sie mich bloß?«, fragte ich.

»Ich kann Ihnen eine besorgen«, meinte er. Er war vollkommen aufrichtig. Er arbeite bei der Militärpolizei, erzählte er, und widme sich dort der erfreulichen Aufgabe, die Scheiße aus den Hundekäfigen zu spritzen und das Futter auszuteilen.

»Da stehen überall leere Boxen herum«, meinte Jenkins. »Ich kann Ihnen eine besorgen. Welches ist Ihre Zimmernummer?«

Ich sagte es ihm. Wir schüttelten uns die Hände, und er ging. Ich hatte keine Ahnung, wie dieser Junge von Fred erfahren hatte, doch ich vermutete mal, dass es jemandem von Freds größten Fans – Dave, Matt oder sogar einem der RECON-Leute – herausgerutscht war. Bei den Marines pflegte der Tratsch bei den unteren Rängen der Zeitsoldaten zu zirkulieren. Die untersten drei von ihnen, Gefreiter, Obergefreiter und Stabsgefreiter, machten wohl an die achtzig Prozent des Marine Corps aus. Diese Jungs müssen einen Großteil der harten glanzlosen Arbeit verrichten, weshalb sie auch, wenn es irgendwie geht, aufeinander achten. Eine Hand wäscht die andere – so in dem Stil. Unser Spitzname dafür lautete: die Stabsgefreiten-Mafia.

Spät in dieser Nacht hörte ich ein dumpfes Klopfen an meiner Tür. Als ich aufstand und aufmachen wollte, ging es nicht. Ich begriff sofort, warum die Tür klemmte: Jenkins hatte die Transportbox direkt davorgestellt. Ich fasste es nicht. Er hatte es wirklich getan.

Ich stieß die Tür auf und zog die Box herein. Sie war in mehrere Teile zerlegt – Oberseite und Boden, die aus festem geformtem Plastik bestanden, sowie eine Metalltür für die Vorderseite –, aber sie war perfekt.

Als Sergio am Morgen erwachte, meinte er nur: »Das isses, Alter. Auf geht's!« Ich wusste, dass jeden Morgen Flüge in die Vereinigten Staaten abgingen; sobald ich die Transportbox in Händen habe, hatte Tinashe mir erklärt, könne er Fred losschicken.

Als Sergio und ich mit dem Pick-up aufs DHL-Gelände bogen, betätigte ich die Hupe und ließ ein paar jubelnde Signale ertönen. Fred, der wieder mal voll in der Leine hing, erkannte den schwarzen Toyota schon und erwartete uns schwanzwedelnd. Tinashe trat aus dem Büro, während Sergio und ich die Box herauszogen.

»Du hast es geschafft!«, rief er und lachte herzlich.

Keiner von uns dreien wollte so recht glauben, dass es

nun wirklich klappen sollte. Peter und einige der DHL-Mitarbeiter kamen hinzu und halfen Sergio und mir, die Kiste mit Kabelbindern zusammenzuschnüren. Ich legte ein kleines Kissen und eins meiner T-Shirts hinein, außerdem etwas zu essen aus der Kantine, und ließ Fred zum Probesitzen hineinhüpfen. Ich schnappte mir einen schwarzen Markerstift und schrieb quer über die Oberseite der Kiste: SGT. FRED, USMC.

»Okay!«, meinte Tinashe zustimmend, sobald die Kiste versandfertig war. »Heute ist es so weit.« Er trat vor die Tafel mit dem Flugplan, den er täglich durch Hinzufügung ausgehender und hereinkommender Transportflüge aktualisierte. In der Spalte mit den Ausgängen schrieb er: »Lebwohl Fred, wirst uns fehlen, Braver. Alles Liebe, Dein DHL-Team.«

Ich ging in die Hocke und hielt Freds Gesicht, kraulte ihm den Hals und die Ohren. Glücklich sah er mich an und ließ leicht hechelnd die Zunge zwischen der etwas dämlich geöffneten Schnauze hervorhängen. Wie immer machte er den Eindruck, als lächle er. »Okay, Alter«, sagte ich. »Es geht nach Hause.«

Ich legte eine letzte Scheibe Aufschnitt in die Kiste und schloss die Tür hinter Fred. Tinashe half mir, die Box auf eine breite, flache Palette zu heben, wo wir sie mit ein paar Spanngurten festzurrten. Peter fuhr einen Gabelstapler an die Palette heran, hob sie behutsam an und platzierte sie auf der Ladefläche eines Pritschenwagens. Fred guckte immer noch grinsend aus seiner Kiste, so als ob alles nach Plan laufe.

»Möchtest du mitkommen?«, fragte Tinashe und deutete Richtung Flugfeld. Er würde sich persönlich darum kümmern, dass Fred problemlos an Bord der Maschine gelangte.

»Nur zu gerne«, sagte ich.

Sergio und ich sprangen in Peters Jeep und folgten Fred zum Flugplatz. Ich muss immer noch schmunzeln, wenn ich daran denke: ein riesiger Sattelschlepper, der nichts weiter zieht als einen Anhänger mit einem fröhlichen kleinen Hund in seiner Box.

Tinashe steuerte den Laster auf die Rollbahn, wo ihn eine mächtige weiße 747 erwartete. Peter und ein paar der DHL-Jungs waren mitgekommen und sprangen nun zu einem letzten Lebwohl und einem Gruppenfoto auf Freds Palette.

Vierundzwanzig Stunden würde der Flug dauern: und über Pakistan, Bahrain und Deutschland schließlich zum Flughafen John F. Kennedy in New York führen. Tinashe stellte mich dem Lademeister vor, damit ich ihm die Spezialfracht erläutern konnte. Der Lademeister – ein großer Kerl mit festem Händedruck und langem Bart – war begeistert von Fred und seiner Geschichte.

»Ich werde den ganzen Flug über bei ihm sein«, meinte er. »Ich vermisse meinen Hund zu Hause, und es wird nett sein, Gesellschaft zu haben. Er ist in guten Händen.«

Ein Gabelstapler lud Frachtpaletten in die große Seitenluke des Flugzeugs. Wir guckten zu, bis Fred an die Reihe war. Noch immer hockte er völlig relaxt in seiner Kiste.

»Mach's gut, Fred!«, brüllten wir und winkten, ein bunter Haufen staubiger Burschen aus allen Teilen der Welt und diesem lustigen, süßen Fellknäuel ausnahmslos und von Herzen zugetan.

Ich dachte an die RECON-Jungs und wie sehr auch sie sich gewünscht hatten, dass Fred es nach Hause schaffte. Mir war, als hätte ich etwas erreicht, auf das wir alle stolz sein konnten – und das mir mehr bedeutete als irgendein Orden oder eine Auszeichnung. Ich hatte noch vier

Monate vor mir. Die letzten paar Tage an der Front hatten mich beinahe vernichtet, und ich wusste nicht, was vor mir lag. Doch nun kam eine große Ruhe über mich. Und ich atmete tief ein und wieder aus.

Die gewaltigen Düsentriebwerke begannen zu surren, und wir sahen zu, wie das Flugzeug auf die Rollbahn fuhr, dann brüllend zum Leben erwachte und davonbrauste. Am Ende der Rollbahn hob es sich in den Himmel und wurde, in der Ferne, immer kleiner. Ich lächelte und dachte: *Da fliegt er, mein Hund.*

13. Die Redwoods

Im summenden Wald des Redwood State Park unter den feierlichen hoch aufragenden Baumriesen geschah es: Joshs Bein gab den Geist auf.

Am Morgen waren wir sieben Meilen in den Wald hinein gewandert. Mit Proviant für zwei Tage in unseren vollgepackten Rucksäcken und Fred, der ungeduldig an der Leine zerrte, machten wir uns auf in die Wälder. Zunächst war der Pfad noch breit genug, sodass Josh und ich nebeneinander hergehen konnten. Eine willkommene Abwechslung zu dem mörderischen Stolperpfad, den wir in der Woche zuvor in Los Padres bewältigt hatten. Auf dem breiten, ebenen Wanderweg legten wir auf den ersten paar Meilen ein flottes Tempo vor. Langsam fanden wir in einen Rhythmus, und die Aussicht auf Abenteuer trieb uns an. Wir waren so entschlossen, rasch voranzukommen, dass wir die ringsum wie Riesen sich auftürmenden Rotholzbäume oder Redwoods fast nicht bemerkten. Erst als der Pfad sich verengte und uns dann durch ein ausgetrocknetes Bachbett führte, sahen wir, dass wir umzingelt waren.

Wir hielten an, standen zu dritt im Schatten und blickten zu den Bäumen auf. Die rissigen, gefurchten Stämme waren moosbedeckt und rot; unsere Blicke folgten ihnen hinauf, hinauf in schwindelnde Höhen, bis uns im himmelhohen Gewirr von Ästen und Blättern die Sicht verschwamm. Obwohl sie direkt vor uns standen, war die Ungeheuerlichkeit der Redwoods nur schwer zu fassen.

Man fühlte sich wie ein Kind auf der Party der Eltern, das ringsum nur Knie sieht. Das Leben, so schien es, fand weiter oben statt. Wir da unten waren klein und unbedeutend. Allerdings war es auch atemberaubend, sich in ihrer uralten Gegenwart zu bewegen. Ich meinte zu spüren, wie die Energie der Bäume in der Luft vibrierte. Fast sechs Meilen wanderten wir, ohne uns dessen recht bewusst zu werden. Jedes Mal wenn der Pfad eine Biegung machte, erblickten wir noch größere und schönere Bäume. Von alldem Recken und In-die-Höhe-Starren tat mir der Hals schon weh.

Langsam trübte sich über uns der Himmel, und große Regentropfen platschten herab. Wir erreichten eine weite ebene Lichtung, ein ausgetrocknetes Bachbett, das sich als Lager zu eignen schien, und beschlossen, uns niederzulassen, ehe der Regen heftiger wurde. Wir stellten unsere Zelte auf und verankerten sie im lockeren Kies des Bachbetts. Josh besaß eine große Tarnplane, die wir etwa dreißig Zentimeter über dem Boden aufspannten und unter die wir unsere Rucksäcke schoben, damit sie trocken blieben.

Nachdem wir einige Zeit mit Zeltaufbau und so weiter verbracht hatten, hörte der Regen auf, als habe er eine Art Fehlstart hingelegt. Ich beschloss, mit Fred die Gegend zu erkunden, während Josh in seinem Zelt ein Nickerchen machte. Zusammen mit Fred, der angeleint war, nachdem wir Warnungen über Bären und Berglöwen in der Gegend gelesen hatten, folgte ich, über lose Felsbrocken und Kieselsteine stolpernd, dem ausgetrockneten Bachbett durch den Wald.

Etwa eine Meile flussaufwärts entdeckten wir einen gefallenen Giganten. Der Baum musste mal mehr als siebzig Meter hoch gewesen sein. Ich stellte mir den Lärm vor, den er bei seinem Sturz gemacht hatte: ein donnerndes Krachen, wie ein Güterzug in einem Animationsfilm. Sogar in seinem Tod war er noch atemberaubend.

Ich hob Fred auf und schaffte es, mit ihm unterm Arm den Stamm zu erklimmen. Fred liebte es, auf den Stämmen umgestürzter Bäume hin- und herzulaufen, und ich wünschte mir nichts mehr, als ihn auf dem mächtigen Redwood entlangtänzeln zu sehen. Vorsichtig richteten wir uns auf und orientierten uns, um dann wie zwei Kinder auf dem Spielplatz gleichzeitig loszurennen. Mit seinem niedrigen Schwerpunkt war Fred wie geschaffen für das Balancieren auf unebenen Oberflächen wie dieser. Er wuselte über den Stamm und drehte den Kopf, um mit geöffnetem Mund, gespitzten Ohren und aufgerissenen Augen zu mir zurückzuschauen. Sobald ich mich allerdings auf ihn zubewegte, drehte er wieder um und rannte schwanzwedelnd davon.

Als wir schließlich vom Stamm hinunterkletterten, setzten wir uns ans Wurzelende des Baums und schauten in den Wald hinein. Die Nachmittagssonne brach durch die Regenwolken und wärmte uns, während wir rundum zufrieden die Ruhe genossen. In solchen Augenblicken traf es mich immer ganz unerwartet: Da war ich, saß mit meinem afghanischen Hund neben diesem jahrhundertealten Rotholzbaum in Kalifornien. Offenbar war es uns vorherbestimmt.

Zurück in Leatherneck rief ich, nachdem das Flugzeug mit Fred abgehoben hatte und in der Ferne verschwunden war, Sarah an, die mich schon die ganze Zeit unterstützt hatte.

»Hallo, Sis«, sagte ich. »Fred ist unterwegs. In vierundzwanzig Stunden ist er in JFK. Könnten du und Dad –«

»Wir werden da sein«, erwiderte sie, ehe ich meinen Satz beenden konnte.

Ich schickte Sarah die Flugdaten und wartete. Ich hing

in der Luft, während ich in Leatherneck hockte, zur Physio ging, arbeitete und an Fred dachte. Wie ein Gespenst irrte ich umher, leer, wie auf Autopilot und in Gedanken ganz woanders.

Die Warterei schien kein Ende zu nehmen. Schließlich war nach wenig Essen und kaum Schlaf genug Zeit vergangen. Es war mitten in der Nacht. Ich weiß nicht mehr, ob ich eingeschlafen und wieder aufgewacht war oder ob ich die ganze Nacht nur wach dagelegen habe. Ich setzte mich im Bett auf, griff nach meinem Satellitentelefon und ging ins Freie. Über mir funkelten die Sterne. Ich drückte die Tasten und hielt das Telefon ans Ohr.

Es klingelte, dann knackte es in der Leitung. Ich hörte Sarahs Stimme am anderen Ende.

»Wir haben ihn«, sagte sie. »Er ist wundervoll, Craig.«

Ich lachte erstickt. Tränen liefen mir über die Wangen.

»Du hast es geschafft«, sagte Sarah. »Du hast es wirklich geschafft!«

Während meines Anrufs saßen Sarah, mein Vater und Fred im Wagen unterwegs nach Virginia. Sarah erzählte, beim Zoll seien sowohl der Lademeister als auch der Pilot herausgekommen und hätten sich vorgestellt. »Das ist ein toller Hund. In Deutschland hat er gepinkelt«, berichtete ihr der Lademeister.

Sarah lachte, dankbar, dass man sich so gut um Fred gekümmert hatte. Als der Papierkram erledigt war und sie Fred endlich aus der Transportbox rauslassen durften, verließ er sie vorsichtig, musterte die Umstehenden und marschierte dann direkt auf Sarah zu. »Woher«, flüsterte jemand, »weiß er denn, dass sie seine Schwester ist?«

Unser Gespräch dauerte nur wenige Minuten, doch die Freude, die wir uns in dieser Nacht via Telefon mitteilten, war elektrisierend. Allerdings erinnere ich mich auch, dass

Sarahs Tonfall sich kurz, bevor wir auflegten, unmerklich veränderte. Sie sagte es nicht direkt, doch ich konnte es aus ihren Abschiedsworten heraushören. »Das hast du jetzt zwar geschafft«, sagte sie, »aber du bist noch nicht fertig.« Nun musste auch ich noch nach Hause kommen.

Auch wenn es damals keiner von uns ahnen konnte: Der schlimmste Teil meines Einsatzes lag noch vor mir.

Als Fred und ich zum Zelt zurückwanderten, hörte ich beim Näherkommen einen lauten, dumpfen Schlag. Es klang, als würde Josh mit einem Hammer einen Pflock in den Boden treiben. Doch als wir um die Ecke bogen, sah ich, dass er mit der Prothese in den Händen auf einem Stamm hockte und sie auf den Baum knallte. Dann hielt er inne, hielt das mechanische Knie ganz nah vors Gesicht, um es zu untersuchen.

»Hey, Mann. Was ist denn los?«, fragte ich.

»Da ist irgendwas reingekommen und blockiert mein Knie«, erklärte Josh. »Das blöde Ding soll angeblich fronttauglich sein. Und ich hatte den Staubschutz drauf und alles.«

Als er aus seinem Nickerchen erwacht sei, erläuterte Josh, habe er mit Hilfe der Plane einen Unterstand errichten wollen. Falls es weiter regnen würde, hätten wir den als Schutzdach nutzen können. Doch als er sich im Bachbett hingekniet habe, um die Plane dort, wo sie sich über unsere Rucksäcke spannte, loszuhaken, sei Kies in das Gelenk seines Prothesenknies gelangt. Als er aufstand, blockierte das Bein, er verlor den Halt, stürzte auf den Ellbogen, und dadurch sei dann noch mehr Kies in die ungeschützte Mechanik des Knies gelangt. Inzwischen versuchte er, die winzigen Kieselsteinchen und Schmutzpartikel mit Hilfe eines zum Reinigen von Gewehren gedachten kleinen Pinsels aus dem Gelenk zu entfernen. Ein Blutrinnsal lief von der Stelle, wo er auf den Ellbogen gestürzt war, am Unterarm hinunter.

Während unserer gesamten gemeinsamen Reisezeit hatte ich Josh nicht ein einziges Mal so erlebt. Auch in schwierigen Situationen blieb er ruhig. Nun aber war der ganze Mann richtiggehend verkrampft vor Frust. Verschwitzt, gestresst und völlig verzweifelt beugte er sich über das Bein. Ich wusste nicht einmal, ob er mitbekam, dass er blutete. Das Bein brummte wie ein Elektrorasierer, und Joshs Finger waren von all dem Pulen am Robotergelenk des Knies schon ganz wund. Ich band Fred an einem benachbarten Baum fest und setzte mich Josh gegenüber.

»Warum brummt das denn so?«, fragte ich ihn.

»Keine Ahnung, Mann. Das hat es vorher noch nie gemacht«, erwiderte er so ruhig, wie man es von einem Typen, der sein eigenes Bein in der Hand hält, erwarten konnte.

»Die gute Nachricht ist: Ich habe all die Steinchen rausgepult und geschafft, dass es sich wieder gerade aufrichten lässt«, fügte er hinzu und holte tief Luft. »Die schlechte ist, dass das Knie jetzt komplett hinüber ist. Im Grunde ist es jetzt nicht mehr als ein echt teures Holzbein.«

»Okay«, sagte ich und hielt inne, um nachzudenken. Josh war auf den unebenen tückischen Pfaden, auf denen wir uns bewegten, immer besser geworden. Ganz schön erstaunlich eigentlich, dass er problemlos über diese Spitzkehren und durchs Unterholz des Los-Padres-Waldes gewandert war, vor allem angesichts des schweren Rucksacks, den er dabeihatte. Und nun war das Knie, bloß weil er auf dem Boden gekniet hatte, im Eimer. An seiner Stelle wäre ich auch angepisst gewesen.

Es gab nicht allzu viele Optionen. Josh hatte ein Reserveknie im Land Cruiser, doch es war nicht geladen. Unsere einzige echte Chance war, zum Jeep zurückzuwandern und dann irgendwohin zu fahren, um das Reserveknie aufzuladen.

»Was meinst du, wenn wir morgen loswandern und uns Zeit lassen?«

Josh war einverstanden, und wir bereiteten uns auf die Nacht vor. Wir wärmten unser Abendessen auf und hockten herum, bis es dämmerte. Wir unterhielten uns über die gestörte Mechanik des Knies, und Josh plante, einen Vertreter des Herstellers zu kontaktieren und ihm Vorschläge zu unterbreiten, damit andere nicht das gleiche Problem bekamen. Als es langsam dunkel wurde, machten Fred und ich einen weiteren Spaziergang, um unser Essen außerhalb der Reichweite neugieriger Wildtiere an einem Baum aufzuhängen. Als wir zurückkamen, war Josh bereits in sein Zelt gekrochen, erschöpft von der physisch anstrengenden Wanderung und dem psychischen Frust, derart von seinem Bein im Stich gelassen zu werden.

In dieser Nacht schob sich eine weitere Sturmfront heran. Die dicke Plane schützte uns vor dem Wolkenbruch. Nur leichte Regentropfen platschten gegen das Zelt. Fred und ich lagen sicher und trocken unter einer Decke aus kühlem Dunst, und der Regen sang uns in den Schlaf.

Als die Morgensonne durch die uralten Baumriesen drang, wärmte das Sonnenlicht das Zeltinnere gerade so weit, dass wir erwachten. Draußen frickelte Josh an seinem Knie herum, während Fred und ich das Essen holten, das ich am Abend aufgehängt hatte. Auch unser kostbarer Jetboil und ein Glas Instantkaffee befanden sich in dem Beutel. Als ich mich der Stelle näherte, war ich geschockt, als ich die durchwühlte Erde unter dem Beutel entdeckte. Ich ging in die Hocke und nahm die Stelle genauer in Augenschein, und da waren sie: riesige Pfotenabdrücke. Ich sah, wo die Kreatur – vermutlich ein Bär – unter dem Beutel herumgetapst war. Direkt darunter, dort, wo er auf den Hinterbeinen gestanden haben musste, um an unseren Vorrat heranzukommen, war die Erde sogar noch stärker aufgerissen. Fred sah aus, als wolle er die ganze Gegend mit seiner Nase staubsaugen – so wie er seine Schnauze am Boden über die Erdlöcher hin und her schob. Inzwischen löste ich den Knoten am Baumstamm und ließ den Beutel herunterfallen. Er war unberührt geblieben, wenn auch nicht unbemerkt. Angesichts der Tatzenabdrücke war ich froh, dass Joshs Bein uns einen Rückzugsgrund lieferte. Wir waren nicht die größten Tiere in diesem Wald.

Als wir zum Lager zurückkamen, war Josh zu sehr mit seinem Bein beschäftigt, das sich nicht unter seinem Gewicht versteifen wollte, um sich groß um die Bärenspuren zu kümmern. Der Sechsmeilentreck zurück zum Jeep war eine enorme Herausforderung. Josh wusste, dass es eine Tortur werden würde.

»Geh einfach, Mann«, meinte er, als wir die Rucksäcke aufgesetzt hatten. Die Vorstellung, er könne mich aufhalten, war ihm zuwider.

»Hör mal, wir haben's nicht eilig. Ich geh voraus. Und sobald es bergab geht, versuch nach vorn auf meinen Rucksack zu fallen, um dich wieder zu fangen«, sagte ich.

Wir betraten den Pfad. Fast augenblicklich erschien er mir schwieriger als auf dem Herweg. Der Regen hatte die rote Erde in Schlamm verwandelt, und die Felsen auf dem Pfad waren schlüpfrig geworden. Jede leichte Steigung und jedes Gefälle konnte sich nun, da Josh sich im Grunde nur noch auf einem Bein fortbewegte, als tückisch erweisen, sein Prothesenknie, falls er es zu stark belastete, jederzeit nachgeben. Ich gab mir alle Mühe, ein gleichmäßiges Tempo zu halten, und legte ab und zu eine Pause ein, um mich nach Josh umzusehen, ohne ihn gleichzeitig durch meine Sorge zu belasten. Fred merkte, dass etwas nicht stimmte. Mitunter blieb er stehen, um am Boden zu schnüffeln, dann hob er wieder den Kopf und blickte zu Josh zurück, der so schweigsam und konzentriert war und darauf fokussiert, sich auf den Beinen zu halten.

Als wir schließlich den Bachübergang erreichten, wussten wir, dass wir nur noch eine Meile vor uns hatten. Josh erhöhte das Tempo und überholte in einer Mischung aus Frust und Entschlossenheit sogar Fred und mich. Gestürzt war er bisher nicht, und ich wusste, er konnte es kaum erwarten, zum Land Cruiser zu kommen und sein nutzloses Bein abzunehmen.

Am Ende des Trails holten Fred und ich ihn ein, und gemeinsam marschierten wir drei aus den Redwoods hinaus, genauso wie wir gekommen waren. Wir erreichten den Land Cruiser, und ich riss, so schnell es ging, die Heckklappe auf, damit Josh endlich die Beine hochlegen konnte. Er setzte sich und nahm sein Bein ab, während ich Fred eine große Schüssel Wasser aus unserer Kühlbox einschenkte. Wir hatten es geschafft.

Nachdem wir einige Stunden nördlich der Redwoods die Grenze nach Oregon überquert hatten, hätte es uns wahrscheinlich nicht überraschen sollen, als man uns, vor dem angepeilten – elektrifizierten – Campingplatz angelangt, sofort beschied, er sei voll. Während ich mir alle Mühe gab, meinen Frust vor der Park-Rangerin, die ja auch nur ihren Job machte, zu verbergen, fragte ich sie: »Könnten Sie uns vielleicht freundlicherweise einen Coffeeshop oder eine Bar empfehlen, wo mein Freund hier sein Bein aufladen kann?«

Geduldig lächelte sie und meinte: »Gehen Sie ins Blue Moon. Da gibt's die besten Chicken Wings der Stadt, und die Steckdosen funktionieren auch.«

Das Blue Moon Saloon and Café in Coos Bay, Oregon, war eine Bar, wie wir sie liebten: eine richtige Kneipe. Josh und ich spazierten hinein und schnappten uns zwei Plätze am hinteren Ende des Tresens – direkt neben einer Steckdose, wo Josh das Reservebein einstöpselte. Es war etwa drei Uhr nachmittags und der Laden noch leer. Doch dank der Happy-Hour-Reklame für ein Bier und 'nen Schnaps sowie der Karaokemaschine in der Ecke wussten wir, dass es hier ganz schön hoch hergehen konnte.

Nach einer Stunde, in der wir ein paar Biere gesüffelt und Sandwiches und Utz Chips aus Plastikkörbchen verspeist hatten, fuhr Joshs Bein langsam hoch. Trotzdem, es dauerte noch eine ganze Weile. Das Ding hatte drei kleine LED-Leuchten, die nicht mehr blinken durften und gleichmäßig grün leuchten mussten, ehe man wieder damit gehen konnte, und das erste Licht blinkte immer noch. Als Nächstes wollten wir nach Crater Lake, ein paar Stunden weiter östlich, doch es war klar, dass wir in Coos Bay einen Schlafplatz finden mussten. Das Problem war, dass uns langsam das Geld ausging. Wir zogen unsere Handys aus der Tasche und suchten nach einem anderen Campingplatz, doch weder Josh noch ich hatten Glück. Schließlich gaben wir auf, sicher würden wir für die Nacht ein billiges Hotel finden. Und wegen des schrumpfenden Budgets versuchte ich, mir keinen Kopf zu machen.

Gegen fünf erwachte die Bar zum Leben. Die Gäste waren meist Männer, manche in unserem Alter, andere älter. Sie kamen in Flanellhemden und Carhartt-Hosen und hatten Arbeitshandschuhe in den Hosentaschen. Budweiser und Whiskey waren die beliebtesten Getränke, und alle schienen einander zu kennen.

Eine Frau in Jeans, Stiefeln und einer Flanellbluse rückte sich in unserer Nähe einen Barhocker zurecht und bestellte zwei Bier. Mit den eisig beschlagenen Gläsern vor sich wartete sie und nippte an einem, während sie die Tür im Blick behielt. Da es aussah, als ob Josh und ich eine Weile bleiben würden, beschloss ich, sie anzusprechen, vielleicht wusste sie ja von einem Campingplatz in der Nähe.

»Sie trinken heute zwei auf einen Streich?«, fragte ich sie. Was Besseres, um das Eis zu brechen, fiel mir nicht ein.

Sie warf mir einen raschen Blick zu und meinte: »Ich bin verabredet.« Um dann hinzuzufügen: »Obwohl, wenn er nicht bald aufkreuzt, trifft er nur noch zwei leere Gläser an.«

Ich lächelte. »Sie wissen nicht zufällig, ob es hier in der Nähe noch einen zweiten Campingplatz gibt, außer dem gleich außerhalb der Stadt?«

»Leider ist das der Einzige«, erwiderte sie. »Seid ihr zwei auf der Durchreise?«

Ich stellte uns vor, wie ich es immer tat: als zwei Veteranen, die den Sommer nutzten, um durchs Land zu gondeln und meinem afghanischen Hund Amerika zu zeigen. Ich deutete auf den Land Cruiser, der direkt vor dem Fenster stand und wo Fred den Kopf auf den Türrahmen gelegt hatte und die Sehenswürdigkeiten und Gerüche von Coos Bay genoss. Es war ein kühler Tag, von der Küste blies eine frische Brise herein, und Fred wirkte an seinem Lieblingsplatz zum Leute-Gucken fröhlich wie eh und je.

Die Frau blickte von Fred zu mir und lächelte. »Ich bin Ashley«, sagte sie und streckte die Hand aus, um unsere Hände zu schütteln. Während wir uns unterhielten, füllte sich die Kneipe immer mehr. Leute, die alleine kamen, wurden sofort von anderen Stammgästen begrüßt. Die meisten mussten nicht mal ein Bier bestellen; der vorher schläfrige Barkeeper war aufgewacht, öffnete Flaschen und schenkte jedem, der hereinkam, einen Kurzen ein: Er kannte alle Bestellungen auswendig. Ein bärtiger Typ in Hoodie und Basecap betrat das Lokal und kam, sobald er Ashley entdeckte, zu uns herüber.

Mit festem Händedruck stellte er sich als Chris vor. »Als Ashley mir gesimst und erzählt hat, sie unterhält sich mit zwei Veteranen an der Bar, habe ich an zwei alte Knaben und nicht an zwei gutaussehende Scheißkerle wie euch gedacht«, meinte er, und Josh und ich lachten.

»Und was führt euch in unsere kleine Stadt? Ist das eine Station auf der Heruntergekommene-Städte-Tour?«, flachste Chris.

»Wir haben gehört, bei euch gibt's den besten Strom in ganz Oregon«, juxte Josh zurück und blickte über die Schulter auf die an der Wand lehnende Beinprothese. Inzwischen waren schon zwei Leuchten grün geworden. »Oha!«, meinte Chris und klang wirklich schockiert. »Das sieht ja aus wie aus *Terminator*!«

Ashley schlug ihm scherzhaft auf den Rücken, stieß ihm dabei fast die schmuddelige Mütze vom Kopf und verschüttete etwas von seinem Bier. Dann begann sie sich bei Josh zu entschuldigen, doch wir mussten so lachen, dass es uns egal war. Wir vier rissen weiter Witze und quatschten. Wir erfuhren, dass Ashley bei einem örtlichen Holzfällerunternehmen für Rechnungen und Bestellungen zuständig war, während Chris die Hälfte des Jahres als Fischer, die andere als Holzfäller arbeitete. Josh und ich erzählten von unserem bisherigen Roadtrip.

»Na ja, euer Erlebnis in den Redwoods erklärt jedenfalls, weshalb ihr beide nach Bärenfürzen stinkt«, meinte Chris und fing sich einen weiteren Knuff von Ashley ein.

»Er will damit sagen, dass ihr zwei, falls ihr Lust habt, sehr gerne bei mir übernachten könnt. Morgen früh könnt ihr eure Wäsche waschen und ausgiebig duschen. Ich kann euch keinen Luxus bieten, aber ich würde mich wirklich freuen, euch zu helfen«, erklärte Ashley.

Josh und ich waren sprachlos. Wir hatten uns schon damit abgefunden, uns für die Nacht ein kleines Waldstück oder Motelzimmer zu suchen, aber die Aussicht, unsere Wäsche waschen und unter einem Dach schlafen zu können, war zu diesem Zeitpunkt schon ziemlich attraktiv. Denn vorerst hatten wir keine Übernachtungsfreunde mehr, erst wieder in Seattle, wo wir bei einem von Joshs Armeekumpeln pennen wollten.

Ich versuchte mich in höflichem Protest, aber Ashley schnitt mir augenblicklich das Wort ab.

»Meine zwei Jungs sind dieses Wochenende bei ihrem Vater, ich habe also Platz. Ihr könnt in unserem Wohnwagen schlafen – da spielen sie gern, das Chaos müsst ihr entschuldigen. Ich mach das sowieso nur für Fred. Ich kann's kaum erwarten, ihn kennenzulernen und zu verwöhnen«, meinte sie und starrte wieder zum Fenster hinaus auf den Land Cruiser.

Statt aufmerksam die LED-Leuchten an Joshs Bein zu beobachten und darauf zu warten, dass es sich auflud, lehnten wir uns zurück und genossen den Rest des Abends mit unseren neuen Freunden.

Später, als die kühle Küstenluft sachte durch die offenen Fenster des Wohnwagens blies, schliefen wir wie die Toten. All der Platz erschien uns geradezu luxuriös, vor allem im Vergleich zu unseren Zelten. Ich war auf ein Hochbett geklettert, Josh nahm das Bett im hinteren Teil, und Fred flackte sich auf eine Couch. Ich glaube nicht, dass einer von uns in dieser Nacht auch nur einen Zeh bewegt hat. Am Morgen erwachte ich durch das Quietschen der sich öffnenden Tür. Den Finger auf die Lippen gepresst, kam Ashley hereingeschlichen. »Ich hol nur die Wäsche«, flüsterte sie. »Frühstück gibt's in einer Stunde, ihr Schlafmützen.«

Ashley war derart großzügig, es war fast beschämend. Ich hatte keine Ahnung, wie wir uns für diese Gastfreundschaft revanchieren sollten. Nicht lange, nachdem sie die Klamotten geholt hatte, zog der Duft von Speck von ihrem Küchenfenster zum Wohnwagen herüber. Ihr Haus war ein eingeschossiges Ranchhaus, das auf einem ausgedehnten Grundstück stand. Zum Haus führte eine lange Kiesauffahrt, auf dem Hinterhof gab es eine große Veranda und dahinter einen Hühnerstall. Fahrradspuren von Ashleys Jungs erstreckten sich vom Hinterhof in den Wald. Der Wohnwagen befand sich neben dem Haus, aber jenseits der Auffahrt. Wie Ashley uns schon vorgewarnt hatte, war nicht zu übersehen, dass die Kids gern darin spielten. Spielzeuglaster und -gewehre okkupierten sämtliche freien Flächen.

Als wir dann aufstanden und in die Küche kamen, war Ashley dort schon geschäftig zugange, wendete Speck, zog gleichzeitig warmes Brot aus dem Toaster und warf jede der perfekt gebräunten Scheiben auf einen Teller. »Setzt euch!«, rief sie vergnügt, und gehorsam nahmen wir hinter Tassen mit frisch gebrühtem Kaffee Platz.

In einer kleinen Porzellanschüssel mischte Ashley Reis, Eier und Speck für Fred. Sie kniete sich hin, stellte sie vor ihm ab und kraulte ihm die Ohren, während er sein Spezialfrühstück beschnüffelte und sich anschickte, es zu verschlingen. Dann sprang sie wieder auf und schob uns unsere Teller hin: Speck, Eier, Toast und Bratkartoffeln zusammen mit ihrer ganz speziellen, hausgemachten scharfen Sauce. Bis zu diesem Zeitpunkt hatte ich mir viel auf mein Talent als Frühstücksmacher zugutegehalten, doch nun merkte ich, dass ich noch viel zu lernen hatte, wenn ich was so Gutes zustande bringen wollte wie das, was Ashley uns vorsetzte. Es war köstlich.

Den ganzen Tag lang schlenderten wir in Coos Bay herum. Ashley und Chris nahmen uns mit ins beste Fischrestaurant der Stadt, und wir tranken ein letztes gemeinsames Bier im Blue Moon. Josh und ich hatten beschlossen, unsere Sachen bei Ashley abzuholen, sobald wir zurück waren, und danach zum Campen an einen Strand zu fahren. Von Chris' und Ashleys Freundlichkeit überwältigt, wollten wir ihre Gastfreundschaft nicht überstrapazieren, auch wenn sie dies weit von sich wiesen.

Zurück im Haus, beluden Josh und ich den Land Cruiser, während Fred um unsere Füße herumtollte. Ashley kam mit zwei Plastiktüten herüber und stellte sie auf die Heckklappe.

»Also ohne das hier geht ihr zwei mir nicht, und da lasse ich nicht mit mir handeln«, meinte sie.

Sie griff in eine der beiden Tüten und hob ein Einmachglas heraus.

»Vor ein paar Monaten hat Chris diesen Thunfisch gefangen, und ich habe ihn sofort gekocht und eingemacht. Der ist besser als alles, was ihr zwei unterwegs noch zu essen bekommen werdet, und garantiert besser als irgendein Mist aus dem Laden«, sagte sie. »Ich habe auch eine Packung Salzcracker dazugepackt und eine Flasche meiner selbstgemachten scharfen Sauce.«

Sie holte die einzelnen Sachen heraus, während sie sie nannte, wie um zu beweisen, dass das, was sie sagte, auch stimmte. Dann, als alles wieder an Ort und Stelle war, zog sie die Tüte zu. Aus der zweiten Tüte zog sie etwas, von dem ich ehrlich behaupten konnte, so etwas noch nie gesehen zu haben.

»Das sind ›Feuerteufel‹«, erklärte sie. Ich habe einige

für die Pfadfinderguppe meiner Jungs gebastelt, aber sie haben sie nicht alle verwendet. Legt sie unter die trockenen Kienspäne, und das Feuer brennt im Nu.«

Ich versuchte, nicht allzu beeindruckt zu wirken, doch ich konnte einfach nicht anders. Die »Feuerteufel« waren genial. Um sie zu basteln, hatte Ashley die Unterseite eines Eierkartons verwendet und in Einzelteile zerschnitten. Dann hatte sie jeden dieser »Eierbecher« mit Sägespänen aus der Sägemühle, ihrem Arbeitsplatz, gefüllt und mit darauf getropftem Kerzenwachs versiegelt. Jedes dieser Dinger war ein kleiner Feueranzünder im Hosentaschenformat.

»Die brennen ja ewig!«, sagte ich und nahm total fasziniert einen davon aus der Tüte.

»Bis jetzt haben wir uns ja für routinierte Camper gehalten, aber damit hast du uns echt auf die Plätze verwiesen«, fügte Josh hinzu. Auch er griff sich einen und begutachtete ihn. »Ich wette, mit sowas kriegst du auch im Regen ein Feuer an.«

Ashley schmunzelte über unsere Begeisterung und zog uns an sich, um uns zu umarmen. Wir waren dankbar für die Geschenke, aber ich wusste, das Größte, was wir aus den eineinhalb Tagen bei Ashley und Chris mitnahmen, war ihre unglaubliche Freundlichkeit. Ohne etwas zurückzuerwarten, ja, ohne viel von uns zu wissen, hatten sie uns aufgenommen und für uns gesorgt.

»Halt mal mein Bein«, bat Josh und drehte sich mit übermütigem Grinsen zu mir um.

Wir standen auf einem Felsen über dem Crater Lake. Fred, der sich ein wenig argwöhnisch im Hintergrund hielt, verfolgte jede unserer Bewegungen. Der strahlend blaue wolkenlose Himmel spiegelte sich in der Wasserfläche darunter. Etwa sieben Meter, sprich hoch genug über dem tiefen Wasser gelegen, bot der Felsvorsprung eine sichere Absprungstelle. Dennoch musste Josh sichergehen, dass er weit genug darüber hinaussprang, um nicht unterwegs an der Felswand hängenzubleiben. Zu unserem Sprung vom Baumstamm in Los Padres war es überhaupt kein Vergleich.

Diesen strahlend azurblauen See zu erreichen war unsere Belohnung nach einem langen Tag. Morgens waren Fred und ich in unserem Zelt mit dem seltsamsten Gefühl erwacht. Der Boden unter uns schien zu vibrieren, und die straff gespannten Zeltwände zitterten leicht wie ein Würfel Götterspeise. Fred guckte verwirrt, hob die Brauen und legte den Kopf schief. Nach ein paar Sekunden war mir klar, was wir da spürten: ein Erdbeben. Zwar hatte ich schon einige erlebt, damals während meiner Ausbildung in Kalifornien, doch die waren kürzer und heftiger gewesen. Dieses schien fast eine Minute zu dauern, als wolle es uns behutsam aus dem Schlaf wecken.

Sobald es vorbei war, krochen wir aus unseren Zelten und stellten fest, dass es über Nacht geschneit hatte. Eine pudrige Schicht weißer Flocken bedeckte den Boden. Der ganze Morgen in dieser surreal schönen Landschaft hatte etwas von einem Traum.

Den Tag verbrachten Josh, Fred und ich, indem wir um den See herumwanderten. Die Pfade waren anspruchsvoll. Je länger wir kletterten, umso heißer wurde es, sodass uns der mysteriöse morgendliche Schneefall im Nachhinein wie eine Halluzination erschien. Nachdem wir über Stunden mehr als zwölf Meilen der Gegend erkundet hatten, hatten wir uns die beste Wanderung bis zuletzt aufgehoben: eine Strecke von einer Meile, die direkt hinunter ans Seeufer führte. Den ganzen Tag über war Josh mit seinem aufgeladenen Reservebein wunderbar zurechtgekommen. Wir bewegten uns flott voran und hatten so viel Spaß, dass ich die lange, mühselige Quälerei in den Redwoods fast vergessen hatte. Falls Josh irgendwelche Schmerzen verspürte, erwähnte er nichts davon. Wir nahmen eine brutale Reihe von Spitzkehren in Angriff und machten uns an den Abstieg bis zu besagtem Felsvorsprung. Dort hockte Josh sich hin und nahm die Prothese ab. In der Nähe stand eine Gruppe Menschen, die anderen beim Sprung ins Wasser zusah. Sobald Josh sein Bein abnahm, konnten sie nur noch gaffen, während er gefährlich nah an der Felskante balancierte. Ich kniete mich auf allen vieren neben ihn, sodass er nach unten greifen und meinen Rücken zum Balancieren benutzen konnte, um sich von dort aus nach vorn zu werfen. Ich spürte Joshs kalte, trockene Hand auf meiner Schulter, und ich starrte auf das Wasser. Als ich ihn fragen wollte, ob ich für ihn herunterzählen solle, schnellte er ohne weitere Vorwarnung hoch und nach vorn.

Ich sah zu, wie er Bein voraus und mit ausgebreiteten Armen in völlig freiem Fall durch die Luft segelte. Als er aufs Wasser traf, tauchte er mit einem Platschen tief unter dessen glatte spiegelnde Oberfläche.

Und als er dann Wasser speiend und breit lächelnd wieder auftauchte, brachen alle um uns herum in Jubelrufe aus. Verwirrt und beeindruckt sah ich mich um. Da war sogar eine Frau, die offenbar die Tränen kaum zurückhalten konnte. Bis zu diesem Augenblick hatte ich überhaupt nicht gemerkt, wie aufmerksam die Menge uns beobachtete. Fred kletterte über die Felsen zu Josh hinunter, um sich zu vergewissern, dass alles in Ordnung war. Nach Joshs Prothese greifend kraxelte ich ihm lächelnd hinterher.

14. Schlammfelder

Ich fühlte mich elend in Leatherneck. Ich machte meine zwei Wochen Physio in der SHT-Klinik und galt anschließend wieder als fronttauglich, musste aber noch warten. Die RECON-Leute, mit denen ich von Anfang an zusammengearbeitet hatte, befanden sich immer noch auf dem Anwesen, von dem ich evakuiert worden war, doch ihr Einsatz neigte sich dem Ende zu. Bereits zwei Wochen später würden alle wieder in Leatherneck sein, und eine neue Kompanie von RECON-Marines würde sie ersetzen. Sobald die neue Kompanie einsickerte, würde ich mitkommen.

Es war zwar schön, wieder mit Sergio und Mac zusammen zu sein, etwas Gescheites zu essen zu bekommen und im Gym zu trainieren, doch ich wollte zurück in den Staub zu meinen Jungs. Zu viel Zeit in klimageregelten Räumen machte mich wahnsinnig. Körperlich war ich so weit okay. Zwar wurde mir, wenn ich zu schnell aufstand oder zu hart trainierte, immer noch schwindlig. Und nachts bekam ich Kopfschmerzen. Aber ich erzählte niemandem davon. Nachdem Operation Fred geschafft war, ging es mir vor allem darum, wieder raus an die Front zu kommen. Auch wenn die RECON-Marines die Stellung verließen, meine Kumpel Justin und Ysa von der Kampfmittelbeseitigung blieben. Ich konnte es kaum erwarten, sie wiederzusehen und ihnen zu erzählen, wie Fred nach Hause gekommen war.

Kurz vor meiner Rückkehr nach Sangin erhielt ich ein Päckchen mit der Post. Als ich es aufmachte, fand ich darin ein kleines Fotoalbum von meiner Schwester mit Bildern von Fred: Fred auf dem Rücksitz des Wagens während der Heimfahrt vom Flughafen; Fred pitschnass und verwirrt bei seinem ersten Bad; wie er mit meinem Dad auf dem Sofa lag; wie er sich im Gras wälzte und aus einem Brunnen im Hof meines Elternhauses Wasser schlabberte. Ich starrte auf die Fotos, blätterte immer wieder die Seiten um – und schlief dabei ein. Zu sehen, dass Fred tatsächlich zu Hause war, ließ mir das Ganze zum ersten Mal wirklich real erscheinen.

Schließlich wurde ich nach fast einem Monat Leatherneck wie all die Male zuvor erneut mit dem Hubschrauber hinter die feindlichen Linien gebracht. Als die neuen RECON-Soldaten und ich das Lager erreichten, war es, als sei ich nie fort gewesen. Ich trat in den kleinen Raum, den Justin, Ysa und ich ganz zu Beginn für uns drei beansprucht hatten, und da lagen sie, noch halb am Pennen und ihre Matten an den gleichen Stellen wie zuvor. Die Ecke, wo meine Schlafmatte und meine Sachen gelegen hatten, war leer, als ob sie sie für mich freigehalten hätten.

Ich ging rein, setzte mein Zeug ab und fragte: »Hab ich was verpasst?«

»Guck mal, wer da von der 107-Party zurück ist«, frotzelte Ysa und bezog sich auf die 107mm-Rakete, die mich fast umgebracht hatte.

»Viel hast du nicht verpasst«, meinte Justin. »Paar Schießereien und 'n paar Folgen von *Breaking Bad.*«

Die Jungs standen auf und umarmten mich. Ihre Bärte waren überwältigend, und das Gleiche galt auch für ihren Körpergeruch. Ich merkte, dass Justin – der bei der Auswertung der Detonation auf die Rakete gestoßen war – ein wenig überrascht schien, mich wieder an der Front zu sehen. Wie es mir denn gehe, fragte er, bedrängte mich aber nicht.

»Wie war denn das Eis drüben in Leatherneck?«, fragte Ysa und spielte auf Forrest Gumps erholsamen Genesungsurlaub an, nachdem er den Schuss in den Hintern abbekommen hat.

»Oh, war lecker«, sagte ich. »Und Fred habe ich auch rausgeschmuggelt.«

Ich erzählte ihnen die ganze Geschichte. Sie konnten es kaum glauben.

»Mann, du bist gelinkt worden«, rief Ysa. »In Wirklichkeit ist der Hund ein Taliban-Schläfer. Und jetzt fliegt er nach Amerika und unterwandert unsere Regierung. Er wird deinen Dad als Geisel nehmen.«

Es hörte nicht auf mit der Frotzelei. Wir taten nichts anderes. Als ich das nächste Mal kackte, meinte Ysa: »Guck mal, du scheißt in 'ne Tüte, während dein Hund daheim hockt, Käse frisst und in deinem Bett pennt.« Ich lachte, Justin grinste bloß und schüttelte den Kopf.

Die nächsten paar Tage, während das neue RECON-Team sich mit dem Terrain vertraut machte, blieben wir im Lager. In der vierten Nacht wollten wir zum ersten Mal auf Patrouille gehen. Der Plan lautete ähnlich wie beim letzten Mal: in die Grüne Zone vorstoßen und ein Anwesen einnehmen. Dieses würden wir dann, mitten im Taliban-Gebiet, ein paar Tage halten. Und genau wie schon früher beschlossen Justin, Ysa und ich mitzukommen.

Die Nacht begann wie all die anderen. Mit eingezogenen Köpfen schoben wir uns durchs Tor unseres Gehöfts hinaus in die kühle dunkle Wüste und bewegten uns auf die üppigen Felder und Kanäle der Grünen Zone zu. Es war toll, wieder arbeiten zu können, und sofort verfiel ich in die vertraute Routine. Wir rutschten den Hang hinunter, überquerten den ersten Kanal und steuerten ein dichtes Maisfeld an.

Dass etwas nicht stimmte, merkten wir dann im zweiten Feld. Nachdem der Mann an der Spitze es etwa zur Hälfte durchquert hatte, stand er hüfttief in der schweren dunklen Erde. Das Feld war überflutet.

Uns blieb keine andere Wahl; wir wateten hinein in den Schlabber, der schwer war, fast wie Schokoladenpudding. Mit jedem Schritt, den ich tat, kam ich nur zentimeterweise voran, und der Schlamm zog mich nach unten. Was Minuten hätte dauern sollen, kostete uns fast eine Stunde. Schließlich schafften es ein paar von uns auf die gegenüberliegende Böschung. Justin ließ seine Feldflasche herumgehen, zusammen mit einer Packung Energieriegel aus einem Care-Paket seiner Frau.

Als ich ins Feld zurückblickte, sah ich den Maschinengewehrschützen – einen jungen Burschen, der wohl genauso viel Ausrüstung mitschleppte, wie er selber wog – in der Pampe strampeln und lautlos versinken. Ich ließ meinen Rucksack bei Justin und Ysa auf der Böschung liegen, watete zu ihm hin und nahm ihm das Gewehr ab, um ihn zu entlasten.

Schließlich hatte es auch der Rest der Patrouille geschafft. Einer der Marines verlor seinen Stiefel im saugenden Schlamm. Verzweifelt versuchte er, ihn zu retten, doch uns fehlte die Zeit.

Als wir das nächste Feld erreichten, war es ebenfalls überflutet, und das daran anschließende genauso. Eine Patrouille, für die wir höchstens wenige Stunden hätten brauchen dürfen, dauerte fast die ganze Nacht. Als wir das Gehöft schließlich erreichten, waren wir erschöpft, und es blieben uns nur ein, zwei Stunden bis Sonnenaufgang. Wir rieten den RECON-Leuten zu schlafen, so lange es ging, während Justin, Ysa, ein Marine namens Brian und ich uns an die Arbeit machten und Sandsäcke füllten.

Das Anwesen war ziemlich klein, doch die Umfassungsmauern waren hoch. Wir gruben Schießscharten und befestigten einen Dachposten über einem der Räume. Da einer der Eingänge keine Tür besaß, füllten wir genügend Sandsäcke, um ihn zu versperren.

Bei Sonnenaufgang war das Anwesen schon recht gut befestigt. Justin, Ysa und ich suchten uns einen leeren Raum und klappten zusammen. Wir zogen unsere Stiefel aus und bemühten uns nach Kräften, uns wieder aufzuwärmen und trocken zu werden. Von der Hüfte abwärts waren wir schlammverkrustet, und unsere Gesichter, T-Shirts und Hände waren mit dem Zeug verschmiert. Wir rollten unsere Schlafmatten aus und legten uns eng zusammen, um uns gegenseitig zu wärmen. Ich merkte, dass sich Justin, der in der Mitte lag, nicht entspannen konnte. Ich meinte sogar, seine Zähne klappern zu hören. Ich zog ein Paar Reservewollsocken aus meinem Rucksack und gab sie ihm. (Jedes Mal wenn mich daheim einer fragte, was er mir schicken sollte, bat ich stets um drei Dinge: Beef Jerky, Instantkaffee und Wollsocken.)

»Danke, Mann«, flüsterte Justin und zog sie an. Wir schliefen eine Weile.

Der Angriff erfolgte nur wenige Stunden später. Als wir aufwachten, brummte das Funkgerät, und Marines versuchten angestrengt, auf eine Mauer zu klettern. Sofort prasselte schnelles und präzises Dauerfeuer auf uns ein. Die Schüsse klangen näher, als ich je welche gehört hatte. Ich fürchtete, dass der Abstand – die Entfernung zwischen uns und ihnen – wieder mal zu knapp bemessen war. Sean, der Maschinengewehrschütze, der schon den ganzen Morgen den Dachposten hielt, war am Ende seiner Schicht, wollte aber nicht herunterkommen. Er war ein geschickter Schütze und hatte bereits eine ganze Gruppe von Talibankämpfern ausgeschaltet, doch er wusste auch, es würde noch hässlich werden. Die RECON-Leute kannten Seans ständigen Spruch: »Ihr könnt hochkommen, aber ich komm nicht runter. Denn ein paar Minuten später wollt ihr mich sowieso wieder oben haben.« Missenheim, ein anderer Marine, stieg zu ihm hoch.

Justin, Ysa und ich erklommen die Mauer. Bei einem solchen Angriff waren wir erst mal Marines und erst in zweiter Linie Bombenräumer und Informationssammler. Durch das Loch konnte ich eine schmale Gasse und die Mauer des keine sieben Meter von uns entfernten Nachbaranwesens sehen. Über uns auf dem Dach spähte Sean über die Sandsäcke und versuchte sich einen Eindruck zu verschaffen, woher das Feuer kam. Wie viele Kämpfer es waren, welche Waffen und wo sie sich befanden. Je mehr wir wussten, umso gezielter konnten wir sie angreifen und unschädlich machen.

Doch dann erfolgte ein lauter Ruf vom Dach.

»Sanitäter!«

Das Herz hämmerte mir in der Brust, und ich drehte den Kopf, um zu sehen. Wieder hörte ich ihn, diesen dringenden Schrei: »Sanitäter!«

Der da schrie, war Missenheim, der Kamerad, der zu Sean aufs Dach gestiegen war, als er nicht herunterkam. Ihre Stellung wurde von Geschützfeuer überzogen. Sean war angeschossen.

Ich rannte hinüber. Sean war direkt unter dem Helm in die Stirn getroffen, und Missenheim versuchte, die Blutung auf dem Dach zu stoppen. Aber wir mussten ihn nach unten schaffen. Geschosse schwirrten über ihre Köpfe weg, und manche schlugen in die kleine Sandsackbarriere vor ihnen ein.

Der Sanitäter Doc Jones fand ein Seil und warf es zu Missenheim hoch. Der schlang es um Seans Brust und unter den Armen durch und begann, ihn langsam abzuseilen. Als sein Körper langsam über die Dachkante rutschte, hörten wir ihn heftig nach Luft ringen. Er war noch am Leben.

Ich erkannte Sean wieder von der Versammlung auf der Rollbahn bei unserem Abflug vor wenigen Tagen. Einige der neuen RECON-Leute hatten von der Sache mit Fred gehört und erkundigten sich nach ihm. Darunter auch Sean. Ich erinnerte mich, wie er herzhaft gelacht hatte. Er war blond und ein Hüne, ein Wikinger. Er wirkte jung – war vielleicht erst zwanzig –, doch ich hatte den Eindruck, als hätte ich es mit einer alten Seele zu tun.

Doc und ich packten Sean und hoben ihn behutsam auf eine am Boden liegende Bahre, eine schmale Trage aus Planstoff. Über Funk forderte der Lieutenant bereits einen Medevac-Hubschrauber an.

Rasch packten wir Seans Kopf in Verbandsmull und legten einen intravenösen Zugang. Sein Blutdruck fiel ab, und er atmete flach. Ich half Doc Jones bei der Vorbereitung eines Luftröhrenschnitts. Nachdem wir Seans Hals mit Alkohol abgewischt hatten, legte ich die Hände an seine Kehle direkt über dem Schlüsselbein und zog die Haut straff, während Doc den Schnitt vornahm. Um Luft entweichen zu lassen, führte er den Tubus in den Hohlraum von Seans Luftröhre ein, und ich begann, ihm beim Atmen zu helfen, während Doc Jones weiterhin die Vitalfunktionen überwachte und seinen Zustand an das einfliegende Medevac-Team funkte. Neben uns lag Seans Helm mit der Innenseite nach oben, darin eine Lache aus Blut, Gewebe und Knochen.

Ich sah Sean beim Atmen zu; er tat es immer noch selbständig. Zweimal beatmete ich ihn; dann machte er einen Zug allein. Er war bewusstlos, doch für den Fall, dass er mich immer noch hören konnte, sprach ich mit ihm. »Das wird schon wieder, Mann. Bist doch ein ganz Harter. Bleib bei uns.«

Es war, als sei mein Hörvermögen plötzlich gesteigert. Das dröhnende, blecherne Geräusch des anhaltenden Feuergefechts umhüllte mich. Ich hörte die gepressten, mir fremden Stimmen von Marines flüstern: »Bleib da, Sean. Wir brauchen dich. Geh nicht weg. Geh nicht.« Das wiederholte *Pop-pop-pop-pop-pop* des Maschinengewehrfeuers über uns, während Missenheim seine Arbeit auf dem Dach fortsetzte. Die Zahlen, die Doc Jones rasch in sein Funkgerät zischte. Und schließlich das stetige *Dub-dub-dub* des Rettungshubschraubers in der Ferne.

Während das Gefecht um uns herum andauerte, flogen zwei Panzerfäuste über unsere Köpfe und landeten innerhalb unserer Mauern. Sie schlugen mit einem scharfen Explosionsknall auf, ließen Steine und Erde in die Luft fliegen, doch niemand wurde verletzt. Zur medizinische Evakuierung kam eine Air-Force-Einheit namens Pedro. Sie kamen immer mit zwei Helis: Ein Vogel war bis zu den Zähnen bewaffnet und setzte zuerst auf, um die Sicherheit des zweiten zu gewährleisten. Der Zweite war eine fliegende Ambulanz; er transportierte das medizinische Team. Und diese Leute würden, um Sean herauszuholen, ihre gefährliche Landung mitten im Gefecht durchführen müssen.

Wir sahen, wie der bewaffnete Helikopter rasch näher und tiefer kam und die von den Taliban besetzten Gehöfte mit Maschinengewehrsalven beschoss. Dicht dahinter begann der zweite Vogel beim Versuch, auf unserem Gelände zu landen, tiefer zu gehen. Ich schaute hinauf und sah Kugeln von seinem Bauch abprallen.

Über Funk meldete der Pilot: »Da ist nicht genug Platz zum Landen!« Und wir sahen zu, wie er den Hubschrauber wieder hochzog. Doch in der nächsten Sekunde drehte er ihn um fast 360 Grad und schoss zum anderen Ende des Anwesens und auf ein offenes Feld. Es war ein schnelles Manöver, fast wie eine Fassrolle.

»Scheiß drauf«, hörte ich den Piloten über Funk. »Wir bringen ihn runter.«

Er hatte entschieden, an der einzig möglichen Stelle zu landen – im angrenzenden Feld, wo sie völlig exponiert sein würden.

Wir mussten schnell machen. Auf drei zählend hoben Justin, Ysa, Brian, der Funker und ich Sean auf seiner Trage an und sprinteten zum Eingang. Doch er war blockiert, von oben bis unten mit Sandsäcken verbarrikadiert, die wir in der Nacht zuvor gefüllt und aufgeschichtet hatten. Nun mussten sie ganz schnell weg. Wir setzen Sean ab, stürzten zum Eingang und mühten uns ab, Sack für Sack wegzuzerren. Je länger der Helikopter am Boden war, umso mehr Zeit blieb den Taliban, eine weitere Panzerfaust abschussbereit zu machen. Vom Dach aus nahm Missenheim sie weiter unter Beschuss und gab uns so viel Deckung wie möglich, um Sean sicher in den Helikopter zu schaffen.

Wir zerrten an den Sandsäcken. Plötzlich tauchte zwischen ihnen von der anderen Seite her eine blaue Hand auf. Es war die behandschuhte Hand eines Rettungsspringers, eines PJs oder Parajumpers, wie sie auch genannt werden. Er war aus dem Helikopter gesprungen, um uns beim Freiräumen des Eingangs zu helfen – was wohl beträchtlich über seine Pflichten hinausging und möglicherweise sogar gegen die Vorschriften verstieß.

Nachdem genug Platz geschaffen war, hoben wir Sean wieder an und rannten mit ihm hinaus aufs Feld und zur offenen Tür an der Seite des Rettungshubschraubers. Einer der beiden Piloten war ausgestiegen und schoss mit seiner Pistole in Richtung der Taliban. Der PJ, der uns beim Räumen des Eingangs geholfen hatte, feuerte sein Gewehr ab und gab uns Deckung.

Als wir den Helikopter erreicht hatten, hoben wir Sean hinein, und Doc Jones gab ein letztes Mal brüllend die Vitalfunktionen durch, während der Pilot und der PJ an Bord sprangen. Der Heli hob augenblicklich ab, wobei Seans Riesenstiefel, während der Vogel in den Himmel stieg, noch immer seitlich heraushingen. Trotz des Ernstes der Lage mussten wir lächeln, weil unser »Wikinger« fast zu groß war, um in den Hubschrauber zu passen.

Missenheim brüllte uns vom Dach aus zu, wir sollten sofort reinkommen. Es wäre eine Kleinigkeit gewesen, uns alle mit einer einzigen Maschinengewehrsalve zu erledigen. Wir rannten um unser Leben. Kurz bevor ich durch die Tür zurück aufs Gelände schlüpfte, guckte ich zu Missenheim hoch, der im selben Moment eine Kugel auf seine Schutzweste bekam. Obwohl sich eine kleine Staubwolke von der gepanzerten Brust erhob, zuckte er kaum zusammen. Er war angepisst. Das waren wir alle.

Zurück im Lager war es, als könnten die Taliban Blut riechen. Sie wussten, dass sie einen von uns erwischt hatten, und das gab ihnen Mut. Nicht nur Geschosse hörte ich vorbeizischen; ich hörte richtig, wie die Kalaschnikows abgefeuert wurden und die Talibankämpfer einander zuriefen. Sie waren da, direkt vor unserer Nase. Ich fand eine Schießscharte und feuerte hinaus. So hatte ich den Feind während meiner vier Monate in Afghanistan noch nie erlebt.

Ach du Scheiße! Die überrennen uns ja, dachte ich. Vor meinem geistigen Auge blitzten Videos von Talibankämpfern auf, die Koalitionstruppen überraschten. Ich stellte mir vor, wie sie über gestohlener Ausrüstung und nackten, verstümmelten Leichen standen. *Nein. So soll meine Familie mich nicht sehen.*

Eine 107-Rakete sauste über uns hinweg und knatterte in die Ferne.

»Hey – lasst die in Ruhe; die gehört Craig!«, brüllte Ysa. Ich schaute hinüber und sah, dass er sich, genau wie ich, an die Wand presste und grinste wie ein Honigkuchenpferd. Und ich konnte nicht anders und musste lachen.

Endlich waren die HIMARS-Raketenwerfer unterwegs. Wie lange wir schon gekämpft hatten, war unmöglich zu sagen, aber es fühlte sich an wie Stunden. Und nun, da die Raketen geflogen kamen, suchten wir Deckung. Gesicht im Dreck und Hände über den Köpfen lagen wir auf dem Boden.

Nach den Explosionen wurde es still.

Niemand hatte viel zu sagen. Wir hatten keine Ahnung, ob Sean es schaffen würde, und über Funk war noch keine Nachricht eingetroffen. Wir wollten den RECON-Leuten Zeit geben. Schließlich war es ihr Freund, den man da gerade schwer verletzt ausgeflogen hatte. Sie zählten, wie viel Munition sie noch hatten, während Justin und Ysa zum Lieutenant gingen und unseren Stützpunkt – das andere Gehöft – anfunkten, um die Dortgebliebenen auf den neuesten Stand zu bringen.

Mit Seans Blut auf Stiefeln und Uniform stand ich im Hof und wusste nicht recht, was ich machen sollte. Ich wollte schreien. Ich wollte jemanden töten. Ich erblickte ein paar auf dem Gelände umhertrippelnde Küken. Ich hob eines auf, spürte das zarte Kribbeln seiner Füße, die weichen Daunen seines Gefieders in meiner Handfläche. Justin und Ysa kamen herüber, und wir hockten uns hin, um etwas zu essen. Ich warf meinen Jetboil an, um unsere Fertigmahlzeiten zu erhitzen, und wir witzelten, dass wir aus dem Küken Chicken Masala kochen würden. Tatsächlich aber reichten wir das kleine Ding nur lächelnd zwischen uns hin und her und machten Fotos.

Noch in der gleichen Nacht, beschloss das Kommando, sollte unsere Patrouille zum anderen Lager zurückkehren und zum Rest der Kompanie stoßen. Unsere Munitionsvorräte waren knapp und unsere Stellung zu verwundbar.

In Hitze und Unbehagen warteten wir bis zum Einbruch der Nacht. Einige Stunden nach Sonnenuntergang war es schließlich so weit. Zeit, den »Absprung« zu wagen. Wir setzten unser Pokerface auf, doch nach einem solchen Tag merkt man, wie zerbrechlich alles ist. Obwohl wir auf dem Anwesen nicht sicher waren, fühlten wir uns dort immer noch geschützter als in der Ausgesetztheit und Ungewissheit der Grünen Zone. Keiner von uns war erpicht darauf, durch Taliban-Gebiet zurück zu patrouillieren. Bevor wir zwischen die hohen flüsternden Getreidehalme des ersten Felds schlüpften, drehte ich mich zu Justin und Ysa um und stieß meine Faust gegen ihre. »Ich liebe euch, Jungs«, flüsterte ich und schob mich dann in das Meer aus Mais.

Jenseits des Maisfeldes stießen wir auf einen weiteren überfluteten Acker. Es war schlimmer geworden. Die Erde war derart gesättigt, dass Pfützen über dem Schlamm standen, in denen sich in glasigen schimmernden Schlieren der Mond spiegelte. Wir stapften hinein in die kalte, saugende Erde und standen bis zur Hüfte im Matsch. In der Hälfte des ersten Feldes war einer der Marines bis zur Brust eingesunken, und Ysa und ich zogen ihn wieder heraus, wobei er seine Stiefel zurückließ.

Langsam quälten wir uns durchs nächste überschwemmte Feld und dann durchs nächste. Uns wurde klar, dass dies Teil des Taliban-Plans war. Sie wussten, dass wir Felder durchquerten; sie wussten, wo wir hinmussten. Wenn wir langsam waren und verletzlich und festsaßen, konnten sie ihre Magazine auf uns entleeren. Und mitten in unserem Rückzug taten sie es dann. Ein *Pop-pop-pop* knatterte durch den Schlamm in unserer Nähe. Zum Glück war es nur ein einzelner Typ, der unpräzise Schüsse aus weiter Ferne abgab. Unser Scharfschütze ließ sich ans Ende der Patrouille zurückfallen, legte sich in den Matsch und versuchte, ihn zu erwischen.

Zu behaupten, wir hätten uns elend gefühlt, wäre eine Untertreibung. Wir waren psychisch und physisch am Ende. Der Schlamm war unerbittlich, und schon die unregelmäßig knallenden Schüsse reichten fast, um uns völlig aus der Bahn zu werfen. Was zwei Stunden hätte dauern sollen, kostete uns die ganze Nacht.

Es blieb uns nicht mal eine Stunde bis Sonnenaufgang, als wir den letzten Kanal erreichten. Es war der Kanal gleich neben unserem Lager, den wir jedes Mal, wenn wir die Wüste verließen und uns in die Grüne Zone vorwagten, durchquerten. Wegen seiner Größe nannten wir ihn den »Mini-Helmand«; er war breit und tief, einer der wenigen Kanäle, die eine Strömung besaßen statt nur totes stehendes Wasser. Sobald wir den hinter uns hatten, war es nicht mehr weit. Wir waren fast zu Hause.

Doch irgendwas stimmte nicht. Als wir uns dem Kanal näherten, hörte ich es. Als wir ihn in der Nacht zuvor durchquert hatten, hatte uns das Wasser bis zu den Hüften gereicht. Nun aber war da eine starke Strömung, und er wirkte doppelt so tief.

Als der als Späher dienende junge Marine den Kanal zu

queren versuchte, wurde er von der Strömung fast mitgerissen. Wir waren alle ausgepowert, trugen schwere Ausrüstung und Panzerwesten. Wer jedoch in einem solchen Gewässer den Halt verlor, der wurde unter Wasser gezogen und mitgerissen.

Ein paar andere Jungs steuerten auf der Suche nach einer womöglich weniger tückischen Stelle zum Durchwaten des Mini-Helmands stromabwärts, hatten jedoch kein Glück. Unsere Patrouille war auf offenem Feld für eine Weile ins Stocken geraten. Uns lief die Zeit davon.

Nicht weit entfernt erblickten wir einen etwa schulterbreiten Bogen aus gestampftem Lehm. Eine Brücke.

Was aber, wenn wir den leichten Weg nahmen? Wir diskutierten darüber. Es war einfach zu offensichtlich: Die Taliban wussten, wo wir hinwollten; sie wussten, dass die schlammigen Felder uns aufhalten und dass wir hier stranden würden. An diesem Flaschenhals. Es war zu riskant. Doch riskant – unglaublich riskant sogar – war auch, sich bei Sonnenaufgang im Freien überraschen zu lassen. Wir wären leichte Beute für sie. Die Brücke war schon sehr verlockend.

Der Späher erklärte sich bereit, die Brücke mit einem Minensuchgerät abzusuchen. Wurde kein Sprengsatz gefunden, waren wir hier raus. Unser Problem war, dass wir diesen Geräten nie völlig trauen konnten. Sie orteten nur Metall, und viele der improvisierten Sprengkörper bestanden hauptsächlich aus Holz und Plastik. Nur der Schaltmechanismus musste aus Metall bestehen – und war manchmal etwas so Schlichtes wie ein Kaugummipapier aus Alufolie. Das aber konnte dem Minensuchgerät komplett entgehen.

Fünfzehn, zwanzig Minuten waren vergangen. Zu lange. Noch immer wurden wir beschossen; hin und wieder surrte eine Kugel vorbei und schlug klatschend in die gequollene Erde. Bald würde die Sonne aufgehen.

Justin zog Ysa beiseite. »Ich kann den Jungen nicht mit dem Ding da hinlassen. Wir schicken ihn in den Tod«, sagte er.

Und dann bot Justin sich an. »Lasst mich gehen«, sagte er. »Wenn es eine Sprengfalle gibt, finde ich sie.«

Vorsichtig näherte sich Justin der Brücke, schwang den Metalldetektor vor sich nach rechts und nach links, als suche er am Strand nach Münzen. Ysa folgte ihm in etwa drei Metern Abstand, sodass er sich mit Justin unterhalten konnte, während der arbeitete. Kampfmittelbeseitiger arbeiteten stets im Team. Unsere Patrouille schwärmte auf dem Feld ringsum aus, während ich mit meinem Rucksack zurückblieb und sie aus der Distanz beobachtete.

Als Justin den Fuß der Brücke erreicht hatte, legte er das Minensuchgerät hinter sich ab. Er ließ sich auf Hände und Knie nieder. Die einzige Möglichkeit, die Brücke freizugeben, bestand darin, sie vorher in mühsamer Handarbeit zu untersuchen. Justin zog sein Messer und begann systematisch dessen Spitze in die Erde vor seinen Knien zu drücken, um sie dann langsam anzuheben. Abwechselnd schürfend und anhebend arbeitete er sich behutsam voran. Er suchte nach Drähten. Sobald er das Messer anhob und mit einer Sprengladung verbundene Drähte zum Vorschein kämen, würde er sich für die beste Methode entscheiden, Druckplatte von Sprengstoffbehälter zu trennen. Oder aber wir mussten angesichts der knapp bemessenen Zeit die Brücke vergessen und uns einen anderen Weg durch den Kanal suchen. Justin war Experte im Räumen improvisierter Sprengfallen, der IEDs. Bei seinem letzten Einsatz im Irak hatte er mehr als hundert davon entschärft.

Wir warteten auf dem Feld. Ich konnte Justin gerade so

ausmachen, wie er sich über die Brücke vorarbeitete und seine Hände sich stetig im roten Schein seiner Stirnlampe bewegten, während Ysa hinter ihm stand.

Als Justin die Brücke zu etwa einem Viertel überquert hatte, blieb sein Messer an etwas hängen. Langsam hob er es an und zog zwei Drähte aus dem Dreck. Er hatte etwas gefunden.

Vorsichtig richtete er sich auf der schmalen Lehmbrücke auf. Er blickte sich nach Ysa um, machte ein Zeichen, um seinen Fund zu bestätigen. Im selben Moment und ganz unverständlicherweise erfolgte eine laute dumpfe Explosion. Und die Brücke explodierte in einer schwarzen Wolke aus Erde und Schlamm.

Ich spürte die Explosion körperlich, wie einen Schlag vor die Brust. Mir klangen die Ohren. Ysa wurde nach hinten geschleudert.

Ich stand da, und meine Gedanken rasten. Manchmal detonierten IEDs nicht vollständig. Manchmal waren es nur Blindgänger. Manchmal wurde niemand verletzt. Manchmal war alles okay.

Dann hörte ich Justin schreien. Ich werde diesen Ton nie vergessen. Er brüllte nicht vor Schmerz. Es war ein Schrei der Enttäuschung. Es war, als wolle er sich entschuldigen – bei uns, bei sich selbst, bei seiner Familie.

Ich lief los.

Ysa war als Erster bei ihm, gefolgt von Doc Jones.

An der Explosionsstelle zerschmettert die entladene Kraft deinen Körper. Der Druck zerstört das Gewebe. Justins rechtes Bein war von der Hüfte ab verschwunden. Das linke war vom Fuß bis zum Oberschenkel übel zugerichtet.

Bei Bewusstsein, doch verstört begann er zu flüstern, er habe die Sprengfalle gefunden, wir sollten die Brücke meiden.

»Sind alle anderen okay?«, fragte Justin Ysa.

»Ja. Alle okay. Wir haben dich, Alter«, sagte Ysa.

Justin war ans Ufer eines kleinen Kanals geschleudert worden, der in den von uns zu querenden mündete.

Als ich dazustieß, hatten Ysa und Doc Jones bereits beide Beine Justins abgebunden. Er lag auf einer Trage. Doc Jones bereitete eine Infusion vor und reichte mir den Beutel. Jemand war am Funkgerät. Ich wusste, wir hatten nicht viel Zeit.

Unablässig sprachen wir mit ihm. »Halt durch«, sagten wir. »Du machst das super, Justin. Mach dir keine Gedanken. Atme einfach.«

Justin atmete nur mit Mühe; sein Blutdruck begann abzufallen. Doc legte ein Mundstück über seine Lippen, an dem ein Schlauch befestigt war. Ysa nahm mir den Infusionsbeutel aus den Händen, und genau wie bei Sean beugte ich mich über Justin und blies Luft in seine Lunge. Alle paar Sekunden atmete ich aus, und Justins Brust hob sich. Alle Jungs waren da. Und wir redeten ihm weiter gut zu. Allmählich verlor er das Bewusstsein. Es war, als schlafe er ein.

Über uns war nun ein unheimliches *Wuup-wuup-wuup* zu hören. Infrarot-Leuchtgranaten fielen vom Himmel wie ein seltsames, langsames Feuerwerk. Man hatte sie von der Batterie am Kajaki-Damm abgeschossen, um den Hubschrauberpiloten eine sichere Landung zu ermöglichen.

Wir hörten Tricky herannahen, einen speziellen Rettungshubschrauber für Amputierte. Es handelt sich dabei um einen Chinook, den Heli mit den zwei Rotoren – im Grunde eine fliegende Notaufnahme. Ich erinnere mich noch an den Akzent der britischen Besatzung über Funk. Während der Helikopter aufsetzte, hoben wir Justin an und rannten durch den Schlamm in Richtung der offenen Einstiegluke. Ich hielt die Trage mit der rechten Hand, während ich Justins Flakweste in der linken trug. Ein Teil meines Gehirns war, von der Ausbildung her, auf Autopilot; ich hatte seine Weste mitgenommen, weil ich wusste, dass man nie ohne fliegen sollte.

Wir rannten mit Justin die Rampe hoch und legten ihn inmitten eines Teams aus Unfallschwestern und -chirurgen ab, die sofort mit der Arbeit begannen. Ich ließ Justins Panzerweste sinken und blieb stehen, unfähig, mich zu bewegen. Mein Gesicht und meine Hände waren voller Blut und Schlamm. Ich streckte die Hand nach meinem Freund aus und berührte seine Brust. Dann wich ich zurück.

Als der Chinook abhob, gingen wir vor dem Rotorenwind in Deckung. Unter dem ohrenbetäubenden Krach lag ich bäuchlings im Matsch und schrie in die kalte, feuchte Erde, bis ich heiser war. Mein Herz hämmerte. Nichts hatte mehr Sinn. Etwas in mir wusste, dass Justin fort war, aber ein anderer Teil konnte es nicht begreifen.

Irgendwie erhob ich mich. Ysa sammelte Justins Sachen an der Explosionsstelle zusammen und versuchte, eine rasche Untersuchung durchzuführen. Er hob Teile von Justins in Stücke gesprengtem Gewehr auf, und wir befestigen Justins Rucksack an meinem, sodass ich ihn zurücktragen konnte. Inzwischen war die Sonne fast aufgegangen. Die schnelle Eingreiftruppe unseres Lagers war eingetroffen. Sie stießen Leitern ins Wasser, um uns die Querung des Kanals zu ermöglichen. Wir kehrten zum Lager zurück.

Ysa und ich suchten unser kleines Zimmer auf und begannen, Justins Sachen durchzugehen, zu ordnen. Die Vorderseite von Ysas Uniform war vom Blut seines Freundes durchtränkt.

Ohne aufzublicken, sagte Ysa ruhig: »Justin hat es nicht geschafft.« Er hatte es über Funk gehört.

»Ich weiß«, erwiderte ich leise. »Es tut mir so leid, Mann.«

Wir sprachen nicht viel an diesem Tag, fühlten uns wohl alle wie betäubt. Das Zimmer war ziemlich dunkel und blieb auch tagsüber kühl. Wir blieben drinnen und guckten, wenn wir gerade nicht schliefen, auf meinem Laptop *Dumm und Dümmer* und *Stiefbrüder*. Irgendwann rief Ysa seine Frau an.

Später gab es eine Nachbesprechung unserer Patrouille für alle. Ich ging hin. Der RECON-Captain erzählte dem Team, dass Justin es nicht geschafft hatte. Auch von Sean gab es schlechte Nachrichten. Er war zwar am Leben, doch man rechnete mit dem Schlimmsten – sprich, man erwartete, dass er starb. Er wurde nach Deutschland ausgeflogen, wohin dann seine Eltern kommen und sich von ihm verabschieden konnten. Er war schon weg.

Ein paar Nächte später wurden wir exfiltriert. Zurück in Leatherneck, tat ich vierundzwanzig Stunden lang gar nichts. Mac und Sergio und die übrigen Jungs ließen mir Zeit. Ich duschte, legte mich ins Bett und versuchte zu schlafen. Danach tauchte ich wieder ganz in die Arbeit ein. Das Gefangenenlager war ziemlich voll; es gab jede Menge Gefangene zu verhören und zu verwalten. Die Tage waren lang. Ich verbrachte Stunden im Verhörraum, anschließend Stunden mit der Erledigung der Büroarbeit. Ich war durchwegs beschäftigt. Und immer in Bewegung.

Justins Trauerfeier auf Leatherneck blieb ich fern, ich konnte mich nicht überwinden. Stattdessen setzte ich bewusst ein Verhör an. Noch immer war ich zu wütend. Immer wieder ging ich in Gedanken die Geschehnisse des Einsatzes durch und suchte nach Fehlern. Wieder und wieder spielte ich all die Was-wäre-wenn-Szenarien durch. Was, wenn ich mich stärker in die Planung der Patrouille eingebracht hätte? Hätte ich mir das Anwesen, das die Mannschaft einzunehmen plante, nicht ansehen und erkennen können, dass es zu wenig Abstand zum Nachbargehöft gab? Was wäre gewesen, wenn ich am Kanal etwas anderes gesagt hätte? Vielleicht hätte ich den Späher oder Justin ja überzeugen können, dass die Brücke keine Option war.

Was wäre gewesen, wenn.... Was? Was? Was?

15. Bärendienst

Als wir Portland in Richtung des letzten großen Ziels dieser Reise, Seattle, verließen, wählten wir nicht die Panoramastraße. Ich lenkte den Land Cruiser auf die Schnellstraße, trat aufs Gas und jagte den Motor auf Maximalgeschwindigkeit hoch, die bei fünfundfünfzig Stundenmeilen oder achtundachtzig Stundenkilometern lag. Es war ein Vormittag mitten in der Woche; auf den Straßen herrschte Ruhe, der Himmel war grau. Nach fast acht Wochen auf Achse wusste Fred, was Sache war. Er rollte sich auf dem Rücksitz auf seinen Decken zusammen, seufzte und schloss die Augen, um Kraft zu tanken fürs nächste Etappenziel, wo immer es auch sein mochte. Doch an diesem Tag ging es nicht zu einem See oder Canyon, Wanderweg oder Campingplatz. Nein, wir brachten Josh ins Krankenhaus.

Die Prothese machte ihm diesmal keine Schwierigkeiten; vielmehr bereitete ihm sein gutes Bein Probleme. Er vermutete ein Blutgerinnsel, was mir eine Scheißangst einjagte. In Seattle, so unser Plan, würden wir bei Matt, einem Army-Freund von Josh, übernachten und das dortige Militärkrankenhaus aufsuchen.

Schon in Portland war mir bei unserem Stadtrundgang aufgefallen, dass Joshs Haltung anders war. Er stützte sich stärker als sonst auf die Prothese, bevorzugte sein linkes Bein und hinkte ein wenig. Und als er dann über Schmerzen klagte, wurde mir klar, dass er sich schon eine Weile nicht mehr gut fühlte und es wohl nur für sich behalten hatte, weil er sich nicht damit auseinandersetzen wollte oder fürchtete, uns aufzuhalten. Ich dachte an all die anstrengenden Touren, die wir in Los Padres, den Redwoods und Crater Lake unternommen hatten, und fragte mich, ob wir es vielleicht übertrieben hatten.

Als wir vor Matts Apartment hielten, stand der schon wartend vor seiner Tür. So wie er aussah, hätte er Joshs Bruder sein können. Beide waren groß und schlank und zeichneten sich durch ihr breites Lächeln und gemeinsame Eigenheiten aus. Beide neigten beim Zuhören nicht nur die Köpfe auf die gleiche fragende Weise, es verband sie auch ein Hang zu unverblümtem Sarkasmus. Matt war einer der Sanitäter in Joshs Einheit gewesen. Mittlerweile gehörte er der Armeereserve an und arbeitete in seinem zivilen Job als Röntgentechniker an einem örtlichen Krankenhaus.

»Du warst tatsächlich so lang mit 'nem Marine unterwegs, und ihr habt euch nicht verfahren?«, meinte Matt scherzend zu Josh, nachdem der mich vorgestellt hatte.

»Nein, aber wir mussten ziemlich oft halten, damit der Typ hier seine Mom anrufen und fragen konnte, ob er ein bisschen länger ausbleiben darf«, frotzelte ich.

Ich wusste, sobald die Scherze und das Vorstellen vorbei waren, musste ich Matt sagen, was Sache war.

»Allerdings sollten wir Josh in die Klinik bringen«, fügte ich hinzu. »Sein Bein verschlechtert sich.«

Ich wollte derjenige sein, der es aussprach – um Josh zu entlasten.

Wir ließen unsere Sachen bei Matt, dann stiegen Josh und ich gleich wieder in den Jeep. Die Veteranen-Klinik lag nur fünfzehn Minuten entfernt, doch auf der kurzen Fahrt dorthin sprach keiner von uns ein Wort. Ich wusste, Joshs größte Angst war, dass man ihm eines Tages womöglich auch das gute Bein amputieren musste. Was, wenn all die Operationen und all die Physio nicht reichten, um das stark geschädigte Gewebe heilen zu lassen? Er hatte mir die Narben an seinem Bein gezeigt, wo Granatsplitter Muskeln durchtrennt und Chirurgen sich um Nachbesserungen bemüht hatten. Ich hatte – wie sicher auch Josh – ehemalige Frontkämpfer kennengelernt, die letztendlich Gliedmaße verloren, die von vornherein nicht zu retten gewesen waren.

Dennoch hatte ich den ganzen Sommer darauf geachtet, Josh genauso zu behandeln, wie ich es bei jedem anderen Kumpel getan hätte. Ich wollte nicht, dass er das Gefühl bekam, ich zweifle an seinen Fähigkeiten oder behandelte ihn wegen seiner Prothese wie ein kleines Kind. Wenn wir auf einer Wanderung waren und er eine Pause brauchte, setzte ich mich zu ihm und wartete. Ich sah ihn nicht an oder fragte mitleidig oder besorgt: »Geht's dir gut?« Ich wusste, dass er die Herausforderung suchte, und ich wollte ihm dabei eine Hilfe, kein Hindernis sein.

Nun, da ganz eindeutig etwas falsch lief, war es schwer, die richtigen Worte zu finden. Ich wusste nicht, was ich sagen sollte zu einem Freund, der schon so viel hatte durchmachen müssen, nur um wieder gehen zu können. Josh hatte sich während seiner Genesung und vor allem auf dieser Reise mehr abverlangt, als ich mir überhaupt vorstellen konnte. Er hatte so viel erreicht, und er war mir ein guter Freund gewesen, als er, ohne sich je zu beklagen, zuhörte, wie ich so vielen, die uns begegneten, immer wieder Freds Geschichte erzählte. Er hatte auf mich gewartet, wenn ich mit dem Mountainbike losfuhr, ja, er hatte es, schlicht und einfach gesagt, zwei Monate am Stück mit mir ausgehalten.

Als wir beim Veteranenkrankenhaus ankamen, umarmte ich ihn noch schnell.

»Hey, Alter – wenigstens kennst du dich aus in so ’ner Veteranenklinik. Und sicher geht es ganz schnell«, sagte ich. Josh wusste, das war Sarkasmus – bei einem Termin in einer Veteranenklinik ging nie etwas »schnell«.

»Ja, Bruder. Ich werde im Handumdrehen wieder draußen sein«, meinte Josh, ohne mich anzusehen. »Viel Spaß mit Matt – ist ein Supertyp.« Er rubbelte Freds Kopf und ließ sich vom Hund das Gesicht lecken, ehe er sich abwandte und ausstieg.

Fred und ich schauten Josh nach, als er in den Durchgang und durch die Lobbytüren hinkte. Ich schaltete auf D und fuhr zurück zu Matt, wo ich warten würde, bis Josh uns Bescheid gab. Während der Fahrt kletterte Fred nicht auf Joshs Platz, wie er das normalerweise getan hätte. Stattdessen blieb er mit gesenktem Kopf auf dem Rücksitz hocken, als wisse er, dass etwas nicht in Ordnung war. In den vorausgegangenen zwei Monaten hatte sich unsere kleine Gruppe nur selten getrennt. Ich seufzte und warf einen raschen Blick auf Fred auf der Rückbank. Ich wollte optimistisch sein, kam aber nicht an gegen das bange Gefühl, dass Joshs Reise hier enden würde.

Wenn du von der Front nach Hause kommst, reden die Leute oft mit dir, als rechneten sie damit, dass du gleich implodierst. Etwa so, wie deine Mom mit dir spricht, wenn du krank bist. Der Ton ist anders – alles eine Oktave höher. Und ein schlichtes »Wie geht’s dir?« klingt bedeutungsschwer. Als ich damals aus Afghanistan heimkehrte, ärgerte mich das. Und ganz sicher habe ich, wenn mit Angehörigen oder Freunden Sangin zur Sprache kam, fortwährend die nonverbale Botschaft *Ich will nicht drüber reden* ausgestrahlt. Die Leute sollten nicht glauben, mit mir stimme was nicht, und darüber zu reden, das öffnete dieser Möglichkeit doch nur Tür und Tor. Deshalb dauerte es lange, ehe ich einem Menschen erzählte, was Sean oder Justin passiert war.

Eines Tages, als ich schon wieder ein Jahr zu Hause war, rief Ysa mich an. Er und Ed, ein anderer Techniker von der Kampfmittelbeseitigung, der Justin gekannt hatte, wollten gemeinsam mit einem der RECON-Marines, Patrick, nach Washington kommen, um ein Wochenendseminar in Quantico, einem Stützpunkt in Virginia, zu besuchen. Ysa war nach wie vor bei den Marines, und wir unterhielten uns hin und wieder, doch verständlicherweise verbrachte er den größten Teil seiner Freizeit mit Frau und Kindern. Ich freute mich, dass die Jungs in meine Stadt kamen, und lud alle drei ein, bei mir zu übernachten. In meinem winzigen Einzimmerapartment breiteten die Jungs ihre Schlafmatten aus und lagen dicht an dicht. Das ganze Wochenende feierten wir wie Verbindungsstudenten. Es fühlte sich toll an, mit Jungs zusammen zu sein, die im Kampfeinsatz und in Sangin gewesen waren, die Justin gekannt hatten – Jungs, die Bescheid wussten.

An diesem Samstag hatte ich eine lange Nacht in meiner Lieblingsbar, dem Pug, eingeplant und lud auch meine Highschool-Kumpel dazu ein. »Ihr müsst unbedingt kommen und meine Kumpel aus Afghanistan kennenlernen«, erzählte ich ihnen. Ich freute mich darauf, all meine besten Freunde an einem Ort zu versammeln.

In dieser Nacht zwang ich alle, Whiskey und Stroh's zu trinken, die Biersorte, über die Justin und ich in Afghanistan unsere Witze gerissen hatten. Im Pug trank ich es stets ihm zu Ehren. Als meine Lieblingsbarkeeper Tony und Chaz Whiskey und Bier servierten, spielte im Hintergrund irischer Punk. Es war gerammelt voll, doch die meisten Gäste waren Leute aus dem Viertel und Stammkunden, die ich kannte. Ich fühlte mich wie zu Hause, und wir ließen es richtig krachen.

Irgendwann wurde ich dann Zeuge eines Gesprächs zwischen Ysa und meinem Highschool-Freund Brian. Als ich zu ihnen trat, merkte ich, dass Ysa von der Nacht erzählte, in der Justin gestorben war. Ich erstarrte. Er beschrieb die Lehmbrücke und die Sprengfalle. Ysa deutete auf mich und erzählte, wie ich geholfen hatte, Justin Erste Hilfe zu leisten, ehe der Chinook eintraf.

Ich merkte, wie mich jäh eine kalte Beklommenheit erfasste. Ich dachte ständig an jene Nacht. Immer wenn Ruhe einkehrte – spätnachts im Bett, wenn ich einschlafen wollte –, wanderten meine Gedanken nach Afghanistan. Dann lag ich ruhelos im Halbschlaf da, und Visionen von Sangin suchten mich heim. Sie hatten etwas von Traumerinnerungen – waren teils real, teils vorgestellt. Manchmal sah ich mich mit den Jungs im Lager um ein Feuer sitzen. Ein andermal stand ich an einer Schießscharte und spähte durch das Zielfernrohr meines Gewehrs. Im Fadenkreuz erschien dann eine Gestalt, die eine AK-47 trug. Ich drückte ab, und die Gestalt kippte um, doch dann entdeckte ich noch eine und noch eine, bis ich schließlich erwachte. Und sehr, sehr oft wanderten meine Gedanken zurück zu jener Nacht mit Justin an der Brücke. Erneut erlebte ich die letzten Momente am Kanal. Jedes Wort, das wir gesagt hatten, ehe Justin beschloss, die Brücke zu untersuchen, rief ich mir in Erinnerung. *Warum hast du ihn nicht davon abgehalten?*, fragte ich mich immer und immer wieder.

In der Kneipe registrierte Ysa meinen Gesichtsausdruck und begriff allmählich, was los war. Die Freunde, mit denen ich die ganze Zeit abgehangen hatte, Leute, die ich praktisch schon mein ganzes Leben lang kannte, hatten keine Ahnung von dieser Nacht. Natürlich hatte ich ihnen von Afghanistan und von Fred erzählt, von Leatherneck und den RECON-Marines, aber über Justin oder Sean hatte ich nie gesprochen. Ich warf Ysa einen Blick zu, wie um zu sagen: »Halt bloß die Klappe, Alter.« Er kam zum Ende seiner Geschichte, und danach suchten wir zwei uns einen Platz am Tresen.

»Trinken wir einen Whiskey auf Justin«, sagte ich. Nachdem Ysa es angesprochen hatte, wurde ich von Erinnerungen übermannt. Chaz schenkte drei Jameson ein, einen für mich, einen für Ysa und einen für Justin. Wir nahmen unsere Gläser und ließen das dritte auf dem Tresen stehen.

Mein Blick fiel auf das unberührte Glas mit Justins Whiskey, dann auf Ysas Handgelenk, wo er, wie mir auffiel, ein Memorial Bracelet trug. Es war ein schwarzes Metallarmband mit Justins Namen, Titel, Todesdatum sowie dem Ort, an dem er gefallen war. Viele Jungs trugen sie zur Erinnerung an gefallene Freunde.

Ysa streifte sich den Armreif ab. »Das ist deiner, Alter«, sagte er und schob ihn mir übers Handgelenk. »Ich will, dass du ihn trägst.«

Ich spürte, wie es mir in der Kehle und den Augen brannte, und konnte die Tränen nicht zurückhalten. Dass er mir das Armband schenkte, war eine kleine, einfache Sache, doch in diesem Moment bedeutete sie mir unendlich viel. Mitten in der Kneipe brach ich völlig zusammen, als ob die verdrängten Gefühle eines ganzen Jahres aus mir herausbrächen. Das Gesicht in den Händen vergraben heulte ich wie ein Schlosshund. Ysa legte den Arm um mich, und wir umarmten uns. Während der nächsten zehn Minuten versuchte ich, mich zusammenzureißen, aber ich schaffte es nicht. Ed, Patrick und Brian kamen alle zu uns her, um zu gucken, was los war. Sie versuchten, mich zu trösten, standen um mich herum, legten mir die Arme auf den Rücken, aber ich konnte mich einfach nicht beruhigen. Ich konnte nur noch an Justin denken. Schließlich schoben sie mich aus der Bar und brachten mich nach Hause.

Am nächsten Morgen erwachte ich in meinem Bett mit Blick auf die Jungs, die auf ihren Matten am Boden lagen. Fred zu meinen Füßen blickte zu mir auf, und langsam erwachten auch Ysa, Patrick und Ed. Augenblicklich setzte ich ein Lächeln auf und erzählte, was es zum Frühstück geben sollte. Ich versuchte, die Geschehnisse des Vorabends zu verdrängen. Doch ich merkte, dass die Jungs sich Sorgen um mich machten. Für Ysa, Pat und Ed sah die Sache anders aus. Sie waren alle noch im aktiven Dienst, sodass sie ständig zusammen beziehungsweise unter anderen Marines waren – ob sie arbeiteten, relaxten, Sprüche klopften oder sich über Ernsthaftes, Schönes wie Schlimmes unterhielten. Sie merkten wohl, dass es bei mir, nachdem ich die Marines verlassen hatte, anders war. Ich war ins zivile Leben zurückgekehrt und machte einfach weiter.

»Du kannst das nicht alles für dich behalten«, sagte Ysa. »Du musst drüber reden. Du brauchst ein Ventil.«

Soweit ich mich erinnere, war es das erste Mal nach meiner Heimkehr, dass mich jemand wegen meiner Art, die Dinge zu verarbeiten – oder auch nicht – zur Rede stellte. Und ich hatte Respekt davor, wie Ysa das machte. Er packte mich nicht in Watte; er sah mich nicht an, als sei ich gestört. Er erklärte mir nur, dass ich auf dem falschen Dampfer war, und zwar so, wie es nur ein anderer Marine konnte. Es war einfach Tatsache – fast so, wie wenn ich im Training nachgelassen hätte und außer Form geraten sei, und er einfach wollte, dass ich die Kurve kriegte. »Damit erweist du dir selber einen Bärendienst«, meinte Ysa. Es sei meine Pflicht, mich drum zu kümmern, mich um mich selber zu kümmern.

»Wenn du dich nicht damit auseinandersetzt und drüber redest, weichst du dem Kampf aus. Und es wird kein gutes Ende nehmen«, sagte Ysa.

Ich wusste, dass er recht hatte.

In Seattle warteten Matt und ich auf Neuigkeiten von Josh, der sich mittlerweile seit Stunden in der Veteranenklinik befand.

»Wenn es tatsächlich ein Blutgerinnsel ist, dann war's gut, dass ihr in Portland Halt gemacht habt«, sagte Matt. Der Stopp in Portland war von mir und Josh nicht eingeplant gewesen. Doch nach Joshs Augenblick des Ruhms als Klippenspringer am Crater Lake war ein Paar samt seinen drei erwachsenen Kindern zu ihm getreten und hatte ein Gespräch mit ihm angefangen. Sie luden uns ein, ihren Campingplatz in Bend zu benutzen, wo wir sowieso hinwollten, und anschließend bestand die älteste Tochter Heather darauf, dass wir uns unbedingt Portland ansehen müssten. »Ihr könnt in meinem Apartment übernachten, ich schlafe bei meinem Freund. Es ist direkt im Pearl District, sodass ihr mit Sicherheit 'ne tolle Zeit haben werdet«, bot sie an. Eigentlich hatten wir in sechs Stunden vom Campingplatz in Bend bis nach Seattle durchfahren wollen, entschieden uns aber auf Heathers Drängen hin zu einem Umweg.

»Wie, es war gut, in Portland Station zu machen?«, fragte ich Matt. Wir saßen im Hundepark und schauten zu, wie Fred und Matts weiße Labradorhündin Lucy sich gegenseitig jagten.

»In Ruhephasen, wenn jemand längere Zeit stillsitzt, verschlimmern sich Blutgerinnsel normalerweise. Wärt ihr den ganzen Weg von Bend nach Seattle gefahren, hätte eins der Gerinnsel bis in Joshs Gehirn oder in sein Herz wandern können. Daran hätte er sterben können,« meinte Matt im sachlichen Ton des medizinischen Profis.

»Ach du liebe Scheiße«, sagte ich und versuchte zu begreifen, wie schlimm es hätte kommen können.

Ich dachte zurück an unsere Reise, an all die Male, die es knapp geworden war, angefangen beim fast im Mississippi-Schlamm versinkenden Land Cruiser bis hin zu Joshs Prothese, die ihn mitten in den Redwoods im Stich ließ. Wir hatten einen so langen Weg zurückgelegt, so viel gesehen und waren dabei mit so wenigen Pannen über die Runden kommen. Trotzdem hätten diese Pannen natürlich auch schwerwiegender ausfallen können, wären die Dinge ein klein wenig anders gelaufen. Vielleicht war dieser jüngste Beinahe-Unfall ja eine letzte Warnung an uns.

Als die Sonne unterging, beschloss ich, Fred bei Matt zu lassen und wieder zur Klinik zurückzufahren. In der letzten SMS, die ich von Josh bekommen hatte, schrieb er, er warte noch immer auf den Arzt. Dann warte ich eben in der Lobby, dachte ich. Ich wollte nicht, dass er sich alleine fühlte.

Unter dem Neonlicht des Klinikfoyers ließ ich mir an einem Automaten einen Kaffee heraus und nahm auf einem harten Plastikstuhl Platz. Vor mir stand ein großer Couchtisch, auf dem Zeitschriften lagen: *VFW*, *Military Spouse*, *Highlights*. Ein paar ältere Veteranen mit Vietnam-Vet-Basecaps saßen still in Rollstühlen oder neben ihren Gehhilfen. Sie schienen auf einen Bus zu warten, der sie zu ihrer betreuten Wohneinrichtung zurückbringen würde. Ich sprach zwar keinen von ihnen an, aber ich fühlte mich immer schlecht, wenn ich daran dachte, wie man die Veteranen dieser Ära nach ihrer Heimkehr behandelt hatte. Viele von ihnen waren durch ihre Einberufung in diesen Konflikt hineingezwungen worden und erlebten Kämpfe, die körperliche und seelische Narben bei ihnen hinterließen. Und die Gesellschaft, in die sie zurückkehrten, war von der inzwischen herrschenden *Thank-you-for-your-service*-Einstellung noch sehr weit entfernt. Außerdem waren das Veteranenministerium und all die anderen Einrichtungen längst nicht so stark, wie sie es heute sind. Jedes Mal wenn ich über das Veteranenministerium meckerte, versuchte ich, mir all das in Erinnerung zu rufen.

Von Josh kam eine SMS: »Blutgerinnsel. Sie haben mir ein Rezept ausgestellt. In zehn Minuten bin ich draußen.«

Ich war erleichtert, dass sie ihn nicht in der Klinik behielten, doch ich wusste, wir waren noch nicht über den Berg. Etwa zwanzig Minuten später kam Josh mit einer Einkaufstüte voller Medikamente in der Hand durch die Tür. Zwar hinkte er noch immer ein bisschen, doch er lächelte und stand auf den eigenen Füßen.

»Hey, Alter, hättest doch nicht auf mich warten müssen«, meinte er.

»Tja, eigentlich wollte ich nur mal ’nen Blick in die Lobby der Veteranenklinik von Seattle werfen. Stand nämlich neben Grand Canyon und Redwoods ganz oben auf meiner Besichtigungsliste«, flachste ich, während wir ins Freie traten. Der letzte Rollstuhlveteran wurde gerade in den Bus geladen, als wir in den Land Cruiser stiegen.

»Dass ich mal so froh sein würde, wieder in dieser Traumkarre zu sitzen, hätte ich auch nicht gedacht«, meinte Josh und ließ seinen Sicherheitsgurt einrasten. Er berichtete, dass man ihm einen Blutverdünner verschrieben hatte, den er sich zweimal täglich zusammen mit Schmerzmitteln in den Bauch injizieren musste.

»Die Ärztin hat zwar gemeint, dass ich's langsam angehen soll, aber dass ich nicht reisen soll, hat sie nicht gesagt«, erklärte er.

Ehrlich überrascht, dass er gar nicht daran zu denken schien, das Ganze sein zu lassen und den nächsten Flug nach Hause zu nehmen, hielt ich einen Moment inne. So wie Josh redete, klang es, als sei diese Medikation keine echte »Dröhnung« – sondern gerade ausreichend, damit es ihm gut ging, bis er wieder bei seinem Hausarzt in Washington war. Aber ich sagte nichts.

»Wenn du weiter mitkommen willst, ist das deine Entscheidung. Ich will nur nicht, dass du mir tot umfällst. Das wäre dann wirklich das Ende der Reise«, witzelte ich.

»Hab ja schon immer befürchtet, dass mir mal im Beifahrersitz eines Land Cruisers die Stunde schlägt«, erwiderte er lächelnd, »nur nicht, dass es so bald sein würde.«

Einige Tage später hatten wir in einer Kneipe in Minneapolis unseren ersten Streit dieser Reise. Wir wohnten bei Joshs Highschool-Freundin Alex, die uns zu einem Spiel der Twins einlud. Anschließend gingen wir auf weiche Riesenbrezeln und ein paar Bierchen in eine Bar in Stadionnähe. Den ganzen Abend über war mir schon aufgefallen, wie Josh sein Bein schonte und sich auf die Prothese stützte. Ich machte mir Sorgen um ihn, vor allem weil wir den Rest der Reise nur noch im Auto sitzen würden. Mein Geld reichte nur noch für Benzin und Essen, und ich plante, von Minneapolis aus direkt bis D.C. durchzubrettern.

»Hey, Alter, alles okay? Wie geht's deinem Bein?«, fragte ich und versuchte, so beiläufig wie möglich zu klingen.

»Ja – alles bestens, Mann. Weshalb?«, meinte Josh.

»Ich hatte halt, während wir heut Abend rumgelaufen sind, den Eindruck, als würdest du dich ein bisschen unwohl fühlen. Und dabei habe ich gemerkt, dass ich dich schon 'ne Weile nicht mehr nach deinem Bein gefragt hab«, sagte ich.

Tatsächlich war unser Verhältnis seit Seattle ziemlich verkrampft. Nach dem Abschied von Matt fuhren wird zehn lange Stunden nach Bozeman, Montana. Wir schliefen im Zelt, und ich unternahm eine letzte lange Mountainbiketour, ehe es weiter ging nach North Dakota, wo wir unter dem strahlendsten Sternenhimmel unseres Lebens übernachteten. Danach fuhren wir nach Minneapolis, Joshs Heimatstadt. Auch wenn nichts passiert war, spürte ich doch die ganze Zeit eine Anspannung zwischen uns, die vorher nicht dagewesen war.

Und auch wenn ich nichts sagte, war ich doch sauer, weil ich fand, dass Josh seine Gesundheit auf Spiel setzte. Wir wussten beide, dass er auf dieser Reise mehr auf einem Bein geschafft hatte, als wir je für möglich gehalten hätten. Es war unglaublich. Warum kapierte er also nicht, wann Schluss war? Er hätte von Seattle aus nach Hause fliegen und dort seinen Arzt aufsuchen sollen. Ich wollte Josh zu der Einsicht bringen, dass es ein Unterschied ist, ob man etwas Lohnendes tut, um sich herauszufordern, oder ob man sich aus blindem Aktionismus in Gefahr bringt. Anstatt seine ganz realen Schmerzen anzuerkennen, leugnete er sie. Das war doch offensichtlich. Sehr viel weniger klar war mir dagegen, dass die Dinge, die ich Josh vorwarf, genauso für mich galten.

»Hör mal. Warum sagst du's nicht einfach? Du meinst, ich soll nach Hause fliegen. Ich merke doch, dass du das die ganze Zeit denkst«, stieß Josh hervor.

»Solltest du nicht auf die Ärzte aus Seattle hören? Haben sie dir nicht gesagt, dass Autofahren die Blutgerinnsel verschlimmern kann? Und viel anderes wird zwischen hier und Washington nicht mehr passieren«, sagte ich.

»Wenn du lieber ohne mich weiterfährst, sag's einfach«, erwiderte er, eindeutig gekränkt.

Wir hatten schon einige Biere intus und gingen uns nach all der Zeit auf der Straße auf den Geist. Da konnte so ein Gespräch leicht mal eskalieren. Alex kam von der Toilette zurück und sah, dass wir über irgendwas diskutierten. Sie ließ uns in Ruhe und ging zu ihren Freunden an die Bar.

»Ich will, dass du diese Entscheidung triffst. Ich will, dass du dir deine Situation anschaust und mit ihr umgehst, statt sie unter den Teppich zu kehren und das Problem bei anderen abzuladen«, sagte ich heftig. »Du hast diesen Sommer gesehen, wozu du in der Lage bist. Wie weit du deine geistigen und physischen Grenzen verschieben kannst. Aber jetzt musst du sie auch akzeptieren.«

Am nächsten Morgen fuhr ich Josh zum Flughafen. Unser Streit in der Kneipe hatte nichts gebracht, und als wir bei Alex ankamen, ging ich schlafen, und Josh buchte seinen Flug. Nun hockten wir wieder im Jeep – und schwiegen.

Vor dem Abflugterminal stiegen wir aus, standen auf dem Gehsteig hinter dem Land Cruiser. Autos fuhren vorbei, Menschen eilten durch Drehtüren. Ich griff nach Joshs Matchbeutel und reichte ihn ihm. Wir schauten uns an, rangen uns ein Lächeln ab und umarmten uns sogar.

»Danke, Mann«, meinte Josh ernst. »War 'ne geile Zeit.« Er drückte Fred einen Kuss auf den Kopf.

»Ohne dich hätte ich das nie gemacht, Alter. Bin echt

froh, dass du mitgekommen bist«, erwiderte ich. Und es stimmte.

Fred, der nun vorn saß, winselte weder, noch jammerte er. Er schien zu begreifen, dass es Zeit wurde für Josh, unsere kleine Gang zu verlassen. Ich schaltete auf D und steuerte Richtung Heimat.

16. Heimkehr

Irgendwann nach meinem letzten afghanischen Einsatz hockten mein Kumpel PJ und ich während unserer letzten Stationierungstage in unserer Unterkunft in Leatherneck und tranken. Schon seit unserer Ankunft im Land hatten wir eine Flasche Johnnie Walker Red Label gebunkert. Seit sieben Monaten wartete sie auf uns.

»Ehe wir nach Hause fliegen – sobald wir wissen, dass wir mit den Feldoperationen durch sind –, leeren wir die ganze Pulle, du und ich«, hatte ich zu PJ gesagt. Inzwischen schien es eine Ewigkeit her.

Wir brachten uns Coke aus der Kantine mit, saßen umgeben von gepackten Taschen auf unseren Stockbetten und ließen die Flasche hin- und hergehen. Sieben Monate lang hatten wir keinen Tropfen Alkohol angerührt, und genauso viele Kilos hatte jeder von uns abgenommen, sodass es nicht viel brauchte, bis das Zeug seine Wirkung tat.

PJ und ich hatten unsere Ausbildung gemeinsam beim Militärgeheimdienst absolviert und waren Zimmergenossen gewesen, bevor wir gleichzeitig in Afghanistan stationiert wurden. Wir waren Freunde. Daheim in Pendleton hatte uns unser Kommando in Vorbereitung auf den Einsatz informiert, dass es für Nachrichtensammler an der Front lediglich zwei Stellen gebe, beide auf dem von der Infanterie gehaltenen Stützpunkt am Kajaki-Damm. Der Rest von uns müsse damit rechnen, seine Stationierung auf Camp Leatherneck zu verbringen. Wir wussten, dass es in Kajaki schlimme Kämpfe gab und die Marines dort viele Verluste erlitten, doch die Vorstellung, unseren Einsatz an einem Schreibtisch zu verbringen, war deprimierend. PJ und ich wünschten uns beide, an die Front versetzt zu werden, um das zu tun, wofür wir trainiert hatten.

Später nahm unser Kommandant Gomez mich und PJ beiseite. Er wusste, wie nah wir uns standen. »PJ, du gehst nach Kajaki«, sagte er. »Und du, Craig, bleibst auf Camp Leatherneck. Ich kann euch nicht beide an einen Ort schicken; ich brauche einen von euch hier.« Wir alle wussten, dass PJ und ich das beste Team gewesen wären, aber er konnte nicht zwei Freunde in dieses Umfeld hinausschicken. Falls einem von uns etwas zustieß, würde das auch die Fähigkeit des anderen zur Fortsetzung der Mission gefährden.

Ich war fix und fertig. Aber natürlich ahnten wir damals nicht, was alles vor mir lag.

Zurück in der Unterkunft, erzählten PJ und ich einander, was wir seit unserer Trennung erlebt und getan hatten. Wie sich zeigte, gab es bei unseren Einsätzen viele Parallelen. PJ hatte in Kajaki schwere Kämpfe erlebt. Die Taliban wollten den Damm wieder unter ihre Kontrolle bringen und blieben unerbittlich. Da es sich um einen bekannten Koalitionsstützpunkt handelte, war die gesamte Umgebung stark mit Sprengfallen verseucht. PJ hatte erlebt, wie sich Jungs vor ihm buchstäblich in Luft auflösten. In einem Moment war dein Kumpel noch da, im nächsten war er verschwunden.

Es gibt nicht viele Worte für so etwas. Er wusste, wie es war, und ich auch, und das genügte.

Nachdem Sean und Justin gestorben waren, ging ich auf eine letzte lange Mission. Statt mit dem Helikopter eingeschleust zu werden, fuhren wir mit MRAPs[1] und M-ATVs[2] in die Wüste. Wir übernahmen ein Gehöft, das groß genug war, um mit den Fahrzeugen hineinzufahren, und das Ysa und Bobby, Justins Nachfolger, für uns klärten. Es wurde zu einer Patrouillenbasis: PB Alcatraz. Als Letztes sollten noch Zelte, Unterkünfte und Duschen eingeflogen werden. Die Koalitionstruppen würden sie nutzen, um die Gegend einschließlich des Abschnitts des zur Talsperre führenden Highway 611 zu sichern.

Während dieses Einsatzes passierten in Sangin eine Menge Dinge, die ich niemals für möglich gehalten hätte. Nach einigen Wochen schwerer Kämpfe sahen wir, wie sich Dorfbewohner auch tagsüber zusehends heraustrauten. Kinder rannten herum, jagten sich gegenseitig und spielten im Sand. Ein kleiner Markt – auf einem bescheidenen, von Lehmmauern umgebenen Gehöft neben der 611 – fand wieder statt. Wir begannen, unser Gelände tagsüber zu verlassen, und trafen und unterhielten uns mit mehr Dorfbewohnern als jemals zuvor. Ysa und ich gingen auf den kleinen Markt und kauften Obst und Gemüse – Äpfel, Birnen, Feigen und Gurken – fast wie beim Lebensmitteleinkauf zu Hause. Mein Gewehr wurde mir lästig – als sei der Aufwand, es mitzuschleppen, einfach zu groß. Eine Zeit lang blieb es relativ friedlich in Sangin. Das Dorf war nicht wiederzuerkennen.

Und dann erlebten wir, wie die – von uns so genannten – »Front-Touristen« auf unserer Basis einzutreffen begannen: Majore, Colonels und andere hohe Tiere. Sie flogen aus Leatherneck ein und verlangten, auf »Präsenzpatrouil-

---

1 MRAP =Mine Resistant Ambush Protected Vehicle (Minen widerstehendes und Hinterhalt-geschütztes Fahrzeug)

2 M-ATV = Military All-Terrain Vehicle (Militärgeländewagen)

len« zu gehen, was im Grunde nichts anderes hieß, als am helllichten Tag wie eine Reisegruppe durch Taliban Town zu spazieren. Diese Patrouillen waren gefährlich, weil sie keinerlei Zweck dienten. Es gab keine Gruppe von Dorfbewohnern, mit denen wir ins Gespräch zu kommen hofften, und die Routen waren nur grob vorgegeben. Es war, als wollten sie daheim erzählen können, sie hätten in Sangin patrouilliert, ohne tatsächlich je richtig dort gewesen zu sein. Es war gefährlich, und ich konnte den taktischen Nutzen nicht erkennen. Für mich war es ein Zeichen, dass die bürokratische Kriegsmaschinerie uns eingeholt hatte. Ich war bereit, nach Hause zu gehen.

Trotzdem fühlte es sich nicht gut an abzuhauen, während andere bleiben mussten. Nach Justins Tod wurden Ysa und ich ziemlich dicke miteinander, ebenso wie mit Bobby, Justins Nachfolger. Bobby war nach seiner Genesung von einer Schusswunde am linken Bizeps zu uns gestoßen, eine willkommene Ergänzung unserer Außenseiter-Crew. Als ich ging, hatten Ysa und Bobby noch immer vier Einsatzmonate vor sich. Mir war, als würde ich sie im Stich lassen, und das Gefühl, eines Tages werde mich ein Anruf mit der Nachricht wecken, einem der beiden sei etwas zugestoßen, wurde ich einfach nicht los.

Als PJ und ich die Flasche geleert hatten, schlief ich so gut wie schon lange nicht mehr. Und schon wenige Tage später sollte ich in einer Maschine nach Camp Pendleton sitzen, um dort meine Ausrüstung abzuliefern und in einem umständlichen Verfahren aus dem First Intelligence Battalion entlassen zu werden. Erst dann ging es endlich nach Hause und zu Fred, der mittlerweile schon mehr als drei Monate auf meine Heimkehr gewartet haben würde.

Es war seltsam, in Zivilklamotten in einer regulären Verkehrsmaschine zu sitzen, doch es fühlte sich gut an. Es gefiel mir, inkognito zu reisen, als ganz normaler Typ auf einem Linienflug. Statt meines Tarnanzugs trug ich meine blaue Capitals-Mütze, Jeans und ein Sweatshirt. Und auf meinen iPad zog ich mir Filme rein. Besonders aufgekratzt fühlte ich mich nicht. Aber ich freute mich auf Fred, freute mich, heimzukommen und weiterzumachen. Nachdem wir auf Reagan gelandet waren, lief ich durch den Terminal, und da waren sie: meine Mutter, mein Dad, Stiefmutter, Stiefvater, meine Schwester samt Familie, meine damalige Freundin und auch ein ganzer Trupp meiner Highschool-Freunde. Sie hatten ein riesiges Banner aufgespannt. Auf dem ich in großen Blockbuchstaben WILLKOMMEN DAHEIM, CRAIG! lesen konnte. Sie trugen selbst entworfene T-Shirts mit meinem Gesicht darauf und schwangen kleine amerikanische Flaggen.

Ich verzog das Gesicht zu einem breiten Grinsen und ging auf sie zu. Es war kein falsches Lächeln; ich war froh, sie zu sehen, ja, eigentlich überrascht. Ich hatte nicht mit ihnen allen gerechnet, erst recht nicht mit dem Schild und den T-Shirts. Doch ehe ich recht zur Besinnung kam, musste ich plötzlich an Sean und Justin denken. Ihre Familien würden diesen Augenblick nicht erleben. Bei der Vorstellung schwappte eine Welle von Wut und Bedauern über mich hinweg. Mir wurde übel.

Ich hatte keinem besonders viel von meinem Einsatz erzählt. Als ich verletzt wurde, wollte ich meiner Familie keinen Schrecken einjagen. Eigentlich rief ich fast nie an. Aber dann erzählten mir ein paar Jungs auf Leatherneck, dass in den Berichten, die nach Hause geschickt wurden, manchmal Namen von der Verwundetenliste versehentlich auf der Gefallenenliste landeten. Ich wollte gar nicht daran denken, was es mit meinen Eltern machen würde, falls sie irgendwie eine Falschnachricht von meinem Tod erhielten. Also rief ich die beiden an und lieferte ihnen eine abgeschwächte Version der Raketenexplosion, die mich fast in Stücke gerissen hätte.

Trotzdem, keiner wusste viel; was, so lange ich in Afghanistan war, auch völlig in Ordnung war. Inzwischen, da ich vor ihnen stand, fühlte sich das anders an. Ich wusste nicht, was meine Freunde gehört hatten – ob sie meinten, mein Verstand sei im Arsch. Und ich fürchtete, dass alle mich nun für einen anderen hielten und sich einbildeten, meine Verletzung und die Zeit in Afghanistan hätten mich von Grund auf verändert.

Ich schaltete auf Autopilot, machte mich taub für das Toben meiner Gefühle. Ich behielt mein Lächeln auf, um abwechselnd allen zu danken und alle zu umarmen. Meine Mutter, die mein Highschool-Eishockeytrikot anhatte, schluchzte, als sie mich lang und fest in ihre Arme zog. Dann umarmte ich meinen Vater, und über seine Schulter erspähte ich Sarah, die ebenfalls heulte. Sie hielt meine kleine Nichte Sam auf dem Arm, die kurz vor meinem Einsatz auf die Welt gekommen und inzwischen schon fast ein Jahr alt war.

Meine Familie führte mich in ein Fischrestaurant in Flughafennähe aus. Wo man uns einen großen langen Tisch in Restaurantmitte zuteilte. Es war laut und voll, und ich erinnere mich, wie ich mich umsah und dachte: *Wo sind die Ausgänge?* Und dann: *Wo sind Ysa und Bobby?* Immer wieder liefen in meinem Rücken Leute vorbei; ich beobachtete jeden Einzelnen von ihnen und versuchte, möglichst alles aufzuschnappen, was sie sagten.

Ich hatte keinen besonderen Appetit, doch ich bestellte Surf and Turf, also Meeresfrüchte und Steak. Nachdem ich monatelang nur fades Kantinenessen und Fertigmahlzeiten genossen hatte, war hier alles mit reichlich Butter übergossen. Ich aß einige Bissen und schob den Rest des Essens auf meinem Teller herum.

Niemand wusste so recht, welche Fragen er mir stellen oder was er mir sagen sollte. Ich machte ihnen keinen Vorwurf. Schließlich fragte jemand, wie's denn so sei da drüben, aber das konnte ich locker abschmettern. »Heiß«, erwiderte ich grinsend.

Zum Glück aber gab es ja etwas, worüber wir uns alle gern unterhielten, und das war Fred. Sarah unterbrach uns und begann, alles Mögliche von ihm zu berichten. An den Wochenenden hatte sie meinen Vater besucht, um ihn und meine Stiefmutter bei der Betreuung Freds zu entlasten. Dann ging sie mit ihm Gassi und spielte mit ihm. Sie lachte, als sie mir erzählte, dass Fred das Kommando *Bring!* einfach nicht begreife. So bringe er zwar einen Ball zurück, lasse ihn aber nicht los. Stattdessen wolle er, dass sie ihn ihm abzunehmen versuche oder dass sie mit ihm Tauziehen spiele.

Und ein paar Mal, meinte sie, habe sie Fred auch auf dem Rasen im Vorgarten sitzen sehen, wo er mit erhobener Nase geschnuppert und in die Ferne geblickt habe. Es habe sie fast zum Heulen gebracht, meinte sie, zu sehen, dass Fred sich womöglich frage, wo ich bloß sei.

»Ich glaube wirklich, er hat auf dich gewartet«, sagte sie.

Mein Vater lebte nach wie vor in unserem Elternhaus, und mein Zimmer sah noch genauso aus wie in meiner Kindheit: dasselbe Bett, dieselben Möbel, dieselben Klamotten im Schrank. Einmal hatte Sarah mit Fred auf der Couch gesessen und ferngesehen, als sie merkte, dass er sich davongeschlichen hatte. Sie rief seinen Namen, doch er reagierte nicht. Erst nachdem sie das ganze Haus durchsucht hatte, fand sie ihn schließlich. Er war in meinem Zimmer, lag auf meinem Bett und hatte den Kopf auf mein Kopfkissen gebettet.

In Afghanistan hatte ich oft an Fred denken müssen. Hatte mich gefragt, was er machte, was er wohl alles anstellte, und gehofft, dass er sich an mich erinnern würde. Ja, dass ich heimkehren und ihn wiedersehen würde.

Als das Essen endlich vorbei war, fuhren wir zurück zum Haus meines Vaters. Unterwegs erläuterte er mir, wie er den Keller zu Freds kleiner Höhle umgestaltet hatte. Offenbar liebte Fred den Teppichboden da unten, wegen der besseren Bodenhaftung beim Rennen und Spielen. Als wir ankamen, rannte ich sofort in den Keller. Mein Vater hatte es geschafft, Fred an eine Hundebox zu gewöhnen, sodass er, umgeben von Kissen, in dieser großen Metallbox hockte. Als ich die Treppe hinunterstürzte, hörte ich schon seinen ans Metall schlagenden Schwanz. »Hey, Alter!«, rief ich, und das Wedeln hörte auf. Er betrachtete mich eingehend, und ich schwöre, kurz stutzte er. Da war dieser eine Moment, in dem er Luft holte, um dann lang und langsam aufzujaulen, als könne er nicht glauben, dass ich es war.

Als ich den Treppenfuß erreicht hatte, riss ich das kleine Gatter auf, und Fred flippte aus. Er war überall, sprang, sauste, schnellte um mich herum. Er lief mir zwischen die Beine, rieb den Hintern an meinem Schienbein, während er fortwährend ein aufgeregtes jaulendes Gewinsel ausstieß. Ich lag buchstäblich am Boden, ließ ihn auf meine Brust springen, ließ mir das Gesicht von ihm lecken.

Er war kaum wiederzuerkennen. Sein Fell war weich und flauschig, jede Strähne locker und von sämtlichem Staub befreit. Er hatte ein grünes Tarnhalsband um, auf dem seitlich in großen braunen Buchstaben FRED eingestickt war. Außerdem machte er den Eindruck, als hätte er ein bisschen zugenommen.

»Verdammt, Alter! Bist ja ein richtiger Haushund geworden«, rief ich lachend und griff nach einem Seil, um mit ihm zu spielen.

Ich konnte kaum glauben, dass ich wirklich mit Fred in meinem Elternhaus war. Das letzte Mal, als ich ihn gesehen hatte, hockte er in einer Hundebox und wurde auf ein Transportflugzeug verladen. Doch irgendetwas daran fühlte sich auch ganz natürlich an. Fred schien sich wohl zu fühlen, als ob er immer in diesem Haus, als ob wir immer zusammen gewesen wären.

Obwohl es draußen schon kalt und dunkel war, beschloss ich, einen Spaziergang mit ihm zu machen. Angesichts des Familientrubels wollte ich einfach einen Moment Ruhe haben. Ich griff nach der von meinem Vater besorgten Leine, und wir steuerten zur Tür hinaus. Wir wanderten einen gewundenen, durch die Nachbarschaft führenden Pfad entlang. Es war derselbe, wo ich als Kind Irene und die anderen Nachbarhunde Gassi geführt und mir sehnsüchtig einen eigenen Hund gewünscht hatte.

Ich war beeindruckt, wie brav Fred an der Leine ging. Neben mir her trabend, sah er alle paar Schritte zu mir hoch, als müsse er sich vergewissern, dass ich es auch tatsächlich war. Ich lächelte zu ihm hinunter, und gemeinsam wanderten wir im Mondschein dahin.

In den folgenden Tagen erstattete mein Vater mir umfassend Bericht über Fred. Und es war schon komisch, dass ausgerechnet er – der uns in der Kindheit nie einen Hund erlaubte, weil er wusste, dass die Arbeit an ihm hängen bliebe – sich nun die ganze Zeit um Fred gekümmert hatte. Tatsächlich aber sah es aus, als habe es ihm Freude gemacht. Fred habe sich wirklich von Anfang an gut benommen, erzählte er. Alles gefressen, was man ihm vorsetzte, und auch auf jeder beliebigen weichen Unterlage geschlafen. Obwohl Fred nie in einem Haus gelebt hatte, war er stubenrein – vielleicht auch deswegen, weil er sein Geschäft immer nur im Freien verrichtet hatte. Fred war aber auch clever. Mein Vater schilderte mir, wie rasch Fred begriffen hatte, dass ein Spaziergang, sobald er mal »gemusst« hatte, auch vorbei war, sodass er anfing, es zu halten und meinen Vater zu immer längeren Odysseen zu zwingen, ehe er sich endlich erleichterte.

Angst hatte er vor Gullys am Straßenrand. Irgendwas an dem finsteren Loch im Boden machte ihn völlig kopfscheu. Folglich musste mein Vater einen weiten Boden um Gullys schlagen, da Fred ansonsten zur Salzsäule erstarrte. Ein paarmal hatte mein Vater Fred sogar hochgenommen und ihn, weil er sich nicht mehr vom Fleck rührte, daran vorbeigetragen.

Des Weiteren hatte Fred nichts für Friseurbesuche übrig. Nachdem sein Fell ganz schön lang geworden war, hielt mein Dad es für eine gute Idee, Fred zum Hundefriseur zu bringen. Und so gab er ihn eines Tages dort ab, um wenige Stunden später zurückzukommen und ihn wieder abzuholen. Weder Fred noch der Friseur hatten besonders glücklich gewirkt. »Er bellt wirklich laut«, bemerkte der Friseur stirnrunzelnd. Offenbar hatte Fred eine Menge zu seinem neuen Haarschnitt zu sagen gehabt.

Im Freien wirkte Fred in der Regel am glücklichsten. Er liebte es, vor dem Haus auf dem Rasen zu sitzen, all die Gerüche in sich aufzunehmen und sich im Gras zu wälzen. Auch Schnee liebte er. Als er zum ersten Mal welchen sah, war er bass erstaunt. Er stieß seine lange Schnauze hinein und benützte sie als Pflug, um das kalte weiße Zeug herumzuschieben.

Mein Vater warnte mich: Fred sei von Holz fasziniert; und zwar so sehr, dass er schon einige Möbel im Haus zerkleinert hatte. Und etwas ungeduldig war er auch. Eines Morgens beeilte sich mein Vater, seinen Kaffee zu trinken, um Fred zu seinem Morgenspaziergang auszuführen. Doch offenbar war er nicht schnell genug. Des Wartens müde, schlug Fred die Vorderzähne in die um die Tür angebrachte Zierleiste und riss mit einem einzigen Ruck den gesamten Rahmen ab.

Solange ich noch in Afghanistan gewesen war, hatte mein Vater sich hingebungsvoll um Fred gekümmert. Wäre dem Hund etwas zugestoßen, bevor ich nach Hause kam, hätte mein Vater sich das niemals verziehen. Deshalb hatte Fred, abgesehen von ein paar Besuchen beim Tierarzt, um geimpft und kastriert zu werden, die meiste Zeit im Haus oder angeleint auf Spaziergängen verbracht. Wieder zu Hause, konnte ich es kaum erwarten, mit Fred zu neuen Abenteuern und einem gemeinsamen neuen Leben aufzubrechen. Allerdings erkannte ich recht schnell, dass uns beiden eine Lernkurve bevorstand. Wir fingen von vorne an, in einer anderen Stadt, einem anderen Land und mussten einander wieder neu kennenlernen.

In diesem Sommer legte Fred – trotz der hohen Luftfeuchtigkeit – eine Wahnsinnsenergie an den Tag. Ständig wollte er nach draußen, und nichts schien ihn zu ermüden. Wie im Haus meines Vaters kaute er auch bei mir die Unterkante der Wohnungstür und sogar die Fenstersimse an – alles, was nach Ausgang aussah. Manchmal begann er direkt vor meiner Nase und gleich, nachdem wir von einem langen Spaziergang zurückkamen, am Türrahmen zu nagen – worauf ich völlig außer mir brüllte: »Fred!«

Wir begannen, viel Zeit im Hundepark zu verbringen. Anfangs begriff er nicht so recht, wie man mit anderen Hunden spielt. Zwar war er anderen Hunden schon begegnet, aber nie richtig an sie gewöhnt worden. Wenn eine Meute tobend und tollend herumrannte, schloss Fred sich ihr nicht an, sondern jagte seine Artgenossen und zwickte sie unter unausgesetztem Gekläff in die Fersen. Es war, als wolle er sie zusammentreiben, aber er war viel zu aggressiv. Ein paarmal setzte sich einer der anderen Hunde zur Wehr, und ich musste dazwischengehen. Allzu heftig wurde es nie, beängstigend allerdings schon.

Trotzdem nahm ich Fred auch weiterhin mit in den Park und behielt ihn im Auge. Ich hatte zwar noch nie einen Hund erzogen, wusste aber, dass Fred sozialisiert werden musste – und definitiv brauchte er auch Zeit zum Herumrennen und Spielen. Trotz der Herausforderungen durch die anderen Hunde liebte er den Hundepark. Immer ein bisschen freiheitsliebender als andere, war Fred am glücklichsten ohne Leine, wenn er herumstreifen und alles im eigenen Tempo erforschen und beschnüffeln konnte. Ich musste schmunzeln, wenn ich sah, wie er mit seinem hochgereckten lockigen flauschigen Schwanz umhersprang – noch immer der selbstbewusste fröhliche Kerl, den ich in Sangin gefunden hatte.

Jeden Morgen vor der Arbeit füllte ich meinen Kaffeebecher, und wir gingen raus. Als Fred einige Stammbesucher des Hundeparks besser kannte, begann er sich ein wenig zu entspannen. Das nächste und eigentliche Problem bestand darin, ihn zur gegebenen Zeit wieder zum Gehen zu bewegen. Denn auch wenn ich ihn mit einer Handvoll Leckerli bestach, war ihm das völlig schnuppe. Also begann ich, ihn auszutricksen. Fred liebte es, sich im zum Park gehörenden Bach abzukühlen, der durch einen Zaun mit verschließbarem Tor vom Park abgetrennt war. Wenn Fred mir nicht gehorchte, stellte ich mich neben dieses Tor. Sobald er mich dort sah, kam er angerannt, weil er glaubte, nun dürfe er gleich baden. Und in dem Moment, in dem er gelaufen kam, griff ich nach unten, packte ihn am Halsband und hakte die Leine ein, sodass wir nach Hause gehen konnten. Allerdings lernte er ziemlich schnell dazu, womit ich wieder am Anfang stand.

Um Fred beizubringen, nicht so besitzergreifend mit seinem Futter umzugehen, begann ich, ihm mitten im Fressen die Trockennahrung wegzunehmen. Ein paarmal schnappte er dabei auch nach mir. Als er einmal auf einem seiner Kauknochen herumbiss, die er liebte, entriss ich ihm das Ding, und er biss mich prompt und so heftig, dass es blutete, ins Handgelenk. Ich war angepisst. Ich stürzte mich auf ihn, packte ihn im Genick und drückte ihn zu Boden. Fred, der nicht so leicht aufgab, wand sich und jaulte. Ich aber ließ nicht locker und zischte: »Nein!« Wir trugen die Sache eine Minute lang aus, rangen wie zwei Brüder. Schließlich gab Fred nach, und sein Körper entspannte sich. Danach hat er nie wieder gebissen.

Bis zum Ende des Sommers hatte ich etwas gefunden, das gut für uns funktionierte: ausgedehnte Dauerläufe. Sie halfen Fred, sich an die Leine zu gewöhnen, und verschafften uns beiden Gelegenheit, einen klaren Kopf zu kriegen und überschüssige Energie loszuwerden.

Fred war nicht der Einzige, der sich an das Leben zu Hause gewöhnen musste. In jenem ersten Sommer, jenem ersten Jahr, ja, eigentlich den ersten Jahren ging es mir ziemlich durchwachsen. Und im Grunde ist der Aufbau einer neuen Existenz nach Afghanistan ein Prozess, der immer noch andauert.

Nach jener Nacht in der Kneipe, als Ysa mir sagte, ich könne nicht alles in mich hineinfressen, versuchte ich es besser zu machen und mich stärker zu öffnen. Das war nicht leicht und geschah auch nicht auf einen Schlag. Damals arbeitete ich noch bei der DIA, der Defense Intelligence Agency, sprich dem Nachrichtendienst des US-Verteidigungsministeriums, und hilfreich war für mich zunächst vor allem das Gespräch mit einem meiner Kollegen. Jason war etwa in meinem Alter, ein früherer Kundschafter-Scharfschütze bei den Marines, der im Irak und in Afghanistan gedient hatte.

Ein Teil meines anfänglichen Widerwillens, Jason von meiner Stationierung zu erzählen, hatte damit zu tun, dass er eine wirklich beeindruckende militärische Laufbahn vorzuweisen hatte. Er hatte in Ramadi und Fallujah und anschließend in Afghanistan gekämpft. Meiner Ansicht nach – und ich ging bei ehemaligen Frontkämpfern eigentlich immer davon aus – hatte er verdammt viel mehr verfickten Scheiß erlebt als ich. Und wenn Jason nach drei Einsätzen seinen Scheiß geregelt kriegte, wollte er dann wirklich hören, was *ich* während meines einzigen Kampfeinsatzes erlebt und getan hatte?

Jason und ich hatten uns angewöhnt, mittags zum Food Court zu gehen und zu tun, was Kollegen so tun: sich über ihren Job auslassen, übers Wochenende quatschen, sich abreagieren. Doch langsam begann ich, Jason von Sangin zu erzählen – von unseren nächtlichen Fußpatrouillen, den Feuergefechten, der Rakete, und schließlich auch von Sean und Justin –, und ich merkte, wie sehr ihn meine Worte bewegten. Seine Reaktion setzte einen Nachdenkprozess bei mir in Gang, in dem ich mich fragte, wie sehr ich das Erlebte womöglich heruntergespielt hatte. Außerdem begriff ich, dass es – um es ganz schlicht auszudrücken – keine Konkurrenz zwischen uns gab.

Als ich mich später mit meinem ehemaligen befehlshabenden Offizier Tom unterhielt, der mir den DIA-Job vermittelt hatte, reagierte er ganz ähnlich. Als ich ihm erzählte, wie ich nach meinem Schädel-Hirn-Trauma und nach Justin weitergearbeitet hatte, sah er mich an und meinte: »Mann, du bist dortgeblieben! Du hättest auch ein paar Einsätze absolvieren, dir dein Combat Action Ribbon abholen und zufrieden nach Hause gehen können. Aber du bist geblieben. Hast dich dem Ganzen ausgesetzt, hast alles, was ging, aus diesem Einsatz rausgeholt. Darauf kannst du echt stolz sein.«

Die Gespräche mit den Jungs halfen mir, den Stellenwert meines Einsatzes zu begreifen. Sie bedeuteten Anerkennung und machten mir bewusst, dass Reden helfen konnte. Das war ein Anfang.

Außerdem hatte ich mich an die Fremden gewöhnt, die sich nach Fred erkundigten, wenn wir zusammen unterwegs waren. Sie wollten wissen, was für ein Hund das denn sei – *War da ein Corgi im Spiel?*, lautete eine häufig gestellte Frage – oder auch woher ich ihn hatte.

Ich antwortete wahrheitsgemäß. Und wenn ich Afghanistan sagte, wollten die Leute meist mehr hören. So begann ich, ihnen ein wenig von den Marines zu erzählen, über Sangin und unseren Einsatz. Ehe ich mich versah, unterhielt ich mich mit wildfremden Leuten über den Krieg. Anfänglich war es mir zwar nicht klar, doch tatsächlich bewahrte mich Fred nach meiner Rückkehr aus Afghanistan vor Einsamkeit und Isolation. Ich begegnete Menschen und hatte Gelegenheit, mit ihnen auf eine – wie mir schien – relevante Weise, über meine Erfahrungen zu sprechen.

Dennoch dauerte es fast drei Jahre, bis ich endlich zu Veterans Affairs ging. Ich war stur und hasste die Vorstellung, mich betüddeln zu lassen. Außerdem war ich körperlich aktiv: Ich rannte, fuhr Mountainbike, spielte Hockey, machte Ausflüge mit Fred. Hin und wieder hatte ich zwar ein Klingeln in den Ohren, aber das war es auch schon mehr oder weniger. Als ich aus Afghanistan zurückkam, musste ich mich in Pendleton wegen meines Schädel-Hirn-Traumas sofort beim Wounded Warrior Center, der Anlaufstelle für verwundete Soldaten, melden. Ich weiß nicht, ob die Frau, mit der ich es dort zu tun hatte, Psychiaterin war oder was, jedenfalls meinte sie so in etwa: »Sie waren im Kriegseinsatz. Sie sind nicht mehr derselbe. Sie sind jetzt ein anderer.« Natürlich ärgerte mich das. Vielleicht befürchtete ich, dass ich mir, falls ich zu Veterans Affairs ging, dasselbe Gelaber anhören musste; man würde mich als Opfer betrachten und mir das PTBS-Etikett anheften.

Beim DIA allerdings lag mir mein Chef Kevin in den Ohren und ließ nicht locker. Er kannte mich lange genug, wusste über alle wichtigen Einzelheiten meiner Geschichte Bescheid; die Rakete, Justin, und sogar, wie ich beim Nachbereitungsseminar in Atlanta irgendwie durchs Netz geschlüpft war. Er war pensionierter Oberst des Marine Corps, und ich glaube, er fühlte sich verantwortlich für mich und für das, was bei meinem Ausscheiden aus dem aktiven Dienst womöglich falsch gelaufen war.

Während der ganzen Zeit unserer Zusammenarbeit und sogar, nachdem ich aufgehört hatte, blieb Kevin am Ball. Schließlich gab ich nach. Ich dachte oft an ein Gespräch, das ich nach meiner Verletzung mit einem Neurologen der Marineakademie auf Camp Leatherneck geführt hatte. Der Doktor war Pionier auf dem Gebiet von

Gehirnerschütterungstestverfahren für das Footballteam der Marineakademie und leitete darüber hinaus ein Reha-Zentrum des Militärs. Er war Hirnexperte. Damals war mein einziger Gedanke, wieder zu den Jungs an die Front zurückzukehren, doch er setzte sich mit mir hin und redete sehr ernsthaft mit mir.

»Sehen Sie mal«, sagte er, »wir wissen ziemlich gut, was bei einer Erschütterung in einem Gehirn geschieht. Sie aber wurden obendrein auch noch von einer Explosionswelle außer Gefecht gesetzt, und wie sich das auf unser Gehirn auswirkt, darüber wissen wir noch nicht so viel. Dazu gibt es noch keine Daten. Daran sollten Sie denken.«

Der Arzt fuhr fort: »Wenn Sie Ihren Laptop fallen lassen, können Sie ihn wieder aufheben, abwischen und er funktioniert, nicht wahr? Auch wenn er nicht mehr ganz derselbe ist; er könnte etwas langsamer laufen oder sich leichter aufhängen als vorher. Mit ihrem Gehirn verhält es sich ähnlich. Manches ist anders geworden. Nur *wie* genau es sich verändert hat, das verstehen wir noch nicht ganz, da fehlen uns noch die Ressourcen.«

Die Moral von der Geschichte war, dass ich auf mich aufpassen musste – und auch dem Militär erlauben sollte, auf mich aufzupassen. In den Jahren seit diesem Gespräch gab es Zeiten, in denen ich seine Worte schulterzuckend abtat, und andere, in denen ich eingehender darüber nachdachte. Unter dem Drängen Kevins und den in mir widerhallenden Worten des Arztes suchte ich Veterans Affairs schließlich auf.

Trotzdem wusste ich, dass sich darauf einzulassen total nervig werden würde. Es dauert einen ganzen Tag, um registriert zu werden, plus die ganzen Folgetermine. Man wird von Kopf bis Fuß durchgecheckt – es gibt einen Hausarzt, der dir Fragen stellt, einen Optiker, der einen Sehtest macht, einen Hals-Nasen-Ohren-Arzt, der das Gehör untersucht, und so weiter und so fort, einschließlich eines Psychiaters, der dich auf Herz und Nieren prüft.

Als ich zu meinem ersten Tag voller Untersuchungstermine aufkreuzte, stellte ich mich jedem der Ärzte zuerst einmal kurz vor: Ich bin nicht versehrt. Ich bin aktiv. Schauen Sie, ich kann sogar meine Zehen bewegen! Ich bin zufrieden. Ich habe keine Selbstmordgedanken. Es geht mir gut. Und meine ärztliche Untersuchung lief auch gut: In den Seh- und Hörtests habe ich eine Eins bekommen.

Den letzten Termin an diesem Tag hatte ich bei einem Psychiater. *In fünfzehn Minuten bin ich draußen,* dachte ich mir.

Doch der Seelenklempner war kein Anfänger. Er durchschaute meinen Scheiß schon in den ersten dreißig Sekunden. Er war mittleren Alters, relaxt, gelassen und hatte einen freundlichen Blick. Beim Militär war er zwar nicht gewesen, doch er wusste, was er tat. Er fragte mich nach dem Memorial Bracelet, das ich Justin zu Ehren trug, und ehe ich mich versah, erzählte ich ihm die ganze Geschichte, sogar die Teile, die ich normalerweise wegließ, wie etwa meine letzten Augenblicke mit Justin im Hubschrauber. Ich zeigte Gefühle, aber diesmal war das in Ordnung.

»Glauben Sie, dass Sie an posttraumatischen Belastungen leiden?«, fragte der Therapeut.

»Wahrscheinlich schon«, erwiderte ich.

Ich wusste, dass ich Symptome wie erhöhte Wachsamkeit und Albträume hatte. Ich wollte ehrlich sein, mit ihm und mit mir.

Erst viel später, als ich mich eines Tages durch die Website der Leistungen des Veteranenministeriums klickte, war ich zum ersten Mal auf eine Weise mit meiner Diagnose konfrontiert, dass ich sie nicht mehr abweisen konnte.

»PTBS: Kompensationsleistungen und Renten«, las ich. Ich war nicht begeistert über diese Entdeckung, aber auch nicht überrascht. Ich schloss den Browser, ohne – so oder so – viel dabei zu empfinden. Ich wusste nur, dass ich mich davon nicht einschränken lassen wollte.

Während eines Ethikkurses in meinem zweiten Semester in Georgetown fiel dann bei mir der Groschen. Wir sollten James Stockdales Betrachtungen über seine Zeit als Kriegsgefangener in Vietnam lesen. Der Essay mit dem Titel »Courage Under Fire: Testing Epictetus's Doctrines in a Laboratory of Human Behavior« faszinierte mich. Darin erzählte Stockdale, wie er sich während seiner siebenjährigen Gefangenschaft und Folter durch die Lehren des Philosophen Epiktet aufrecht hielt. Epiktet war die längste Zeit seines Lebens Sklave gewesen. Ein Teil der von ihm entwickelten Philosophie handelte davon, dass man Dingen, die unserer Kontrolle entzogen sind, nicht gestatten darf, unsere Einstellung zu bestimmen. Oder wie Stockdale schrieb: »Folgendes jedoch schärfte Epiktet seinen Schülern ein: ›Opfer‹ eines anderen zu sein, so etwas gibt es gar nicht. Man kann nur ›Opfer‹ *seiner selbst* werden.« In Epiktets Worten: »Denn *in dir allein* liegt sowohl deine Vernichtung als auch deine Erlösung beschlossen.«

Als ich den Aufsatz las, musste ich unwillkürlich an Fred denken. Damals, als ich ihn strotzend vor Dreck und Ungeziefer in Sangin entdeckte, ohne einen Freund und ohne zu wissen, wo er Nahrung oder Wasser finden sollte, hätte er leicht aggressiv oder feindselig sein können. Doch er war es nicht; er war hinreißend. Er hatte keinerlei Grund, mir zu vertrauen, doch er tat es. Auch in einem überaus schwierigen Umfeld blieb seine Haltung unerschütterlich positiv.

Als wir dann zusammen nach Hause kamen, war Fred ein einziger Lichtblick für mich. War ich mal angepisst oder traurig, bekam ich beim Spielen mit ihm den Kopf wieder frei und beruhigte mich. Allein ihn *anzusehen* war tröstlich. Wir hatten so viel miteinander durchgestanden, und er war ein wirklich cleveres Kerlchen. Wir waren ein Team.

Ja, ich hatte eine Menge durchgemacht in Afghanistan. Ja, es hatte etwas mit mir gemacht. Ja, PTBS war kein Fremdwort für mich. Wegen meiner posttraumatischen Belastung schienen die Leute mir zuzugestehen, ja sogar von mir zu erwarten, dass ich negativ und zynisch war. Und Fred zeigte mir nicht nur, dass das nicht so sein musste, sondern half mir allein durch seine Anwesenheit, besser zu sein. Wahrscheinlich hatte ich es schon vorher gewusst, inzwischen aber drängte sich mir die Erkenntnis klar und unüberhörbar auf: Nicht was dir passiert, ist wichtig, sondern wie du diesen Erfahrungen einen Sinn verleihst. Und wenn Fred das schaffte, dann konnte auch ich es versuchen.

17. Der ungewisse Weg

An einem heißen Nachmittag Mitte August, kurz nach der Heimkehr von unserem Roadtrip, half Josh mir beim Umzug in ein Haus in Campusnähe. Das alte, weiß geschindelte Reihenhaus befand sich auf einem kleinen Grundstück mit Rasen und Veranda, auf der ich eine amerikanische Flagge aufhängte. Ich hatte nicht viel zu transportieren: nur Schreibtisch, Matratze, einen kleinen Kühlschrank, eine Truhe und einen Secondhand-Sessel, auf dem Fred gern pennte. Auch ein paar von Joshs Sachen waren noch bei mir – etwa das Bein, das er in den Redwoods ruiniert hatte –, sodass er vorbeischaute, um sie abzuholen.

Glattrasiert und mit frisch gestutztem Haar kreuzte Josh bei mir auf.

»Hey, du bist ja kaum wiederzuerkennen!«, witzelte ich. Ich wusste, dass er wieder zu Vorstellungsgesprächen ging. Müffelnd und mit Bartstoppeln, wie wir sie unterwegs kultiviert hatten, hätte keiner ihn eingestellt.

Nachdem wir die Möbel auf mein Zimmer geschleppt hatten, setzten wir uns mit ein paar Bierchen auf die hintere Veranda. Die Sonne stand schon tief, aber noch immer hatten wir diese Spätsommerhitze. Die Veranda ging auf einen kleinen eingezäunten Hinterhof mit Pflaster und Rasenflächen hinaus. Am Boden schnüffelnd schlich Fred umher. Jenseits des Zauns sahen wir Eltern, die ihren Kindern beim Einzug in die uns umgebenden Wohneinheiten des Colleges halfen. Ich beobachtete, wie sie sich zum Abschied umarmten und nach und nach davonfuhren.

Während wir an unseren Bieren nippten, unterhielten wir uns über das vor uns liegende Jahr, über Josh, der einen Job suchte und nun wieder in der Bewerbungsmühle steckte, und mich, der ich mich auf die wiederbeginnenden Kurse freute und das Eishockeyspielen mit den Jungs. Wir machten Witze über unsere Reise und auch darüber, wie stolz wir darauf waren. Unser Roadtrip und alles, was wir geschafft hatten, fühlte sich fast so an wie damals beim Militär – wie etwas, das nur eine winzige Minderheit von Leuten erleben kann.

»Ich fühl mich wie ein Arschloch, Mann, wegen dem, was ich in Minneapolis zu dir gesagt habe«, sagte ich und stellte mein Bier ab. Es gab keinen Groll zwischen uns, aber es schien mir wichtig, reinen Tisch zu machen. »Dir sagen zu wollen, wie du mit deinen Problemen umgehen musst, war völlig daneben.«

Bei unserem Streit hatte ich Josh gesagt, er solle bloß aufpassen, dass seine Verletzung nicht irgendwann das Interessanteste an ihm war. Obwohl ich es gut meinte und nicht wollte, dass er sich bei seinen ständigen Versuchen, sich zu beweisen, verzettelte, wusste ich, dass meine Worte hart geklungen hatten.

»Du hattest ja nicht unrecht«, erwiderte Josh und setzte die Flasche an die Lippen. »Wozu ich imstande bin, habe ich diesen Sommer wirklich gesehen. Ich weiß, dass ich meine Zeit hier wertschätzen muss und nicht nur so rumdödeln kann.«

»Das dürfen wir beide nie vergessen«, sagte ich.

Im Rückblick auf diesen Abend wurde mir klar, dass vieles, was ich an Josh beobachtet hatte, auch für mich galt. Keiner von uns beiden wollte wegen dem, was er in

Afghanistan durchgemacht hatte, als Opfer betrachtet werden. Wir wollten nicht, dass man uns irgendwas unterstellte. Wollten nicht in irgendwelche Schubladen gesteckt werden. Beide hatten wir Nahtoderfahrungen gemacht und unsere Freunde sterben sehen. Wir wussten, dass wir Glück hatten, noch am Leben zu sein. Deswegen gaben wir uns ja solche Mühe. Es befeuerte uns und trieb uns an, aber es war auch ein enormer Druck. Manchmal steigerten wir uns so sehr in das Gefühl, dass es uns gut ging, hinein, dass wir kaum noch zugeben konnten, wenn es nicht so war. Wir wollten nicht, dass unsere Freunde und Familien uns anders als andere behandelten; aber um ehrlich zu sein: Manches bei uns war anders. Sowohl Josh als auch ich bemühten uns, beides miteinander in Einklang zu bringen und herauszufinden, wie man nach dem Militär ein erfüllendes Leben führte. Einfache Antworten gab es nicht.

»Ich glaube, es wird dauern, bis wir wirklich wissen, wie wichtig dieser Sommer war«, meinte Josh.

»Das ist das Klügste, was je 'n Typ mit 'nem Natty Lite in der Hand gesagt hat.« Ich grinste. Wir hoben unsere beschlagenen Bierdosen und stießen an.

Im folgenden Frühjahr beendete ich mit einem Bachelor of Arts in Geisteswissenschaften, Schwerpunkt Internationale Angelegenheiten, mein Studium in Georgetown. Dieses Thema abhaken zu können war ein gutes Gefühl, aber ich wusste nicht, was ich als Nächstes machen sollte. Mein Vater sagte: »Jetzt hast du einen Abschluss und musst dich drauf konzentrieren, wieder in Arbeit zu kommen und einen soliden zukunftssicheren Job zu finden.« Damit hatte er sicher nicht unrecht, aber mich beschäftigte eher die Frage, wie ich eine befriedigende Arbeit fand. In meinem alten Job bei der DIA hörte man oft die Floskel: »Nimm's, wie es kommt.« Von unseren Vorgesetzten bekamen wir ständig eingebläut, wir sollten dankbar sein für unsere Jobs, was wir deswegen nicht unbedingt waren. Die Floskel bedeutete so viel wie: »Find dich ab damit« – manchmal musste man halt Dinge tun, zu denen man keine Lust hatte, wie etwa den ganzen Tag klaglos an einem Computer im Büro zu hocken und einen Job zu machen, der weder eine klar vorgezeichnete Berufslaufbahn noch Aufstiegsmöglichkeiten bot. Als ich meinen Abschluss in der Tasche hatte, hatte ich das Gefühl, die Dinge nur einfach wieder nehmen zu müssen, wie sie kamen. Doch bei der Vorstellung, in einen Nullachtfünfzehnjob zurückzukehren, verging mir alles. Mir grauste beim Gedanken, irgendwann mit sechzig aufzuwachen und kein bisschen stolz zu sein auf das, was ich aus meinem Leben gemacht hatte.

Ein paar Jahre zuvor, noch vor unserem Roadtrip, hatte ich ein Mädchen namens Nora kennengelernt. Nora war Musikerin – kreativ, kontaktfreudig, unglaublich hübsch, mit einem Lächeln, das einen ganzen Raum erstrahlen lassen konnte. Die ganze Zeit über waren wir in Kontakt geblieben, hatten uns Updates zukommen lassen und meldeten uns hin und wieder beim anderen. Kurz vor meinem letzten Semester in Georgetown kamen wir schließlich zusammen, und nachdem ich im Sommer meinen Abschluss gemacht hatte, zog sie bei mir ein. Und als wir alle – ich, Nora, Noras Hund Ruby (ein energischer Terriermischling, der zu Freds kleiner Schwester wurde) und Fred – unter einem Dach lebten, wuchsen wir zu einer Familie zusammen.

Nora arbeitete, geduldig und solidarisch, wie sie war, in einem Bürojob, der uns unseren Lebensunterhalt sicherte, während ich rauszufinden versuchte, was ich mit meinem

Leben anfangen wollte. Während meiner Collegezeit hatte ich in einem Herrenbekleidungsgeschäft gearbeitet und tat es auch weiterhin, da der Job hauptsächlich aus Quatschen bestand, was ich gern tat und gut konnte. Außerdem durfte ich Fred mitbringen, was ein großes Plus war.

Um zur Abwechslung mal ein bisschen praktisch vorzugehen, bewarb ich mich um einen Job bei einem der angesehensten Dienstleister von Regierungsbehörden in der Hauptstadt. Das renommierte Unternehmen arbeitete für die CIA, und die Stelle, um die ich mich bewarb, war eine, für die ich mir drei Jahre zuvor noch ein Bein ausgerissen hätte. Mittlerweile allerdings war ich mir nicht mehr so sicher. Sie riefen mich an, und ich absolvierte Runde um Runde an Vorstellungsgesprächen. Schließlich machten sie mir ein Angebot. Obwohl ich es akzeptierte, teilten sie mir mit, dass meine Sicherheitsüberprüfung erneuert werden müsse, ehe sie mir ein Eintrittsdatum nennen konnten. Meine Sicherheitsfreigabe war während meiner Studienzeit verfallen, und es würde weitere acht bis zwölf Monate dauern, sie wieder in Kraft zu setzen. In diesem Schwebezustand wartete ich.

Mittlerweile schien Josh den für ihn idealen Job gefunden zu haben. Er arbeitete für ein gemeinnütziges Unternehmen, das Naturschutzarbeit für Kinder organisierte. Auf unserer Reise, meinte er, habe er seine Liebe zur Natur neu entdeckt. Beim Militär zieht man viel Sinn aus dem Wissen, im Dienst von etwas Größerem zu stehen. Josh hatte befürchtet, dieses Gefühl nie wieder zu erleben. Durch seine Arbeit aber, erklärte er, fühle er sich neu inspiriert, weil er hier die Möglichkeit sah, sowohl anderen als auch der Umwelt zu dienen. Ich war wirklich happy für ihn.

Als der Sommer langsam in den Herbst überging, begann ich, das vierte Fundraising-Event zum Gedenken an Justin zu planen. Angefangen damit hatte ich 2013, nachdem Chaz, einer der Barkeeper aus dem Pug, es mir vorgeschlagen hatte.

Am Jahrestag von Justins Tod ging ich immer ins Pug und trank dort zu seinen Ehren. Chaz, der mich über Justin reden hörte, bot mir an, eine Gedenkveranstaltung in der Kneipe auszurichten, falls ich es wollte.

Ich rief Justins immer noch in Pittsburgh lebende Frau Ann an, erzählte ihr von meinen Plänen und fragte, ob sie eine Wohltätigkeitsorganisation kenne, für die wir Geld sammeln sollten. Sie schlug Tragedy Assistance Programs for Survivors (TAPS) vor, eine gemeinnützige Einrichtung, die völlig unabhängig von den Todesumständen Trauerbegleitung für Familien von verstorbenen Militärangehörigen und Ersthelfern anbietet.

In diesem Jahr ließ ich T-Shirts drucken, auf denen vorn Justins Spitzname SCHMALLS stand und auf deren Rücken ein Bruce-Lee-Zitat prangte: WIRKLICHES LEBEN IST LEBEN FÜR ANDERE. Tony, der Inhaber des Pug, kaufte jede Menge Stroh's ein und spendete den Erlös des Abends an TAPS. Es war einer der Höhepunkte meines Jahres, und in jedem der darauffolgenden Jahre wurde es größer.

Im Jahr meines College-Abschlusses hatten Justins Eltern sich zum ersten Mal dazu angemeldet. Wir waren über das Pug hinausgewachsen, sodass ich einen größeren Veranstaltungsort in derselben Straße anmietete. In Georgetown hatte ich begonnen, als Schlagzeuger in einer Coverband namens 50-Year Storm zu spielen, die gerade gut genug war, einen zweistündigen Auftritt zu bestreiten. Bei der Benefizveranstaltung würden wir auftreten. Zwar war ich etwas besorgt, aber entschlossen, sie zu einer unvergesslichen Nacht zu machen – der besten, die es bis dahin gegeben hatte.

Dann erhielt ich einen Anruf der Firma, die mir den Geheimdienstjob angeboten hatte. Abgesehen von der Erneuerung meiner Sicherheitsüberprüfung, sollte ich mich zu einem Lügendetektortest bei ihnen einfinden. Und der sei, teilten sie mir mit, für den Morgen nach Justins Spendenveranstaltung angesetzt. Nach einer solchen Nacht – voller Alkohol und Emotion – würde ich, das war mir klar, kaum in der Lage sein, diesen Test abzulegen. Ich rief sofort bei ihnen an und bat um Verschiebung des Termins, erklärte sogar, dass ich eine Veranstaltung für einen gefallenen Freund ausrichtete.

»Sorry, aber Lügendetektortests werden bei uns nicht verschoben. Das ist Ihr Termin.«

Das Spenden-Event war für einen Mittwochabend in der Woche nach Thanksgiving geplant. Es war kalt und regnerisch, und der Kartenvorverkauf war nicht toll gewesen. Ich war nervös. Ich schaute schon am Nachmittag vorbei, um beim Aufbauen zu helfen. Wir malten Schilder, dekorierten und stellten einen Tisch für die T-Shirts auf. Um sieben Uhr abends, als sich die Saaltüren öffneten, trafen als Erste Justins Eltern ein. Der Wirt, zufällig ebenfalls Veteran des Marine Corps, empfing sie an der Tür und führte sie hinein. Als er zu mir trat und mir sagte, sie seien da, spürte ich, wie mein Herz in der Brust zu hämmern begann.

Reiß dich zusammen, Mann, dachte ich, als ich zu ihnen ging. Ich stellte mich vor und streckte Justins Vater John die Hand entgegen. Er war ein großgewachsener Mann mit eindrucksvoller Haltung und gebieterischer Stimme. Ich lächelte, weil ich daran denken musste, wie sehr er doch dem Cop ähnelte, der er tatsächlich war. Statt einzuschlagen meinte er, »Nein, ich bin ein Umarmer«, und zog mich in eine ungestüme Umarmung.

Justins Mutter Deborah, ebenfalls im Polizeidienst tätig, verkörperte so ziemlich das Gegenteil ihres Mannes, denn sie war zierlich und eine Frau der leisen Töne. Doch wie John strahlte sie Stärke aus. Ihre ruhige Zuversicht erinnerte mich stark an Justin.

John, der ein Yuengling in der Hand hielt, meinte: »Was soll denn das mit dem Stroh's? Das Zeug trinken wir nicht.« Er lächelte mich an, und ich merkte, dass er mir nur ein bisschen auf den Zahn fühlen wollte – er war genauso sarkastisch und schlagfertig, wie es sein Sohn gewesen war. Und dann ging er – genau wie einst Justin – dazu über, mir zu erklären, dass sein erstes Bier überhaupt ein Stroh's gewesen sei. Und es habe mit einem so fürchterlichen Brummschädel geendet, dass er es nie wieder probiert habe.

Als mein Vater zu uns stieß, verlagerte sich das Gespräch auf Pittsburgh. Ich erzählte ihnen, dass Justins Akzent das Erste gewesen sei, was mir an ihm auffiel. Während wir uns unterhielten, konnte ich aus dem Augenwinkel erkennen, dass immer mehr Leute eintrudelten. Josh war einer der Ersten, gefolgt von einer Gruppe von der DIA, darunter mein früherer befehlshabender Offizier Tom und Jason, der Kundschafter-Scharfschütze, mit dem ich immer zu Mittag gegessen hatte. Auch PJ kam, mein Freund vom Geheimdiensttraining, der mit mir in Sangin stationiert gewesen war, sowie eine große Gruppe meiner Highschool-Kumpel. Sarah war schon früher gekommen, um beim Vorbereiten zu helfen, ebenso wie meine Freundin Nora. Ysa hatte mir Bescheid gegeben, dass er es nicht schaffen würde, aber er hatte es weitererzählt, und ich erkannte einen Kampfmittelbeseitiger, den ich in Afghanistan kurz getroffen hatte und der mit drei seiner Kameraden durch die Tür kam. Dann, nur zehn Minuten vor dem Start, kreuzte mit einer Unmenge von Freunden im Schlepptau auch noch das gesamte Hockeyteam von Georgetown auf.

Chaz und meine Schwester sprangen auf die Bühne und stellten die Band vor. Wir spielten unsere ersten Nummern, Unmengen von Feelgood-Tunes von Phil Collins, den Red Hot Chili Peppers, Sublime, Tom Petty und natürlich Johnny Cash. In der anschließenden Pause betrat Tony, der Inhaber des Pug, die Bühne. Fröhlich herumflachsend erzählte er, wie er mich vor all den Jahren »hackedicht am Ende des Tresens« erblickt habe, wo ich mir am Jahrestag von Justins Tod die Kante gab. Damals war ich mit meinem DIA-Kumpel Jason dort gewesen, ebenfalls Kriegsveteran, der für so was Verständnis hatte. Und dann wurde Tony ernst.

»Das ist einer meiner liebsten Abende im ganzen Jahr«, sagte er. »Wir alle sind hier, um eines Menschen zu gedenken, der uns zu früh verlassen hat.« Dann stellte er John, Justins Vater, vor.

»Justin wäre von all der Aufmerksamkeit überwältigt gewesen«, begann John mit einem Lächeln. Auch ich lächelte und dachte dabei, wie recht er doch hatte. Justin war kein Mensch gewesen, dem es um Beachtung oder Lob gegangen war. »Sie alle hier zu sehen und zu wissen, dass mein Sohn nicht vergessen ist, bedeutet mir und meiner Familie unendlich viel. Danke.«

Unter Tränen erhob ich mich und dankte ebenfalls allen im Saal für ihr Kommen. Danach spielten wir wieder, und anschließend zog die ganze Gesellschaft ins Pug um. Den Rest des Abends verbrachte ich an Johns Seite, lauschte den lustigen Geschichten aus Justins Kindheit und von seinem Hochzeitstag. Gegen halb zwei schenkte Chaz uns zwei Whiskey ein. Ich überlegte, meinen wieder auf den Tresen zurückzustellen, wegzuschieben, es genug sein zu lassen. Zu Hause hatte ich mir meinen Anzug aufs Bett gelegt, um für den Lügendetektor am nächsten Morgen vorbereitet zu sein. Theoretisch machte es Sinn, dass ich mich mit dem neuen Job weiterentwickelte: Er versprach ein solides Einkommen, eine klare Karriereperspektive und später eine vernünftige Pension. Es war die naheliegende Wahl. Und die Art von Entscheidung, die ich mein ganzes Leben lang gescheut hatte. Hätte ich mein Leben bis dahin geführt, indem ich solche Entscheidungen traf, hätte ich mich nie bei den Marines gemeldet, wäre nie nach Afghanistan gegangen, nie Justin begegnet. Niemals wäre ich in die Großstadt gezogen oder hätte mich in Georgetown eingeschrieben oder den Roadtrip unternommen. Und Fred gäbe es auch nicht. Wann immer ich ihn ansah, erinnerte er mich daran, wozu ich fähig war. Wenn ich es geschafft hatte, dieses kleine Fellknäuel aus Afghanistan herauszuschmuggeln, wozu war ich dann sonst noch imstande?

John und ich erhoben unsere Gläser. »Auf Justin«, sagte ich. Wir stießen an und kippten den Whiskey auf ex. Der schwierige und ungewisse Weg hatte sich mein ganzes Leben lang für mich ausgezahlt. Ich war es mir schuldig, ihn weiterzugehen.

Während unserer gesamten Reise hatte ich, auf der Heckklappe des Land Cruisers oder an einem in der Dunkelheit knisternden Lagerfeuer sitzend, manchmal meinen alten, unförmigen Laptop hervorgezogen und geschrieben. Zwar hatte ich auf dem College viele wissenschaftliche Arbeiten verfassen müssen, aber ich hatte immer den

Drang verspürt, etwas Persönlicheres zu Papier zu bringen. Vielleicht um dem, was ich hinter mir hatte, einen Sinn zu entlocken. Ich hatte keine Ahnung, wie ich überhaupt anfangen sollte, das Ausmaß des Krieges, meine Erlebnisse bei den Marines oder meine Zeit in Sangin in Worte zu fassen. Einen unkomplizierten Einstieg in die Geschichte aber bot Fred. Und so schrieb ich, während Josh und ich das Land durchquerten, in seltenen Augenblicken hier und da die Geschichte meines Hundes nieder. Ich hielt fest, wie ich Fred an jenem ersten Tag ein Stück Trockenfleisch zugesteckt hatte. Wie er uns bei unseren Fußpatrouillen gefolgt war und was das in dieser höllischen Kampfzone für mich und die Jungs bedeutete. Ich schilderte, wie nervös es mich gemacht hatte, ihn nach Leatherneck zu schmuggeln, und wie großzügig die DHL-Männer waren. Ich schrieb, wie ich Fred im abhebenden Flieger nachgewinkt hatte und nicht wusste, ob und wann ich ihn je wiedersehen würde. Satz um Satz strömten die Worte aus mir heraus. Und es fühlte sich gut an. Nach meinem College-Abschluss, als die Leute mich fragten, was als Nächstes bei mir anstünde, wusste ich im tiefsten Innern eigentlich schon, dass ich Freds Geschichte weiterschreiben wollte, damit ich sie eines Tages mit anderen teilen könnte. Es klang wie ein Traum, doch ich war entschlossen, ihn Wirklichkeit werden zu lassen.

Am Morgen nach Justins Spenden-Event ging ich nicht zum Lügendetektortest. Stattdessen schrieb ich eine E-Mail. Ich schickte eine Kurzversion meiner Geschichte über Fred an eine Website namens Dodo, von der ich wusste, dass sie erbauliche Geschichten über Tiere veröffentlichte. Nur wenige Stunden später rief eine Frau dieser Internetpublikation bei mir an. Und schon am darauffolgenden Tag veröffentlichte sie einen Artikel über

Fred und mich sowie ein Video über unsere Geschichte. Menschen reagierten. Und sehr viele erzählten, wie sie selbst einen Hund adoptiert hatten, schickten ihre besten Wünsche und versicherten mich ihrer Unterstützung. Ich war geplättet.

Aufgrund des Artikels nahm ein Verlag Kontakt zu mir auf und fragte bei mir an: ob ich nicht vielleicht Interesse hätte, Freds Geschichte von Anfang bis Ende in einem Buch zu erzählen?

Es war ein kalter grauer Februartag, als Nora und ich unsere Siebensachen zusammenpackten und den Wagen beluden. Auf dem Rücksitz spähte Fred aufgeregt aus dem Fenster. Ruby mit ihren sage und schreibe fünf Kilo Lebendgewicht tänzelte neben ihm, um einen guten Blick zu erhaschen. Ich schaltete auf D und fuhr los, fort von unserer Wohnung, durch die Nachbarschaft und auf den Highway. Nördlich von uns wurde laut Wettervorhersage ein Schneesturm erwartet. Für Maine, wo wir hinwollten, waren sechzig Zentimeter Schnee gemeldet.

In Maine war ich schon zweimal gewesen, auch wenn es beide Male kein richtiger Besuch war. Fast jeder Militärangehörige fliegt auf dem Weg nach Afghanistan oder Irak oder bei seiner Rückkehr von dort über Bangor. Am Flughafen arbeitete eine ehrenamtliche Truppe von Veteranen und Einheimischen, um die Soldaten und Soldatinnen bei ihren kurzen Zwischenlandungen zu verabschieden und zu begrüßen. Maine war das Letzte, was ich vor meiner Abreise aus den Vereinigten Staaten gesehen hatte, und das Erste, was mich bei meiner Rückkehr empfing. Ich wusste nicht so genau, was mich aufs Neue in diesen Bundesstaat zog; er gab mir einfach ein gutes Gefühl.

Nora und ich hatten ein Haus am Meer entdeckt und

gemietet, eines, das vom Großvater des Eigentümers, einem Veteranen des Zweiten Weltkriegs, erbaut worden war. Wir wussten lediglich, dass es für die Hunde dort jede Menge Auslauf gab, dass es ruhig war und nach Meer roch. Zum Schreiben also ideal.

Inzwischen begannen Schneeflocken die Windschutzscheibe des Wagens zu sprenkeln. Wir fuhren langsam, tasteten uns vorsichtig voran. Auf dem Rücksitz hatten wir zwischen Fred und Ruby ein Kopfkissen gelegt, sodass jeder der beiden das Gefühl hatte, sein eigenes kleines Nest zu haben. Doch Ruby, die ihrem großen Bruder gern auf die Pelle rückte, schlief letztlich *auf* dem Kissen und mit dem Hintern auf dem von Fred. Wir hörten Oldies und Blues. Nora wechselte die Musik, sie wusste, es wurde Zeit für Johnny Cash. Ich lächelte und trommelte mit den Fingern aufs Lenkrad.

Im Rückspiegel erhaschte ich einen Blick auf Fred, der die Brauen hob und zu mir aufsah. Ich musste daran denken, wie viel wir miteinander erlebt hatten. Von der Zeit unserer ersten Begegnung am unwahrscheinlichsten Ort der Welt bis hin zu diesem Augenblick hatte eine Bindung zwischen uns bestanden, die mir fortwährend die Kraft schenkte, viele der Herausforderungen zu meistern, mit denen Veteranen konfrontiert sind. Fred erinnerte mich nicht nur daran, wozu ich fähig war, sondern bewahrte mich davor, auch nur das Geringste für selbstverständlich zu halten. Jeden Tag erinnerte er mich daran, dass ein erfülltes Leben voller Liebe und Abenteuer möglich war, wenn ich es nur weiterhin schaffte, auch bei großem Unglück und Verzweiflung optimistisch zu bleiben. Einst hatte ich Fred gerettet, gewiss, doch Fred rettete mich immer noch – und immer wieder.

Im Jeep zeigte Fred jetzt diesen schläfrigen, zufriedenen Gesichtsausdruck, den er immer bekam, wenn wir zusammen unterwegs waren. Er hatte keine Ahnung, wie es weiterging, doch er vertraute mir. Und das war erst der Anfang.

Zum Gedenken

Zu Ehren von Sean Osterman und Justin Schmalstieg möchten die Eltern ihre Liebe und ihre Erinnerungen teilen.

GUNNERY SERGEANT JUSTIN E. SCHMALSTIEG
16. MAI 1982 – 15. DEZEMBER 2010

Dass Justin zu etwas Besonderem bestimmt war, wussten wir schon, als er noch ein kleiner Junge war. Bereits in zartem Alter war Justin auffallend selbständig. Er war lebhaft und von großer Liebe zu seiner Familie erfüllt, was ganz offensichtlich wurde, als sein Bruder John Jr. zur Welt kam. Die Bindung zwischen den beiden war augenblicklich vorhanden. Auch seinen Freunden brachte Justin große Liebe und Achtung entgegen, die mit ebenso viel Liebe und Respekt erwidert wurden; er war ein Mensch, zu dem sie aufschauen konnten.

Als Justin älter wurde, umwarb er seine große Liebe und Seelenwandte Ann und begann, mit ihr auszugehen. Nach Abschluss der Highschool studierte er ein Semester auf der Penn State University, bevor er sich entschloss, zum Marine Corps zu gehen, weil ihm, wie er meinte, »die Uniform gefiel«. Mehrere Jahre nach seinem Eintritt beim Corps eroberte er schließlich Anns Herz für immer, und ihre Hochzeit fand am 7. November 2009 statt.

Justin verbrachte drei Dienstzeiten im Irak und eine Stationierungszeit in Afghanistan. Während seiner gesamten Laufbahn beim Marine Corps war Justin zwar als Komiker bekannt, genoss aber auch den Respekt seiner Vorgesetzten und Untergebenen, denen er den gleichen Respekt entgegenbrachte, bis Gott am 15. Dezember 2010 beschloss, dass er noch einen Engel im Himmel brauchte.

Wir sind allen und insbesondere Craig sehr dankbar, dass sie die Erinnerung an Justin lebendig halten. Kein Tag vergeht, ohne dass wir an Justin denken. Er ist für immer in unseren Herzen.

Justins Eltern,
John M. Gilkey Sr.
Deborah L. Gilkey

Corporal Sean A. Osterman
11. Januar 1989 – 16. Dezember 2010

Bei Sean stand von Anfang an alles unter dem Vorzeichen von Talent und Begabung. Er kam drei Wochen zu spät auf die Welt und konnte, erst einen Tag alt, schon den Kopf aufrecht halten. Als er älter wurde, wollte er rennen, und das tat er: bei T-Ball, Fußball, Schwimmen, Lacrosse, Karate und jeder anderen Sportart, bei der man sich verausgaben kann. Doch er besaß auch einen regen Verstand. Bereits in der sechsten Klasse bestand er einen Lesetest auf College-Niveau, und bei der staatlichen Mathematikprüfung der achten Klassen erreichte er hundert Prozent.

Mit fünfzehn war Sean schon über eins achtzig groß und wollte zum Militär. Im vorletzten Schuljahr trat er – über das verzögerte Eintrittsprogramm – den Marines bei. 2007 machte er seinen Highschool-Abschluss und zog noch im Sommer ins Ausbildungslager. Sogar als er eine

Stressfraktur im Bein erlitt, quälte er sich humpelnd durch die Abschlussfeier; denn er gab niemals auf.

Zum Ende seiner ersten Stationierungszeit in Afghanistan verlängerte er seinen Dienst, um zu seinem letzten Einsatz aufzubrechen. Er erklärte sich bereit, die Stelle eines Kollegen zu übernehmen, dessen Frau gerade ein kleines Mädchen zur Welt gebracht hatte.

Als wir bei Sean in Deutschland eintrafen, sagte man uns, er sei zwar nicht bei Bewusstsein, werde aber bis zu unserer Ankunft künstlich am Leben gehalten. Als man uns wegen seiner lebensfähigen Organe fragte, da war mir, als könne ich diese ihm eigentümliche Baritonstimme hören: »Klaro, Mom.« Seans Organe retteten am 18. Dezember 2010 vier weiteren Menschen das Leben. Sein Herz schlägt nach wie vor in Deutschland und ist ein Geschenk, das uns in düsteren Zeiten viel Kraft gegeben hat.

Seans Mutter,
Kelly Rae Hugo

Danksagung

Kelly Shetron, Co-Autorin: Auf unser gemeinsames Werk bin ich unendlich stolz. Danke, dass du mir beim Versuch, Freds Geschichte zu erzählen, eine konsequente und professionelle Co-Autorin warst. Dass du mir geholfen hast, diese Reise zu einem Gesamtbild zusammenzufügen und so zu gestalten, dass mich das Resultat als weit besseren Schriftsteller erscheinen lässt, als ich es in Wirklichkeit bin. Fred und ich sind stolz, dich unsere Freundin nennen zu dürfen.

Chad Luibl, mein Literaturagent und bester Freund: Deine Professionalität und Ausdauer sind der einzige Grund, weshalb unsere Geschichte die gebührende Aufmerksamkeit erhalten hat. Ich danke dir, dass du vom ersten Tag an Stimme und energischer Fürsprecher für Fred und mich warst. Auch wenn seit dem Spielplatz in der Fairview Elementary und den Straßenhockeyspielen in den Sackgassen von Burke, Virginia, ein langer Weg hinter uns liegt, sind wir – und das ist wichtiger – noch immer die Gleichen. Danke.

Rachel Kahan, William-Morrow-Verlag: Danke, dass du von Anfang das Besondere von Freds Geschichte verstanden und meine Begeisterung geteilt hast. Danke für deinen sachkundigen Lektorenblick und dass du mir sowohl Freiheit bei meiner Arbeit gelassen als auch die nötigen Ratschläge gegeben hast, um sie gut zu machen. Fred möchte dir danken, dass du ihn als den VIP behandelst, für den er sich hält (und auch für die Gourmet-Hundeleckerli, die du ihm stets offerierst).

Rosemary Brosnan und Courtney Stevenson, HarperCollins Children's: Danke, dass ihr mir geholfen habt, Freds Geschichte denen nahezubringen, die wahrscheinlich sein wichtigstes Publikum sind, und für all die Energie, Begeisterung und Freude, die ihr bei jedem unserer Gespräche ausstrahlt.

Winnifred Conkling, HarperCollins Children's: Danke für deine harte Arbeit und dein Engagement bei der Ausgestaltung unserer Story, sodass sie sich auch einem jungen Publikum erschließt. Du hast ein Buch zustande gebracht, das ich mir als Schüler sogar freiwillig reingezogen hätte.

Eve Claxton, Schreibguru: Danke für deine redaktionelle Hilfe und deine stets positive Energie: Danke, dass du dich auf meine Geschichte eingelassen und mir geholfen hast, sie auf die bestmögliche Art zu erzählen.

Vielen Dank auch an Kate Schaefer, Gena Lanzi, Liate Stehlik, Lynn Grady, Kaitlin Harri, Emmy Parry, Michael Steger und den Rest von »Team Fred« bei William Morrow, HarperCollins Children's und Janklow & Nesbit Associates. Ihr alle seid Teil dieser Geschichte, und ich danke euch für eure wunderbare Arbeit.

Honora Parkington, Director of Fred Operations/Mädchen meiner Träume: Du hast an mein Talent geglaubt – lange, ehe ich selbst einen Grund dazu hatte. Hast etwas in mir gesehen, das ich längst verloren glaubte, und mir geholfen, es wiederzufinden. Ich kann mir mein Leben ohne dich nicht vorstellen und bin *so* froh, dass ich es nicht muss. Ich liebe dich.

Sarah: Danke, dass du mich stets für clever hieltst, auch wenn ich mich dumm fühlte. Danke, dass du nie an mir gezweifelt hast. Dass du mich erinnert hast, dass ich immer dein kleiner Bruder sein werde, obwohl ich so viel älter aussehe als du. Und vor allem danke, dass du mir geholfen hast, einen Hund aus Afghanistan herauszuschmuggeln, auch wenn ich es für unmöglich hielt.

Dad: Danke, dass du mir immer ein männliches Vorbild warst. Deinetwegen weiß ich, wie wichtig es ist, selbstlos seiner Gemeinde, seinem Land und der Welt zu dienen. Du hast mich den Wert harter Arbeit gelehrt und mich inspiriert, der Mann zu werden, der ich heute bin.

Mom: Danke, dass du mir vertraut hast, auch wenn es beängstigend für dich war. Danke, dass du mir die Richtung gezeigt hast, auch wenn ich gar nicht zuzuhören schien. Danke, dass du mich zum Lachen gebracht hast, auch wenn es manchmal kaum Grund dafür gab. Danke, dass du immer an mich geglaubt hast, auch in Zeiten, in denen ich es selbst nicht tat.

Nonnie: Danke dafür, dass du die taffste und liebevollste Lady bist, die ich je kennengelernt habe, dass du mir beigebracht hast, ehrlich und tapfer zu sein. Danke für deine unendliche Liebe und Unterstützung.

Jason B.: Danke für deine Hingabe an meine Schwester und die wunderbare Familie, die ihr beiden gegründet habt. Deine Arbeitsmoral und Anpassungsfähigkeit sind schier übermenschlich.

Maurice: Danke für deine grenzenlose Unterstützung und für das Musterbeispiel an Klasse, Liebenswürdigkeit und belgischer Gastfreundschaft, das du mir stets gewesen bist. Danke, dass du uns allen zugetan bist und dich so gut um meine Mom kümmerst.

Bren: Danke für deine Hilfe bei der Versorgung von Fred, deine Liebe zu unserer Familie und dafür, dass du mich stets wie einen Sohn behandelt hast. Danke, dass du meinen Dad liebst und ihn jung hältst.

Josh: Danke, dass du die Reise mit mir und Fred gemacht hast. Ohne dich wäre es nicht dasselbe gewesen. Danke, dass du mir ein vorbildlicher Freund und Bruder bist. Danke für deine Hilfe bei diesem Buch und dass du immer daran geglaubt hast.

Ysa: Freund, Bruder, du bist einer, mit dem ich gern angebe. Danke, dass du immer nur einen Anruf weit entfernt bist, egal, wie groß die tatsächliche Distanz auch sein mag. Danke, dass du gleichermaßen Knalltüte wie knallhart bist. Du bist ein fantastischer Mann, Vater und Freund.

Bobby: Danke, dass du dich in den Arm hast schießen lassen, um zu uns nach Sangin zu kommen und mit uns abzuhängen, und danke, dass du deine Künstlerkarriere erst mal auf Eis gelegt hast, um eine Zeit lang Marine zu sein.

Ich bin stolz darauf, mit dir gedient zu haben, und stolz, dein Freund zu sein.

Dave: »Danke, dass du diesem Typen was vor den Latz geknallt hast, und dafür, dass du mich immer in deinem Schlafsack hast pennen lassen und nicht sauer geworden bist, als ich diese Eselkeule unter deinem Kissen versteckt habe. Alles Liebe, Fred.«

Jason: »Danke, dass du mir mein erstes Halsband geflochten hast – obwohl ich's nicht ausstehen konnte; ich weiß, du hast dich sehr bemüht. Danke, dass du mich gestreichelt und an jenem Tag vor den fiesen Typen beschützt hast. Alles Liebe, Fred.«

Mark (Top): Danke dafür, dass du einer von Freds ersten Freunden warst und mir geholfen hast, ihn in diesen Seesack zu stopfen, damit ich ihn heimbringen konnte. Danke, dass du uns gezeigt hast, was es heißt, ein Anführer zu sein, dem zu gehorchen sich lohnt.

Joe: Danke für deine Beiträge zum Buch und dass du Fred und mir ein Freund warst. Ich bin stolz darauf, mit dir gedient zu haben.

Adam: Danke, dass du mich nie als fünftes Rad am Wagen behandelt hast. Danke für deine Freundschaft und deine Führung. Ich bin stolz darauf, mit dir gedient zu haben.

Die Marines der First und Second RECON: Danke, dass ihr mich zu eurer Mission habt beitragen lassen und tagtäglich selbst Tapferkeit und Güte bewiesen habt. Ich bin stolz darauf, mit jedem Einzelnen von Euch gedient zu haben.

Tony: Danke, dass du mir zugehört hast, auch wenn du mich nicht verstehen konntest. Danke für das Stroh's, auch wenn keiner es trinken wollte. Danke, dass du mir geholfen hast, meine Freunde zu ehren. Ich bin stolz, das Pug mein Wohnzimmer nennen zu dürfen und dich meinen Freund.

Chaz: Danke, dass du mir zugeredet hast, meine Erinnerungen an Justin und seine Geschichte zu teilen. Dass du mir zugehört und mich erinnert hast, was gute Musik ist. Ich bin sehr gespannt, wie groß Schmalls Fest noch werden wird. Ich bin stolz, dich zu meinen Freunden zu zählen.

Georgetown Hockey Programm: Danke, dass ihr diesem alten Haudegen noch mal die Chance gegeben habt, sich auszuzeichnen, und dass ihr mich erinnert habt, wie ungewöhnlich dieses Spiel eigentlich ist. Es ist mir immer eine Ehre, neben euch allen zu gewinnen oder auch zu verlieren. Danke für eure anhaltende Unterstützung und Freundschaft.

Meine Freunde von der DIA: Danke, dass ihr alle zwanzig Minuten mit mir zum Trinkbrunnen gepilgert seid und meinen Geschichten über Fred gelauscht habt, egal wie oft ihr sie schon gehört hattet. Ihr habt mir jeden Tag ein bisschen versüßt, und ich habe sehr gern mit euch zusammengearbeitet.

Bill: Danke, dass du mein erster Freund bei den Marines warst und mir gezeigt hast, dass man Marine sein und trotzdem man selbst bleiben kann. Danke für deine Hilfe bei der College-Bewerbung und dass du nicht jedes Mal laut aufgeschrien hast, wenn ich wieder mal schwor, niemals aufs College zu gehen.

PJ: Danke für deinen nie nachlassenden Glauben an Freds Geschichte, den Anstoß zur Veröffentlichung und deine Unterstützung, die mich den Wert des Schreibens gegenüber der Geheimdienstarbeit erst erkennen ließ. Danke für die Hilfe bei mehr Umzügen, als mir noch klar erinnerlich sind.

Meine Freunde: Danke, dass ihr mich immer als denselben behandelt habt, egal wie ich mich innerlich vielleicht fühlte. Danke für euren Beistand und dass ihr, wenn ich mal falschliege, keine Angst habt, es mir zu sagen. Danke, dass ihr so fantastisch miteinander umgeht und nur gerade so erwachsen geworden seid, wie es unbedingt nötig ist.

Hundefreunde: Jedem, der mich schon mal in einem Hundepark oder einer Hotellobby, auf einem Campingplatz oder an einer Straßenecke beiläufig gefragt hat: »Was ist denn das für ein Hund?«, dem danke ich, dass er mir zugehört und verstanden hat, dass Fred mehr als ein Hund für mich ist. Vor allem aber danke ich ihm, dass er ihn nicht als Corgi bezeichnet hat.

Freds Unterstützer in den sozialen Medien weltweit: Ohne euch gäbe es uns nicht. Viele von euch haben seit Anbeginn an unsere Geschichte geglaubt. Ihr habt uns die Unterstützung und Bestätigung gegeben, die wir brauchten, um weiterzumachen, und eure positiven Geschichten waren eine echte Inspiration für uns. Danke.